旅游管理专业教学改革论文集

主　编　石美玉
副主编　石金莲　孙梦阳
主　审　王　恒

北京航空航天大学出版社

内容简介

本书汇集北京联合大学旅游学院各教学系部与教学行政管理部门一线教师及管理人员提交的36篇教研论文，围绕旅游管理教学改革这一主题，分别从学科建设与师资水平提升、人才培养与模式创新、实践教学改革与创新以及教学模式与课程改革四个方面进行了深入的思考，提出了有针对性的对策与建议。此次结集出版，不仅是对学院教学改革实践经验的一次系统性总结，更是对今后更好地进行旅游管理教学改革与创新的远景规划，相信本书对推动我国旅游高等教育的发展有所助益。

图书在版编目(CIP)数据

旅游管理专业教学改革论文集 / 石美玉主编. -- 北京：北京航空航天大学出版社，2014.4

ISBN 978-7-5124-1356-6

Ⅰ. ①旅… Ⅱ. ①石… Ⅲ. ①旅游经济—经济管理—教学改革—高等学校—文集 Ⅳ. ①F590-53

中国版本图书馆CIP数据核字(2014)第044444号

旅游管理专业教学改革论文集

主　编　石美玉

副主编　石金莲　孙梦阳

主　审　王　恒

责任编辑　张冀青

*

北京航空航天大学出版社出版发行

北京市海淀区学院路37号(邮编100191)　http://www.buaapress.com.cn

发行部电话：(010)82317024　传真：(010)82328026

读者信箱：bhpress@263.net　邮购电话：(010)82316524

北京兴华昌盛印刷有限公司印装　各地书店经销

*

开本：787×1 092　1/16　印张：14　字数：358千字

2014年4月第1版　2014年4月第1次印刷

ISBN 978-7-5124-1356-6　定价：35.00元

前　言

当前，我国旅游业正向国民经济的战略性支柱产业和人民群众更加满意的现代服务业转型升级，是非常关键的阶段，也处于新的发展机遇期。伴随着旅游业战略地位的提升和快速发展的良好趋势，对于旅游院校而言，如何提升旅游教育和人才培养的质量，为旅游业的发展输送素质优良、结构合理的旅游储备人才就显得日益重要和紧迫。这既是一种前所未有的挑战，更是一个绝好的发展机遇。

作为我国最早建立的培养旅游专业本科人才的高等院校，北京联合大学旅游学院以培养综合素质好、实践能力强、有创新创业精神和社会责任感，并具有一定的国际视野、较强的适应能力和可持续发展能力的高素质应用型人才为目标，以质量工程建设为依托，不断深化教育、教学改革。自2007年以来，学院共获得与旅游教育相关的国家级、北京市级和校级成果36项。最具代表性的成果包括：旅游管理专业成为第四批国家级特色专业；旅游管理学科成为北京市级重点建设学科；旅游管理专业课程PBL教学团队获得北京市级"优秀教学团队"称号；还成为北京市旅游应用型人才培养模式创新试验区，而且学院"首旅集团"校外人才培养基地也被评为北京市级校外人才培养基地，等等。

"十二五"以来，学院将办学模式转变为以学科专业建设为重点的集约发展模式，以人才培养为根本，实施培养质量工程。通过制订科学合理、顺应产业发展的培养方案，创新招生选拔制度，加大名师讲学力度，培养适应旅游创新业态发展的高端人才。

在取得显著成果的同时，我们也清醒地认识到：在旅游业发展面临新时期、新机遇、新挑战的背景下，旅游学科仍然需要做出新的应对和调整。具体而言，各学科专业的培养目标、培养方案、课程设置、教学方法均需做出适当的、有针对性的改进和更新；旅游教育"产学研一体化"的办学体制与模式还有待深入论证和探讨，等等。为了更好地思考并回答这些问题，探讨新形势下旅游教育的发展战略，提炼旅游教育改革创新与实践经验，我们在面向全院教师征集教研成果的基础上，集成此书。

论文集收录了旅游学院教师的36篇教研论文，根据内容的相关程度划分为“学科建设与师资提升篇”、“人才培养与模式创新篇”、“实践教学改革与创新篇”以及“教学模式与课程改革篇”。

本着“来自教学实践、为了教学实践、提升教学实践”的宗旨，以解决实际问题、提高教学质量为目的，教师们充分发挥自身的教学智慧，结合各自学科、专业与课程特点，依循教育学、心理学相关理论，从不同视角、不同层面进行了深入的教学反思。收录的论文既有高屋建瓴的宏大叙事，也有细致入微的层层剖析；既有基于实证分析的缜密论证，也有立足案例研究的经验总结；既有体现教育哲学的理性思辨，也不乏凸显随性率真的感性体悟。虽然形式多样、文风各异，但每一篇论文都是作者实践反思后迸发出的智慧火花，弥足珍贵！

当然，限于教育理论知识的不足和思想观念、思维习惯的限制，论文集中也会有疏漏甚或是片面乃至错误之处。在此，也真诚地希望读者，特别是那些与我们一样身为旅游院校教育教学的管理者和工作者，能够批评指正，不吝赐教，通过各种渠道与我们进行沟通与交流！

作者

2014 年 1 月

目　录

学科建设与师资提升篇

人才培养与模式创新篇

实践教学改革与创新篇

教学模式与课程改革篇

学科建设与师资提升篇

论旅游学科建设与产业融合发展

赵晓燕*

摘　要：前教育部长陈至立关于学科建设的讲话概括成三句话，就是汇聚学科队伍、凝练学科方向、搭建学科平台。本文从这三个方面介绍旅游学科建设如何与产业融合发展相结合。学科建设是学校教育改革和发展的龙头，在提升人才培养质量，提高科研水平，推动社会服务方面起着关键作用。

关键词：旅游学科、学科建设、产业融合

前教育部长陈至立关于学科建设的讲话概括成三句话：汇聚学科队伍、凝练学科方向、搭建学科平台。下面就从这三个方面谈旅游学科建设如何与产业融合发展相结合。学科建设是学校教育改革和发展的龙头，在提升人才培养质量、提高科研水平及推动社会服务方面起着关键作用。

1　汇聚学科队伍

今天的旅游业，早已突破了人们过去的认识，它的日新月异正在使它成为跨越许多领域的产业集群。在我国与国际接轨的国民经济行业分类(GB/T 4754—2002)中，虽然只有"旅行社业"才以旅游旅行的名目出现在"L"门类"租赁和商务服务业"下的第"74"大类的"商务服务业"下的第"748"中类里，但人们熟知的旅游供给的"食、住、行、游、购、娱"六要素，却跨入了许许多多的相关行业，比如："食、住"被划分在"住宿和餐饮业"(I 门类)，"行"被划分在"交通运输业"(F 门类)，"游"主要划分在"公共设施管理业"(N 门类)，"购"划分在"批发和零售业"(H 门类)，"娱"划分在"文化、体育和娱乐业"(R 门类)……而乡村旅游和工业旅游的开展，又将旅游活动涉及的经济门类扩展到了 A、B、C、D、E 诸多产业。很显然，满足居民需要的旅游供给更需要产业集群中各行业门类、大类、中类、小类的协同努力。[1]

中国的旅游发展进入了一个新的阶段，开始从非常规发展向常规发展转变。旅游的行业界限愈加模糊，旅游的功能更加多元化，产业融合成为大势所趋。随着旅游产业融合的不断发展，旅游学科建设也要适应这一趋势。旅游学科本身就是一个边缘学科，所以，建设一支具有多学科背景并且拥有创新精神和创新能力的高素质、高水平的教学梯队、学术梯队尤显重要。为此，北京联合大学高度重视旅游学科建设，举全校之力，大力整合全校资源，重点围绕现代旅游产业发展需要，构建学科体系，积极创造条件引进一批高水平学科和学术带头人及创新团队、旅游相关专业的博士或博士后人才；未来 3 年，计划每年至少再引进 10 名旅游相关专业的博士或博士后，其中"海归"博士不少于 5 人。届时，北京联合大学旅游学院具有博士学位的教

* 赵晓燕，北京联合大学旅游学院旅游管理系，教授。

师将不少于70位，初步形成了按旅游行业细分的旅游研究团队和结构合理的旅游研究人才梯队，为我校旅游学科未来的发展开创广阔的空间。另外，学院还聘请了一批“业界名师”，目的是使学科建设更好地与国际行业发展趋势契合，与业内最新发展动向契合。如何将基础研究应用到现实？旅游人才如何契合市场需求？北京旅游如何更好地体现北京精神？这些，都是我院学科建设中关注的重点。此外，学院还聘请了学界不同学科背景的顶级专家为学院客座教授，对引领学院教师接触学科前沿，掌握做学问的方法，发挥了很好的作用，进而对提高教学和科研水平具有重要意义。学院还建立了青年教师参与社会实践的制度，引导和鼓励他们在实践中了解国情、增长才干、锻炼成长。2012年我院选派6名青年教师赴市旅游委进行为期半年的挂职锻炼。今后，学院还将选派更多的青年教师到国内外相关大学、旅游企业、政府机关等进行访学和挂职锻炼，加强教师的知识更新和学科交叉培训，以达到提升教师的教学及科研能力，促进学院师资队伍建设目标的达成。

2 凝练学科方向

时任北京市副市长的丁向阳曾于2009年3月6日来我校指导工作，他指出：旅游产业已确定为首都的支柱产业，目前旅游业非常缺乏高端人才，很多学校的旅游管理专业趋同，培养的人才不能适应旅游宏观管理、区域旅游和旅游国际化等社会需求。他指出，高等学校应当关心这些社会需求和政府导向，要以此为依据，加快学科建设，科学定位人才培养目标。他希望北京联合大学能在这方面做出表率，能举一反三，师生共同努力，走在同类院校的前列。

我国旅游业的实践已经证明，依赖传统的发展路径不利于旅游企业做大做强，无法追赶世界旅游发达国家，也难以达到建设世界旅游强国的既定目标。因此，适应时代变革，转变增长方式，寻求新的发展模式，成为目前我国旅游业界和学界亟待破解的难题。

旅游学科是应用型学科，所以要特别重视应用型学科的研究与建设，才能支撑产业融合。目前我院旅游管理学科适应旅游产业融合趋势，硕士点发展凝练了几个学科研究方向：休闲与旅游管理、旅游目的地管理与开发、旅游信息化管理和旅游企业管理。

现代旅游与信息融合发展是实现旅游业国家发展战略的关键，是实现传统旅游业向现代服务业跨越的必要途径。培养一批既熟悉旅游产业运行规律，又深谙旅游信息化管理的高层次、复合型人才，是现代旅游业发展的迫切与特殊需要。我校是一所在旅游管理、信息服务方面具有优势特色的综合性大学，既具有专业性，又可以综合配置多学科资源，统筹分析该领域人才培养现状。我校现与对外经济贸易大学联合培养旅游信息方面的博士生，其着眼点就是满足国家旅游发展的这一特殊需求。我们认为，旅游与信息融合发展是新学科增长点，彰显学科交叉融合，这也是我校今后学科发展的一个重点方向。在现代化发展过程中，旅游业与信息产业、金融业多层次、全方位的结合将至关重要。传统的旅游管理理论已经不能指导信息化时代旅游业管理的实践，其中旅游发展与信息融合更是具有现代学科特点。深入系统地研究旅游发展与信息融合不仅有助于解决旅游业发展所面临的一系列重大资源、环境及经济问题，而且对丰富和完善管理学，特别是旅游管理学学科的理论体系和方法手段，促进多学科的交叉融合，发展根植于我国的现代旅游管理科学，提高我国在国际旅游管理科学领域的学术地位都具有十分重要的意义。

3 搭建学科平台

在汇聚人才、凝练方向的基础上，学校还要为旅游学科的建设与发展搭建一个有效的平台，使汇聚到的人才通过这个平台得到最大程度的发挥，使教师队伍通过这个平台得到充分锻炼；学科建设凝练的方向应当能够通过这个平台更好地与现实产业需求契合，为社会服务。同时这个平台还要能对学科建设的理论研究提供强有力的支撑。

在上述方面，旅游学院进行了积极不断的探索：

首先，培育高水平科研基地，走产学研一体化的道路。建立学院的产学研基地，如北京首旅集团基地、全聚德集团等是我们的产学研基地。

其次，与国家旅游局、北京市旅游委和相关企业建立密切的合作关系，每年都承接一定数量的实用性研究课题。例如：与国家旅游局合作的"智慧旅游"项目；为旅游委、企业也做过很多研究课题和项目；会展、非遗、旅游观光车、全聚德西翠路店策划方案、四川饭店迁址策划等。这些不仅促进了学校理论与实践的结合，也推动了学校理论研究的发展。

第三，完善实验室建设。教学科研离不开实验，学院在过往建设的实验室基础上，又建成了实训大楼，可以更好地为实践教学提供平台。

第四，提供教研成果交流沟通的平台。学院每年例行组织召开首都旅游发展论坛、《旅游学刊》中国旅游学术年会和中外旅游学术论坛等学术会议，其中最具特色的平台，就是我院的《旅游学刊》，是国内旅游研究领域中公认的权威性旅游学术期刊，起着旅游行业科研咨询基地的作用。

第五，整合校内外资源，形成特色和优势学科，促进学院科研发展。

目前，在推进旅游产业化、市场化、社会化、国际化发展进程中，复合型、应用型、创新型的"高、精、尖、专"特殊人才严重不足，已经成为我国旅游业发展的主要制约因素。因此，希望国家更加重视旅游学科理论体系建设和旅游产业人才培养，加快建立符合国家旅游战略需求的人才培养新机制。

旅游学院旅游学科不仅可以与北京联合大学其他学院学科、专业融合，渗透，还可以走出学院、学校，跨学校融合。例如：北京联合大学目前拥有工商管理、计算机科学与技术、软件工程、历史学、食品科学与工程 5 个一级学科硕士点，学科之间关系密切，相互配套，优势明显，可以从旅游管理、应用经济学、金融学、计算机技术、互联网、物联网、文博旅游以及旅游食品安全、营养等不同角度为本项目提供理论、技术、实践的支撑。同时，这一特殊的体系为现代旅游与信息融合发展提供了强大的学科背景，并将对北京乃至全国旅游业高端人才培养起到极大的示范和推动作用。

另外，学院还与国内外多所大学建立科研关系，例如与对外经济贸易大学现代服务业研究中心进行合作交流，探求经济、旅游、服务贸易融合。

今年，学院与南开大学旅游与服务学院联合培养旅游管理硕士专业学位（Master of Tourism Administration，MTA）课程项目也开始招生。旅游管理硕士专业学位（MTA）是教育部从 2010 年开始设立的，旨在培养旅游及其相关产业高层次应用型人才。MTA 教育的目标是以旅游专业实践与应用为导向，培养具有扎实的旅游理论基础、社会责任感和旅游职业素养，具备国际化视野和战略思维能力，适应现代旅游行业实际工作需要的应用型、高层次、务实型专门人才。

本项目将开设8个专业研究方向,已开设的有旅游目的地(景区)营销与管理、国际酒店管理、旅行服务管理、会展与大型活动管理四个研究方向,旅游地产与度假村管理、港口与邮轮旅游管理、旅游电子商务管理和旅游景区经营管理等方向会在不久的将来陆续开课。本项目充分整合南开大学、北京联合大学的特色和资源优势,授课教师由两校和欧美合作院校教师及旅游业界领袖组成,采用"双师制"培养方式,为每位学员配备两位分别来自学界和业界的导师,努力为全体学生提供最前沿的理论知识、最生动的案例经验和最真实的实践热点,为旅游战略性支柱产业培育英才。旅游管理硕士专业学位与学术型学位处于同一层次,其突出特点是专业型与职业性紧密结合,以旅游专业实践与应用为导向。MTA的设立为中国旅游高端人才的培养开辟了一条崭新的道路,使旅游高端人才的培养由过去的企业内部培养发展到了学院正规专业化培养的新阶段。

如前所述,学院可借助南开大学、对外经济贸易大学等中央院校的平台,发挥北京联合大学旅游学科优势,拓展国际旅游管理交流合作,依托国家旅游局的行业指导优势,意在为国家培养创新、实用的旅游人才,为学生创建了一个交流与合作的平台。此外,国家旅游局也为学院提供了行业指导平台。依托这种融合,构建起一个集人才培养、科学研究和决策咨询等为一体的平台,服务于我国旅游业以及经济社会发展。

总之,科研不仅要为社会服务,而且理论还要与实践相结合。科学研究需要理论指导实践,理论不健全,就不能很好地指导实践。我们和一些成熟学科不同,他们有比较系统的学科体系架构,可以更强调实践的重要性。

我国旅游学科的发展是在旅游业大发展背景下"被呼唤"出来的,是被动接受,学科体系至今并不完善;特别是近年来旅游需求日新月异,旅游与其他产业的融合越来越广泛,旅游新业态不断出现,因此,完善旅游学科理论体系建设,搭建合理的知识体系结构,形成理论研究氛围,是旅游学界各位同仁的共同责任。

展望未来,我们对于中国旅游业充满信心:做大、做强旅游管理学科,努力将北京联合大学建成我国旅游信息管理高端人才的培养基地和科学研究中心,为中国旅游业成功转型升级,实现国家战略,建设世界旅游强国,输送顶尖人才并提供智力支持。

参考文献

[1] 刘德谦.2009年中国旅游发展分析与预测//《2009年旅游绿皮书》主报告之二[R].北京:社会科学文献出版社,2009.

美国密歇根州立大学旅游学科专业设置及其启示

——基于自然资源游憩和旅游专业本科生培养方案的分析

石金莲① 石美玉② 黄丽玲③

摘 要：自然资源游憩和旅游(NRRT)专业是密歇根州立大学农业与自然资源学院社区可持续发展系的两个重点本科专业之一。从成立至今，该专业的本科生培养计划随美国旅游业的发展、民众户外游憩方式的变化以及学生个性特征的变化不断调整。本文从该专业的人才培养概况、学位要求与课程设置等方面进行详细介绍，旨在为我国旅游学科户外游憩专业人才的培养提供借鉴。

关键词：自然资源游憩与旅游、培养计划、美国密歇根州立大学

本科的培养体系是为了达到本科生培养目标的基本要求，结合不同的学科专业特点制订人才培养计划。[1]本文是在密歇根州立大学访学期间，通过与该专业师生进行深入交流探讨，并结合我国目前旅游产业的发展、户外活动爱好者的不断增长以及对人才培养需求的基础上完成的。下面将分别从本专业的培养目标与培养规格、学习年限与学分要求、课程设置及实践教学环节等方面进行介绍，然后探讨该培养计划对我国户外游憩专业发展的启示。

1 密歇根州立大学自然资源游憩和旅游专业概况

自然资源游憩和旅游(NRRT)专业是密歇根州立大学农业与自然资源学院社区可持续发展系(The Department of Community Sustainability)的重点理学本科专业之一。其办学理念是通过综合各相关专业课程体系的学习，如自然科学、社会科学、管理科学和行为科学等，使学生获得广泛的、跨学科的教育，同时突出其专业性。该专业力图把学生培养成为热衷于从事相关户外活动工作的专业人士。这些职位包括公共公园管理、森林和保护区管理、非营利性土地管理、其他自然资源管理以及向户外爱好者提供游憩娱乐商品与服务的商业企业管理等，迎合人们户外休闲的需求，提高生活品质，提供可持续的经济和社会发展是 NRRT 的最大特点。

NRRT 专业的学生将全方位理解自然资源游憩和旅游的相关理论和实践，包括休闲的概念、旅游、游憩，可持续，以及供应系统的运作，政策、行政、管理、规划和评估。NRRT 专业有两个侧重领域：自然资源游憩管理与商业游憩和旅游。由于这里的本科生不选方向，所以这两个侧重领域的课程是都要选的。

① 石金莲，北京联合大学旅游学院旅游管理系主任，副教授。
② 石美玉，北京联合大学旅游学院副院长，教授。
③ 黄丽玲，北京联合大学旅游学院旅游管理系，讲师。

2 密歇根州立大学自然资源游憩和旅游专业理学学位要求及专业课程设置

按照大学本科教育目录，获得学士学位要求修完120个学分，这其中包括NRRT专业理学学士学位要求的一般选修课学分。此外，学生要通过PRR370（Park，Recreation and Tourism Resources）课程来达到二级写作的要求（课程详见表1中的"a"部分）。在数学课程上，学院的要求与学校一致。农业与自然资源学院对理学学士学位的课程要求详见表1中本专业的课程设置。

表1 自然资源游憩和旅游专业理学学位课程设置[2]

课程代码	课程名称	学　分
a. 下列所有课程(25～28学分)		
ACR 202	Problem Solving in Community, Agriculture and Environmental Systems(社区、农业和环境系统的解决之道)	3
ACR 205	Agricultural and Natural Resources Communication Practice and Theory(农业与自然资源互动的理论与实践)	3
ACR 415	Program Planning and Evaluation (项目规划和评估)	3
ACR 492	Senior Seminar(高级研讨会)	1
GEO 221	Introduction to Geographic Information (地理信息概论)	3
PRR 211	Introduction to Natural Resources Recreation(自然资源游憩概论)	3
PRR 214	Introduction to Travel and Tourism(旅行和旅游业概论)	3
PRR 370	Administration and Operation of Park and Recreation Agencies (W/Tier II Writing Course)(公园和休闲机构的运作与管理)	3
PRR 493	Professional Internship in Natural Resource Recreation and Tourism(自然资源游憩及旅游相关行业实习)	3～6
注：以上部分中，要求学生在所有的ACR和PRR方面的课程中，必须保持平均绩点最低达到2.0		
b. 任选其中之一(3或4学分)		
FW 419	Applications of Geographic Information Systems to Natural Resources Management(地理信息系统在自然资源管理方面的应用)	4
GEO 325	Geographical Information Systems(地理信息系统)	3
c. 任选其中之一(3或4学分)		
PSY 295	Data Analysis in Psychological Research(心理学研究数据分析)	3
STT 200	Statistical Methods(统计方法)	3
STT 201	Statistical Methods(统计方法)	4
STT 224	Introduction to Probability and Statistics for Ecologists(概率论与数理统计在生态学上的应用)	3

续表 1

课程代码	课程名称	学 分
d. 两个领域(31 或 35 学分)		
领域一：Natural Resource Recreation Management(31 学分)自然资源游憩管理 培养目标：能够在联邦、州、地方等政府机构或者致力于以户外运动为主要任务的非营利集团或营利实体的自然资源游憩管理部门从业，如公园和土地管理部门、游憩和保护执法以及自然和文化解说等领域。其从事的工作涉及一些资源的管理，如露营场所的设施管理、游步道以及游憩水域。他们作为自然游憩方面的专业人士，在资源规划、设施发展和游客管理方面，经常以团队的方式工作，与野生动植物生物学家、林业工作者、景观建筑师、考古学家以及历史学家合作，优化游憩经验，为公众提供可持续的游憩机会		
(1)任选其中之一(3 学分)		
ESA 200	Introduction to Environmental Studies and Agriscience(环境研究与农业科学概论)	3
FOR 202	Introduction to Forestry(森林学概论)	3
FW 101	Fundamentals of Fisheries and Wildlife Ecology and Management(鱼类和野生动物生态管理基础)	3
(2)下列所有课程(22 学分)		
BS 162	Organismal and Population Biology(有机体和种群生物学)	3
BS 172	Organismal and Population Biology Laboratory(有机体和种群生物学实验)	2
CSS 210	Fundamentals of Soil Science(土壤学原理)	3
ESA 324	Water Resource Management(水资源管理)	3
FOR 412	Wildland Fire(野火)	2
PRR 448	Foundations of Natural Resource Based Recreation Management(自然资源游憩管理基础)	3
PRR 449	Natural Resource Based Recreation Management Applications(自然资源游憩管理应用)	3
ZOL 355	Ecology(生态学)	3
(3)任选其中之一(3 学分)		
ESA 400	Environmental and Natural Resource Policy in Michigan(密歇根州环境和自然资源政策)	3
FOR 466	Natural Resource Policy(自然资源政策)	3
(4)任选其中之一(3 学分)		
ESA 401	Communication Campaigns for Agricultural and Environmental Issues (农业和环境问题的沟通活动)	3
PRR 410	International Studies in Tourism, Parks and Recreation(旅游、公园和游憩的国际研究视角)	3
PRR 451	Interpretation and Visitor Information Systems(游客解说信息系统)	3
领域二：Commercial Recreation and Tourism (35 学分)商业游憩和旅游 游憩娱乐产业和整个旅游业正在成为密歇根州、地区、国家乃至全球经济增长的重要领域，可持续性是这些经济增长部门的一个关键因素，因此，这些产业需要具备短期和长远眼界，能够高效、负责任地利用资源的毕业生，使得顾客愿意为其户外游憩经历买单。游艇码头、滑雪胜地、商业露营地、租船、独木舟或皮艇服务以及其他直接供应商，不仅提供如汽车旅馆、娱乐装备零售业和制造业，而且还提供旅游服务，所有这些企业都是依托有易于健康的、丰富的自然资源去吸引和留住客户的。政府部门，如旅游会展局、州旅游局以及私营部门的旅游协会等，越来越多地活跃在自然资源娱乐营销和旅游市场营销上，支持着当地的经济并使当地经济多元化。市场营销、企业发展和管理、导游和装备供应、协会管理等职业为公共部门和在公共土地上获得特许娱乐游憩服务经营权的私营部门提供了桥梁		

续表 1

课程代码	课程名称	学分
(1)任选其中两门课程(6 学分)		
GEO 259	Geography of Recreation and Tourism(游憩地理和旅游)	3
GEO 459	Tourism in Regional Development(区域旅游发展)	3
PRR 272	Recreational Boating Systems and the Boating Industry(游艇休闲系统与游艇业)	3
PRR 410	International Studies in Tourism, Parks and Recreation(旅游、公园和游憩的国际研究视角)	3
(2)下列所有课程(32 学分)		
ACC 230	Survey of Accounting Concepts(会计概论)	3
FI 320	Introduction to Finance(金融导论)	3
GBL 323	Introduction to Business Law(商业法导论)	3
HB 100	Introduction to Hospitality Business(酒店管理导论)	2
HB 237	Management of Lodging Systems(住宿体系管理)	3
HB 267	Management of Food and Beverage Systems(餐饮体系管理)	3
MGT 325	Management Skills and Processes(管理技能与过程)	3
MKT 327	Introduction to Marketing(营销导论)	3
PRR 360	Marketing Communications in Recreation and Tourism(游憩和旅游市场营销)	3
PRR 473	Commercial Recreation and Tourism Businesses and Organizations(游憩商机与旅游业组织)	3
PRR 474	The Tourism System(旅游系统)	3
e. Specialization in Natural Resource Recreation 自然资源游憩专业基础课程 自然资源游憩专业的基础课程是可供在密歇根州立大学选择学士学位项目的学生选择的,包括土地、水、森林、鱼类和野生动植物以及农业管理;学生毕业后可从事公共公园和游憩、商业游憩企业管理、林业、渔业、野生动植物、与保护或游憩相关的刑事司法、环境政策、环境管理、景观设计和农业管理等相关职业。这种专业学习可以为学生提供一个以户外游憩管理为目的,综合社会学、生物学、物理学、自然资源和生态系统学习的机会		
Requirements for the Specialization in Natural Resource Recreation 自然资源游憩专业基础课程的要求 学生所选课程必须符合既有专业学习和学士学位课程的要求,同时还须经学位课程部门的批准。此部分的课程是高年级学生学习的课程。具体课程如下:		
(1) 任选其中之一(3 学分)		
PRR 210	Our National Parks and Recreation Lands(我们的国家公园与游憩地)	3
PRR 302	Environmental Attitudes and Concepts(环境态度与思想)	3
(2) 下列是专业要求之外的课程,任选其中之一(3 或 4 学分)		
ANS 110	Introductory Animal Agriculture(畜牧业导论)	4
CSS 101	Introduction to Crop Science(作物学导论)	3
ESA 200	Introduction to Environmental Studies and Agriscience(环境研究与农业科学导论)	3
FOR 202	Introduction to Forestry(林学导论)	3
FW 101	Fundamentals of Fisheries and Wildlife Ecology and Management (鱼类和野生动物生态学管理原理)	3
PRR 211	Introduction to Natural Resource Recreation(自然资源游憩导论)	3

续表 1

课程代码	课程名称	学分
(3) 下列课程任选两门,其中之一是专业要求之外的课程(5 或 7 学分)		
CSS 210	Fundamentals of Soil Science(土壤学原理)	3
ESA 324	Water Resource Management(水资源管理)	3
ESA 430	Environmental and Natural Resource Law(环境与自然资源法)	3
FOR 404	Forest and Agricultural Ecology(森林与农业生态学)	3
FOR 412	Wildland Fire(野火)	2
FOR 466	Natural Resource Policy(自然资源政策)	3
FW 443	Restoration Ecology(恢复生态学)	3
FW 419	Applications of Geographic Information Systems to Natural Resources Management (地理信息系统在自然资源管理中的应用)	4
GEO 221	Introduction to Geographic Information(地理信息系统导论)	3
PRR 451	Interpretation and Visitor Information Systems(游客解说信息系统)	3
PRR 474	The Tourism System(旅游系统)	3
ZOL 355	Ecology(生态学)	3
(4)下列两门课程(6 学分)		
PRR 448	Foundations of Natural Resource Based Recreation Management (自然资源游憩管理应用基础)	3
PRR 449	Natural Resource Based Recreation Management Applications(自然资源游憩管理应用)	3

3 自然资源游憩和旅游专业对我国自然资源游憩专业发展的启示

高校专业人才的培养是为服务社会的,美国高校户外游憩专业的设置也都是建立在对各种户外活动需求大量研究的基础之上的。美国历来重视为公众提供户外游憩机会和对户外游憩进行调查和研究,1958 年成立了美国户外游憩资源顾问委员会,1960 年就开始进行“国家游憩调查”。为了掌握户外游憩的现状,美国制定了切实有效的土地管理政策,现在美国农业部林务局定期开展“游憩和环境国家调查”。1999—2009 年,调查人员通过电话随机访问了约 9.7万民众,对 80 种左右的游憩活动状况进行调查研究,其中有近 50 种活动是基于自然的游憩活动。调查显示,国外户外游憩产业的发展有如下趋势:户外游憩活动包括基于自然的游憩活动出现明显增长;从事观赏和游览等基于自然的游憩活动人数明显增加;公共土地对于提供的游憩机会仍然非常重要;政府部门管理的公共资源对户外游憩作用突出,国家公园系统不同单位的参观人数相对稳定[2]。美国户外运动产业发展渐趋成熟,政府立法完善,民众广泛参与,产业发展势头强劲,注重多层次多渠道的人才培养方案。密歇根州立大学自然资源游憩与旅游专业正是建立在上述背景下并不断进行调整的。

随着我国经济的发展,户外游憩与休闲将成为中国旅游产业发展的重要部分,这种户外游憩资源理念对现今的中国非常有意义。一方面,有越来越多的户外运动(区别于户外游憩)爱好者走向自然,并带来一系列的问题;另一方面,出于各种原因,许多人的游憩活动还局限于人工环境;因此,我们的政府机构、非政府组织以及涉及户外游憩的教育机构,有责任把这种游憩资源观传播到整个社会,引导我国的户外游憩事业健康发展[4]。我国亟需具有专业资格的户外游憩活动的管理者,密歇根州立大学自然资源游憩与旅游培养方案对我国户外游憩专业人才的培养具有很好的借鉴作用,具体如下:

第一,逐步在大中专院校的旅游管理、休闲体育等专业开设户外游憩课程,并尽快在有条件的院校开设户外游憩专业,如开设"自然资源游憩管理应用基础"、"我们的国家公园与游憩地"、"自然资源游憩概论"、"环境态度与思想"等课程。

第二,依据社会需求制定专业发展战略的指导。学科的支撑是专业向更高、更远发展的必要条件,也是本科学生学习的动力和报考研究生继续学习的必要条件。明确的培养目标至关重要,借鉴国外发展成熟的教学经验,紧扣国内市场需求变化,依托自身院校的学科背景和学科优势,制订切实可行的人才培养目标。

参考文献

[1] 李力,张敏敏.旅游管理专业本科课程体系设计比较研究——以广州五所高校为例[J].当代教育论坛(管理研究),2010,9.

[2] http://www.reg.msu.edu/AcademicPrograms/Text.asp? Section=114#s1402.

[3] http://news.bjfu.edu.cn/lssy/117121.htm.

[4] 钟永德.户外游憩机会供给与管理——李健译作《户外游憩——自然资源游憩机会的供给与管理》评介[J].旅游学刊,2012,27(10):110-111.

会展经济与管理专业建设探析

施尔薇*

摘　要：会展经济与管理专业是随着我国会展行业的发展，为会展人力资源建设而开设的一个新兴专业，是旅游教育持续发展和内涵延伸而形成的一个新的专业方向和领域。本文就我国目前会展经济与管理专业人才培养的目标定位和人才特征现状，探析了会展经济与管理专业在建设中存在的主要问题，并对会展经济与管理专业人才培养目标和人才培养模式进行了定位和研究，同时，对该专业的课程体系提出了基本框架和相应的对策建议，为我国会展经济与管理专业的建设提供了发展思路。

关键词：会展经济与管理专业、学科建设、探析

我国高等院校的会展教育就是在会展业的迅猛发展下孕育而生的。自2004年国家教育部批准了第一个本科会展经济与管理专业后，会展专业高等教育如雨后春笋般在全国蓬勃发展，但是要办好会展教育绝非易事。由于我国旅游会展教育起步晚，可借鉴经验不多，还没有形成学科体系，无论是专业培养目标、培养模式，还是课程设计，都处于探索阶段。目前，不同的高等院校开设的背景、课程设置、教材以及培养方向各不相同，再加上中国会展教育理论体系尚未建立，使得目前各高等院校的会展教育差异性大，会展人才的培养模式也尚在探索中。如何结合自己的办学资源和区域特征，建设出在全国会展教育行业中特色鲜明、适用性强、具有一定借鉴价值的会展专业，成为摆在每一位会展教育从业者面前的首要问题。

1　国内会展经济与管理专业发展现状

会展简称MICEE，是展览和会议的统称。它不仅包含各种类型的展览、展览会和会议，还包含各种节事活动、奖励旅游、运动会、音乐会、人才交流会等。总之，会展是节、会、展、演、赛等大型活动的统称。会展产业是近年来我国高速发展起来的新兴产业，国内已初步形成五大会展产业区[1]。2008年北京奥运会、2010年上海世博会以及2013年北京园博会的成功举办，为我国会展业的发展注入了新的活力，同时也推动了旅游业的发展进程。由于会展业与旅游业都具有较强的经济效益性、产业关联性和社会推动性，而且，都属于第三产业中的优势产业，它们之间又有强烈的依存性、关联性和交叠性，因此，很多城市和地方政府都十分重视会展产业的发展，并相继出台了相关政策加以扶持，会展人才也就成为近年来人才需求的热点之一，从而促使会展教育成为旅游教育持续发展和内涵延伸而形成的一个新的专业方向和领域。

* 施尔薇，北京联合大学旅游学院旅游经济系，助理研究员。

1.1 国内市场对会展人才的需求

随着我国对外开放的日益加强，特别是近年来，我国会展产业以年均 20%以上的速度高速发展。中国会展经济研究会在京交会上发布了《中国会展经济蓝皮书》、《2011 全国展会数据分析报告》等 4 项权威报告。《中国会展经济蓝皮书》显示，2011 年全国共举办展会 7 333 场，同比增长 18.21%，居世界第二位；仅北京，2011 年共举办展会 486 场，排名全国第六。在布局上，会展业正从一线城市迅速向二、三线城市扩展，除北京、上海、广州、南京等一批会展业传统发达城市外，宁波、成都、西安、深圳、沈阳、武汉等会展业后起城市也纷纷建设新的展馆[2]。各大城市纷纷出台各项优惠政策予以扶持，将会展业列为优先发展的重要产业，会展专业人才的需求与日俱增。由于各大城市的国际交流，城际推广活动越来越频繁，会展逐渐成为上海、北京、广州、南京、深圳、厦门等城市的支柱产业。据国内某知名媒体近年来的调查，前三位会展城市的会展专业人才岗位需求与求职者的比例分别为上海 10∶1，北京 8∶1，广州 8∶1[3]。由此说明，目前会展专业人才缺乏十分严重。高等院校为适应市场需求，以专业对应行业，培养适销对路的专门化人才，服务地方或区域经济建设，这是目前高等院校会展经济与管理专业设置科学务实、强调应用的一大进步。但在办学模式和人才培养手段方面，仍存在一些具有代表性的问题和障碍，需要去克服和改进。

1.2 人才培养目标的定位

我国会展业的市场化运作起步较晚，因而成规模的专业化会展组织、管理、策划、营销人员较为缺乏，导致会展业人力资源的数量少，是我国会展业竞争力水平提升的一个极大的瓶颈因素。要想改善和发展我国会展经济的现状，亟需一大批高素质的专业人才。为此，着力培养会展业方面的高级管理人才成为中国会展业发展的重要策略。而会展经济与管理专业作为一个全新的学科体系，目前没有成熟的课程体系供高等院校借鉴，这就需要对市场开展深入研究。在了解社会对人才需求的基础上，明确人才培养定位，构建专业课程体系，并对相关的内容开展研究。而人才培养目标的定位，就是会展专业课程体系建设的基础[4]。在人才培养目标的定位方面，不仅要考虑到社会的需求，还要考虑到原有学校的专业和学科结构，在充分发挥专业和学科优势的基础上，有针对性地发展会展经济与管理专业。笔者认为，会展经济与管理专业人才培养的目标应主要包括以下几个方面。

1.2.1 会展科研复合型管理人才

会展科研复合型管理人才主要以技术创新研究和基础理论原创性研究为主，培养精英人才和高素质技术创新人才，要求技术创新贡献和理论原创。会展科研复合型管理人才培养目标是未来能够在政府从事会展政策法规制定，在科研院所从事会展经济研究，以及会展产业管理和会展行业管理的宏观管理人才。从我国当前人才的需求情况看，绝大多数本科专业是培养应用型高级专门人才，而研究和管理的角色一般由博士及硕士毕业生承担；但由于会展产业起步较晚，会展高层次人才的培养还无法满足会展科研、管理的需要，因此，在现阶段，优秀的本科生就必须承担起其他专业较高层次人才所需要担负的任务。

1.2.2 会展应用型复合管理人才

以技术的应用研究为主，培养生产、服务和管理的各类技术应用型人才；能够做出一定的科技贡献。会展应用型管理人才主要是指会展项目的策划与管理人才和会展企业管理人才。

会展策划人才主要是结合区域及城市的资源特点，具体包括产业资源、产品资源、区位资源、管理资源、设施资源、文化资源等，对会展项目进行设计和可行性分析。这些人才毕业后，一般可在会展企业、旅游企业、会展行政管理机关、会展行业协会、文化服务公司等从事项目的开发和设计工作。而会展企业管理人才和会展项目管理人才主要是从事会展产业单体的组织与管理工作的人才。

1.2.3 会展开放技能型管理人才

主要以技术和技能的应用为目标，培养在第一线从事生产、服务和管理的各类技能型人才。会展技能型管理人才主要是指会展项目的具体执行人员，他们主要担负会展活动的具体设计、管理和服务等工作。这些毕业生的未来就业单位包括在大型企业从事参展工作，在会展公司从事会展的组织和服务工作以及在会展辅助服务机构从事与会展活动相关的工作。

1.3 国内现有高等院校会展专业侧重点分析

随着国内会展行业的蓬勃兴起，各类高等院校纷纷开办会展类专业。据不完全统计，近年来，在全国范围内(含港、澳、台)开设会展专业和专业方向的学校(包括本科、高职高专)有50～60所。如表1所列，各校开设的专业基础大致可分为五类[5]：

① 在原国际贸易类专业基础上开设；

② 在原旅游类专业基础上开设；

③ 在原艺术类专业基础上开设；

④ 在原外语类专业基础上开设；

⑤ 直接从会展类专业起步开设。

从课程设置情况看，主要是依托原有的专业群，结合师资和教学资源设置课程，专业开设基础大体可分5种类型。

表1 国内部分高等院校会展专业设置基本情况

学校名称	设置院系	侧重方向	培养目标
北京第二外国语学院	旅游管理学院	外语、经贸	管理、策划
北京联合大学	旅游学院	旅游、管理	管理、策划
广东商学院	旅游与环境学院	管理	策划、服务
黑龙江农业工程职业学院	人文学院	广告、管理	管理
沈阳师范大学	旅游管理学院	经济、管理	管理、服务
上海师范大学	旅游学院	经济、管理	管理、策划
浙江万里学院	商学院	经济、管理	管理、策划
上海应用技术学院	经济与管理工程系	经济、管理	管理、策划
厦门理工学院	管理学类	经济、管理	信息、管理
上海第二工业大学	国际学院	信息、管理	管理
上海对外贸易学院	管理学院	经济、管理	管理
哈尔滨商业大学	管理学院	经济、管理	营销、策划
山东交通学院	会展经济与管理系	经济、管理	管理
天津南开大学	泰达学院	管理	管理、策划

1.3.1 在原国际贸易类专业基础上开设(经济管理类方向)

以哈尔滨商业大学管理学院、湖南商学院、上海师范大学、上海外贸学院、浙江万里学院、广东商学院等高等院校为代表,课程体系的设置主要侧重于此类方向。重点研究会展整个过程的策划、公关、设计、制作、营销、管理和服务等。在课程的设置上,开设了宏观和微观经济学、会计学、统计学、管理学、财务管理、市场营销学、会展物流管理、经济地理、服务管理等相关课程。

1.3.2 在原旅游类专业基础上开设(旅游类方向)

以厦门理工学院、沈阳师范学院等高等院校为代表,在必修课中设置了会议策划与管理、展览会策划与管理、会展旅游管理、奖励旅游策划与管理、活动策划与管理等课程,在选修课中设置了旅游文化学、休闲学等课程。山东交通学院设有两个方向,一个是旅游方向,另一个是交通方向,主要开设会展旅游学、会议服务与管理、中外会展运营管理等课程。

1.3.3 在原艺术类专业基础上开设(广告、信息管理类方向)

以上海电影艺术学院艺术设计学院、上海第二工业大学等高等院校为代表,重点从广告、广告策划、广告媒介实务、信息管理、信息传播角度开设相关课程,作为切入点。

1.3.4 在原外语类专业基础上开设(外贸类方向)

以第二外国语学院、厦门国际会展职业学院、上海对外贸易学院等高等院校为代表,主要课程设置倾向于外贸类方向;在外语方面和国际经济贸易等方面,课程设置量较大,并配套世界经济与政治、跨文化研究以及国外会展等课程。

1.3.5 直接从会展类专业起步开设(会展类方向)

以北京联合大学旅游学院、泰达学院为代表,通过设置文化会展课程,强调媒体沟通、媒介运用以及与文化产业相结合的人才培养方案,形成了特色鲜明的会展人才培养模式。

1.4 会展经济与管理专业课程设置情况分析

在专业课程的设置方面,尽管存在着课程名称不尽相同的现象,但核心课程基本包括了会展的所有相关内容。其中比较具有共性的课程包括基础理论类、管理类、法规类、服务类和策划类课程,如:经济学、管理学、相关法规、与会展相关的管理、营销、策划等课程。此外,各院校根据自身的实际,基于未来发展方向,还设置了一些具有自身特色的课程,如:北京联合大学旅游学院的节事活动组织与管理、会展旅游管理,浙江万里学院的会展经济数学研究方法,第二外国语学院的外语类课程,厦门理工学院的摄影与摄像、传播学原理,上海师范大学的目的地管理公司经营与管理等。上述课程的设置,一方面体现了会展经济与管理专业课程的关联特点,另一方面,也形成了自身的专业特色。

2 会展经济与管理专业建设中存在的问题

从以上基本情况看,尽管会展经济与管理专业开设的时间不长,但相关高等院校紧密结合会展产业发展的实际,在人才培养方面开展了进一步的研究,并初步形成了会展人才培养的基本框架。但深入分析发现,当前会展经济与管理专业在课程体系的设置方面还存在一定的不足,目前的会展专业招生、会展教材出版、会展培训等,或多或少都存在“剃头挑子一头热”的现象,需要冷静看待。

2.1 专业目标不够明确，缺乏课程设置的基本框架

从专业设置的目标来看，一些专业课程设置缺乏系统体系。即使是同一个课程，在内容的安排方面也具有较大的差异。例如，在“会展概论”这门课程的内容安排上，侧重点不同，有些高等院校重视基础性概念，有的高等院校重视国内外比较，对会展专业的实际了解和接触差距会很大；在“会展法规”课程的教学内容方面，所选择的法律课程内容多样，差异较大，甚至有的学院没开此课程，无法形成对整个课程体系的支撑，缺乏课程设置的基本框架，即核心课程。这些都有可能对未来的学位授予工作带来不良影响，也会使录用单位在选择人才时感到为难。因此，确定比较明确的专业核心课程，是专业发展亟待解决的问题。

2.2 专业基础和背景不同，人才培养方向多有偏差

由于国内现有的会展经济与管理专业设置是分属于不同的高等院校层次和类型开设会展专业或专业方向的，加之会展专业师资的匮乏，所以各校的课程设置基本上都采用依托原有的专业课增开会展相关课程的做法；依托专业以管理类为主，尤以旅游管理专业居多，在依托专业中，管理类专业要占一半以上，其中又以旅游管理专业最为常见。会展方向所依托的专业很分散，如：英语、广告、国际贸易、公共事务管理、艺术设计，甚至文秘专业都可开设会展方向，这也从另一个方面反映了会展行业需要的是复合型人才的特点。这就导致了各校会展专业学生所学课程的差异，培养出来的学生专业能力和适用岗位的差别，出现了无法形成统一标准的现象。在专业课程的设置方面表现出较强的“学院派”色彩，而缺乏专业发展的共性。从上述分析看，现有的专业方向比较分散，有经济类、管理类、旅游类，还有信息类、传媒类。有些甚至与其他专业内容重合，主要反映在侧重旅游类、传媒类专业。此外，广告类、文化类等方向的课程所占的比例也较多。

2.3 与所在学科联系不够紧密

国家教育部在会展专业的设置上，将专业放在公共管理下面，这也说明有关部门在专业设置的过程中已经考虑到会展经济与管理专业的公共服务特征。通过上述的分析表明，从课程的设置方面，很少有学校设置公共管理类的核心课程，缺乏与所在学科联系密切的专业课程，容易导致在未来的学位授予过程中，因缺乏核心课程而出现尴尬现象。

2.4 尚未形成权威的教材体系

由于会展教育起步晚，教材出版节奏较快，尚未建立有特色的会展学科体系，专业知识点体现不明显。从会展经济与管理专业现有的课程设置看，已出版的教材多为国外理念的引进，来自国内实践的较少，适用性不高；另外，各高等院校在专业教材的选择和使用上比较混乱，专业课程多为陈述性和记录性课程，有些课程甚至是其他专业课程在会展经济与管理专业的翻版，缺乏具有自身专业特色的深层次专业知识，尚未形成权威的教材体系。由此导致专业缺乏替代性，并且在未来的发展过程中，往往会形成其他专业毕业生很容易取代会展经济与管理专业毕业生从事会展工作的现象。

2.5 缺乏"双师型"专业师资力量

我国会展业起步晚，发展时间短，会展教育尚未形成从"理论—实践—再理论"的完整体系。从表1的分析看，现有的会展经济与管理本科专业在专业和学科的依托方面存在一定的问题。有的依托经济管理类专业，有的依托外语专业，有的依托旅游专业，还有的依托广告及传媒等专业。因此，授课老师基本上不是真正意义上的会展专业学者，多是从相关的旅游、管理、广告、中文、艺术、经济与传媒等专业上半道出家，缺乏系统的理论知识，有行业实践经历的更是寥寥无几，在授课中也就只能浅尝辄止。而会展业是一个实务性、操作性、服务性都很强的行业，它需要的是具备经济学、管理学、营销学、广告学、艺术学等多种学识能力的复合型人才。从各个高等院校会展专业课程体系看，开设的多是"会展＋原有专业课"(如会展广告、会展物流、会展英语等)的课程，缺乏对专业精深的研究和实践探索基础上的独立教学体系。一般说来，一个成熟的专业需要有成熟的专业群来支撑，并与相关专业形成互动趋势，但会展经济与管理专业目前还无法明确相关的专业群。

2.6 实训时间难把控，实训环节难求"实"

从社会会展活动相对于高等院校教学计划的确定性来讲，在时间上存在着很强的不确定性，项目本身的持续性也很不稳定。比如，有些中、大型会展活动的举办时间相对固定，筹备时间长，但发生时间短，而学生的实习活动安排只能是学校去迁就会展活动的具体时间，特别是一些大型活动，是学生进行实训的极好机会，但因为会展活动与旅游活动的相关性，一般不会安排在寒暑假举办，这样就与学生正常的学习产生了冲突；在统一安排的实训时间内，因为学生的实训是安排到不同的单位进行的，所以不能保证在相对短暂的实训时间里，实训单位就能提供与教学进度相一致的实训机会。另外，由于学生的实训时间有限，难以完整地参与到会展活动从筹备到开办的全过程，所以，通常在实训活动中充当"现场服务"、"志愿者服务"角色的多，而充分施展专业技能的机会很少。虽是实训，但其"实"还是打了折扣的走走过场而已。

2.7 聘请行业专家授课的方式难以发挥实质性的作用

在会展师资力量不够的情况下，聘请行业内专家或资深从业人士授课是一个较好的补充。但实际上发现，聘请的兼职教师虽然具有丰富的行业实践经验，但因自身工作所限，授课多只能采用开设讨论的方式进行，难以完成专业课程的全部教学任务，故而发挥的作用有限；再有，由于缺乏系统的理论研究以及专业主体老师自身结构上的缺陷，双方无法达成强有力的互补关系，一定程度上为培养专业型、全面型会展人才增加了难度。

2.8 学生就业定位难，岗位流向不确定

各高等院校所设定的就业方向主要有：政府相关主管部门(主要为会展协会和贸促会)、会展企业(大部分城市的会展企业仍以展位设计和制作服务为主)、会展场馆(除上海、广州、北京等个别城市外，一个城市大型会展场馆一般不超过2个)、四星级以上酒店、旅行社等。相关就业单位少，每个单位的毕业生需求量也不多。即使是上海、北京、广州也都面临着同样的问题：大型会展结束后的去向在哪里？会展专业的毕业生如果无法对口安置，他们如何转向？这样的问题是所有开设会展专业的高等院校都需要认真考虑的。由于会展行业细分岗位多，岗位

差别大，复制性差等特点，所以职业定位较为困难，如果宽泛地培养从事会展管理的人才，这将会在与用人单位对接时产生不可避免的矛盾。因此，认识并重视这些问题，认真、务实地寻求解决问题的办法、途径，是目前国内高等院校会展专业共同面临的挑战。

3 会展经济与管理专业建设对策与建议

会展经济与管理专业是高等院校人才重要依托，决定着人才规格和办学水平，是一项涉及专业设置、课程建设、教学条件、教学内容、教学方法与教学手段改革的一项系统工程。搞好专业建设，适应经济社会发展对高等教育人才培养的新要求、优化教学资源配置和课程结构，提高高等院校办学水平和教学效果，保证应用型人才培养质量，具有十分重要的意义。由于会展经济与管理专业是一个新型专业的交叉学科，跨产业、文化、信息、经济管理等多个领域，是我国未来经济发展的增长点和弘扬传统文化、提升产业竞争力的重要窗口，因此，必须树立人才培养的历史责任感。

3.1 明确会展专业培养目标定位

在培养目标上，会展专业要培养具有创新潜力的技术和技术开发的应用型人才，体现为以通识为基础的技术应用型人才。因此，在专业课程体系设置的同时，要得到相关部门重点支持和帮助，以便使会展经济与管理专业在较短的时间内得到全面发展。同时，也需要现有设置会展经济与管理专业的高等院校和专业教师深入开展相关研究工作，深化专业内涵，明确专业外延，使会展经济与管理专业的发展呈现良好的发展态势，为毕业生的就业带来比较广阔的市场，进而增强专业和学科发展的生命力，努力探索培养面向市场需求的高质量的具有创新思维、复合型、开放型和应用型的人才。

3.2 加强会展专业课程体系建设

会展就是整合资源，会展教育资源也需要整合，因此，要加强会展专业课程体系建设。在知识的构建上，明确会展经济与管理专业核心课程设置，构造合理的教学内容和课程体系，为学生搭建具可塑性的知识框架，提供给学生一个较高的、完整的、系统的和科学的知识体系，并强调以通识为基础的深厚专业理论基础、宽广的专业知识面和较强的科学创造能力，以加强会展专业课程体系的建设。2007 年 1 月 12 日，国家教育部颁布了《教育部财政部关于实施高等学校本科教学质量与教学改革工程的意见》(教高 2007 年 1 号)，提出要“继续推进国家精品课程建设，力争在教学内容、教学方法和手段、教学梯队、教材建设、教学效果等方面有较大改善，全面带动我国高等学校的课程建设水平和教学质量”。因此，要组织权威教师力量联合编写出版会展经济与管理专业的相关教材，尽快填补我国这方面专业课程教材的不足，让高校教育行业能够在教材水平上有整体的进步，这样也能使会展专业在全国的教学水平上有整体的提高。目前，从会展经济与管理专业现有的教材情况看，会展经济与管理本科专业能否抓住这个有利时机，在课程体系建设方面有一个突破，直接关系到未来本科专业的生存与发展，应该引起业内人士的高度重视。

3.3 引进"双师型"专业人才,加强师资队伍力量

近几年,专业师资的缺乏是目前国内所有开办相关专业的高等院校共同存在的问题。实践经验的不足和理论上的"半路出家"造成了会展教育与实际脱节。会展师资人才目标的定位,发挥优势、准确定位合格的高素质的师资队伍是培养合格人才的有力保障。为此,要注意师资队伍建设。采取的措施主要有以下几方面:

① 选拔高素质"双师型"人才,充实教师队伍。注重理论功底与实践经验,强调专业对口和高学历相结合。

② 鼓励教师深造。派青年教师到一些专业成立比较早、教学水平比较高的院校进修。

③ 聘请业内专家任客座教授。既能丰富学生的知识,开阔视野,还可以大大增强本专业的办学实力。

④ 加强同行学科教师间的横向联系、交流,定期召开教学科研研讨会,以提高教学理论水平。

⑤ 给老师提供实践机会。与各会展公司建立密切联系,教师有机会参与相关会展规划、管理意见以及会展政策的论证、制定等工作,以促进教师的专业理论水平的提高;参与政府及企业的各种展会的招商、招展工作,以提升师资队伍的整体实战能力。

通过理论与实践的有机结合,教师在教学过程中就不会照本宣科,避免了教师"教死书"、学生"死读书、读死书"的情况,使教学形式既有理论,又有实践,学生听课不枯燥、有兴趣。

3.4 深入探索会展人才培养的新模式

构建人才培养模式,应当以通识教育为基础,以传授知识、培养能力和提高素质作为构建人才培养模式的主线,既要重视技术应用能力的培养,又要重视实践教学,但应更加重视理论教学,必须适合社会对人才知识面宽、应变能力强、开拓能力强、具备多种素质特征的要求。培养的人才既要有共性,又要有个性;既要有较扎实的知识基础,又要有创新精神和实践能力。这就需要实行课堂教学与实习实训相结合的人才培养模式。作为一门应用性很强的专业,实训环节实施效果决定着学生能否在行业里"沉浮"。一方面,要注重实训基地的开发和建设。例如,在会展实验室建设方面,可以考虑建造一个仿真"会议中心",既为校内实训提供场所,又可延伸为校内外的实际服务功能,定期组织承办活动或会议。另一方面,要注重实训环节中学生创新能力的培养和强化。"实训"不是"培训",我们培养的是从事会展管理的高级人才,要有实务的经验,更要有战略的眼光和统筹能力,实训能帮助学生尽快熟悉行业运作,积累实务操作经验,全方位打造会展专业学生的综合素质。实训培养的是学生的眼光、学习能力以及在此基础上的创新思维能力,而不是单纯的实务技巧。在素质和能力培养上,既要重视知识和技术的应用能力培养,又要为学生构建应用知识进行技术创新和技术的二次开发的能力,强调的是综合素质的培养。同时,也可让会展企业将高等院校作为自己的"人才库"和重要的合作伙伴,实行"订单式"培养;学校可按企业要求来确定培养目标和培养方式,进而,有的放矢地培养我国会展业的优秀管理人才。中国的会展行业尚在摸索着进步,急需会展教育从事者、会展理论研究者给予相当高度的关注和有力支持;同时,中国会展行业又处在"成长"时期,而国际会展行业的蓬勃发展是不会等待中国会展的慢慢成熟的,因此,就要求会展行业的从业者必须具有很强的学习能力、适应能力、创新能力,甚至是转岗能力,只有这样,才能适应会展迅猛发展和

工作环境变化所带来的新压力、新要求。这也是会展专业和其他专业相比具有挑战的地方。

一个专业、一个学科的发展是跟随着时代、城市和行业的发展而不断向前的。我国会展业的良好发展势头催生了高等院校的会展教育，因此，会展经济与管理专业需要结合专业特点，探索全新模式，解决当前高等院校教学中存在的普遍问题，具体内容包括实验教学资源经费不足；实践教学效果不明显；学生综合能力不强；毕业论文纸上谈兵等。只有通过不断探索完善课程设置、改革学期安排、改进教学方法、加强实践教学等手段健全学科体系建设，才能真正提高大学生的实际能力和综合能力；只有在人才培养目标和专业课程设置上，以培养基础知识宽厚、创新意识强烈、具有良好自学、自主研究能力和动手能力的通识性人才为目标，才能实施通识教育基础上的宽口径专业教育。

在全国会展高等教育日益发展的今天，打造适合全国会展市场所有环节的会展人才并非易事，只有针对人才服务的市场，立足区域和院校特色，才能形成自己的会展教育不可替代的优势，才能培养出具有不可替代的优秀的会展人才。

参考文献

[1] 张健康，任国岩. 会展概论[M]. 北京：高等教育出版社，2004：35-37.

[2] 孙超逸. 去年中国会展数量居世界第二[N/OL].（2012-06-01）http://www.foods1.com/content/1684903/.

[3] 会展专业人才需求状况. 百度文库. http://wenku.baidu.com/view/1d6496bf960590c69ec3764e.html.

[4] 易培强. 论高等教育成为产业的理论依据与特征[J]. 湖南师范大学社会科学学报，2000(4).

[5]丁萍萍. 我国会展教育现状评析[J]. 中国展览，2005，18(2)：48-52.

[6] 任国岩，骆小欢. 会展组织与管理[M]. 北京：高等教育出版社，2004：22-24.

[7] 冯志敏，林麒，等. "平台＋模块"课程体系的结构及特征[J]. 中国高教研究，2002，18(11)：90-91.

[8] 马勇，梁圣蓉. 我国会展教育的国际化与本土化创新思考//2007中国会展经济研究会学术年会论文集[C]. 2007.

涉旅职业研究对高等旅游教育专业定位的启示

汤利华[①] 吴 平[②] 陆 琦[③]

摘 要：职业研究对职业教育培训有直接的指导作用，而对于高等旅游教育，国外实践表明（经验，亦有教训），其主体部分本质上是应用型教育，即理论上其应与旅游业的特有职业紧密联系。对涉旅企业的组织结构和岗位设置的调研显示：一方面，随着旅游业的快速发展，不同旅游企业中出现了新的岗位；另一方面，旅游特有职业的数量相对较少，不同涉旅集团的组织结构和岗位需求差别较大，需要不同的专业人才。初步研究的发现对旅游相关专业的定位有重要的启示意义。

关键词：旅游、职业、专业定位、启示

1 旅游职业研究与高等旅游教育

1.1 关于职业与职业研究

职业是在人类长期生产活动中，随着生产力的发展和社会劳动的分工的出现，而逐步产生和发展起来的。职业的产生和发展既是社会生产力进步的结果，同时，它又反过来进一步促进了生产力的提高。一个国家的经济结构、产业结构、科技结构和生产力总体水平决定了社会职业的构成，而职业构成的变化也客观反映着经济、产业、科技以及生产力水平的状况。总之，职业是社会发展的客观产物。

职业研究与分类，则是运用一定的科学方法和手段，通过对社会全体从业人员所从事的各类经济性活动进行分析和研究，按照其活动的不同性质、对象、内容、形式、功用和结果进行的类型划分和归总的工作。职业分类是国家经济工作、劳动工作和职业教育培训工作的基础。科学的职业分类不但可使人们有效掌握和监控国家经济结构和就业结构的变动发展，而且将为国家职业教育培训事业确定目标与方向。从世界经济发展的历史看，发达国家和地区都十分重视职业分类工作，国际劳工组织（ILO）早在 1958 年就出版了供各国参考的《国际标准职业分类》，后经 1968 年、1988 年、2008 年几次修订，现已成为世界各国建立本国职业分类体系的蓝本。美国、加拿大、英国、德国、澳大利亚、日本等发达国家也都制定了符合本国国情的职业分类，广泛运用于经济信息交流、人口统计、就业服务、职业教育培训等领域。典型如德国，职业被认为是"上帝的呼唤"，一种具有高尚性的事业，全国职业划分为 1.2 万多种，导游一职就有多个种类。德国也是职业教育最发达的国家。我国的台湾及澳门地区自 20 世纪 60 年代以来，也根据各自经济不同时期的发展，建立了符合地区实际需要的职业分类体系。这些国家

① 汤利华，北京联合大学旅游学院产学研合作/校外人才培养基地办公室主任，高级实验师。
② 吴平，北京联合大学旅游学院 2012 级旅游管理专业硕士研究生。
③ 陆琦，北京联合大学旅游学院 2012 级旅游管理专业硕士研究生。

和地区的实践证明了职业分类是规范人力资源管理的一项重要的基础性工作,不断完善职业分类体系是社会经济发展的客观要求,也是我国进行职业分类需要学习和借鉴的。

应该说,我国是最早开展职业分类的国家,这一点从2500年前儒学经典的记录中就可以看得很清楚。《春秋·谷梁传》写道:“古者立国家,百官具,农工皆有职以事上。古者有四民,有士民,有商民,有农民,有工民。”中华人民共和国成立以后,相继通过的《劳动法》和《职业教育法》等都从立法高度明确规定了国家确定的职业分类,并以此指导职业教育培训工作和职业资格证书制度建设。这表明,职业分类在国家人力资源开发体系中具有重要的基础性地位。21世纪以来,对职业的研究也越来越受到重视,例如,2009年6月,北京大学中国职业研究所正式成立,这标志着国内首家以职业、职业活动和职业科学为主要研究对象的科研机构正式诞生。

我国原劳动保障部、国家质量技术监督局和国家统计局会同有关部门于1999年编制并颁布了《中华人民共和国职业分类大典》(以下简称《大典》),首次对我国社会职业进行了规范的划分和归类,将我国各类职业分为8大类,66个中类,413个小类和1838个细类。在《大典》中,与旅游业相关的职业(工种)主要体现在“商业、服务人员”大类(即第四大类)的“饭店、旅游及健身娱乐场所服务人员”中类(4004)中,主要是“导游人员”(另在其他中类、细类有相关岗位零散分布)。随着国内旅游业的转型升级和飞速发展,1999版《大典》被认为已不能反映中国旅游产业中的各职业、岗位的发展变化了,不能满足旅游业人力资源管理和培训的新要求,而研究旅游职业及分类成为了必需。

1.2 旅游职业研究与高等旅游教育的关系

毋庸置疑,旅游职业研究对旅游职业教育培训的指导作用,而对于高等旅游教育,其主体部分本质上是应用型教育,即其与旅游业的特有职业紧密联系,而且,从理论上说,高等旅游教育的主体是培养旅游高素质特有人才的,而非通用人才或非“旅游”特征人才,因此,如果没有“高价值”(职业性较强)的旅游特有职业组成的职业群,旅游院校存在的意义就不那么不容置疑,存在的价值就会打折扣。总之,从理论上说,高等旅游教育对应的是旅游特有人才的培养。

而当前国内高等旅游教育(旅游管理专业)存在的一系列问题,其主要根源在于专业设置及其定位的模糊性,而专业定位的准确性源自高校对业界人才特征的清晰把握。高等旅游教育被界定为面向旅游产业培养人才,主体是旅游企业人才,那么,我们就得清楚,所谓的旅游企业到底应包括哪些?旅游人才具体指哪些?到底具体需要哪些层次、类型的人才?以往的研究,对旅游企业及所属旅游人才特征的分析较为笼统,而在对企业的岗位研究进而对行业的特有职业的科学研究中,能够获得最直接、最清晰的答案。总之,科学研究特有职业有利于明确高等旅游教育定位及人才培养方向。

2 研究设计及发现

进行一个行业职业分类的基本工作方法和步骤是:

第一,在明确行业范围的前提下,在行业范围内选择代表性的企事业单位,进行典型企业的岗位调查。

第二，研究典型企业的典型岗位。在典型企业的岗位序列中，利用工作分析的方法，研究其典型岗位和工种的内容，如图1、图2和图3所示。

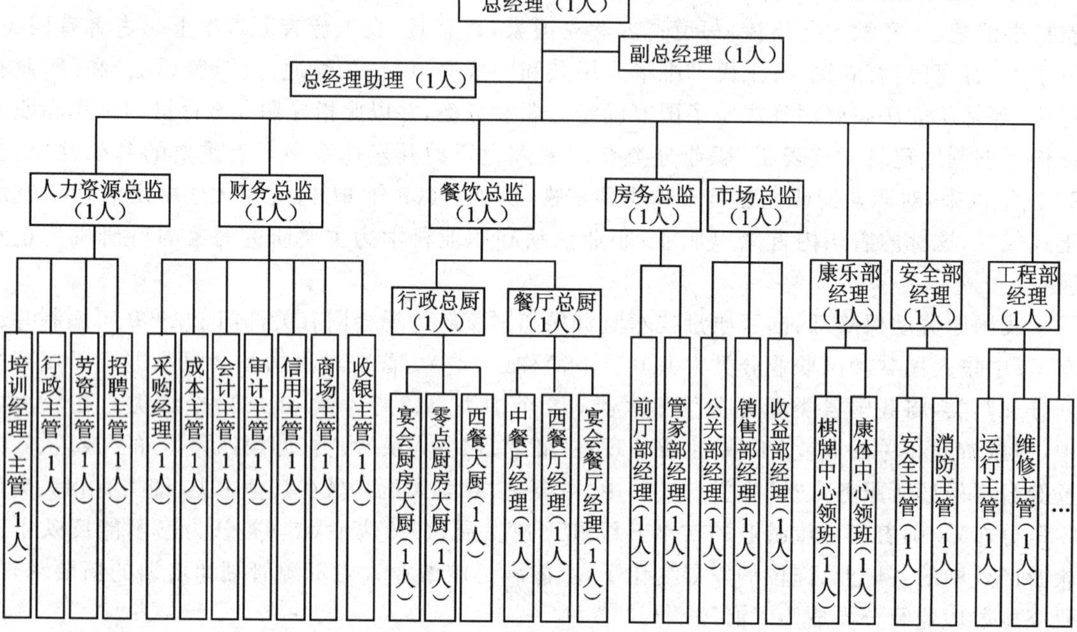

图1　某代表性酒店组织结构图

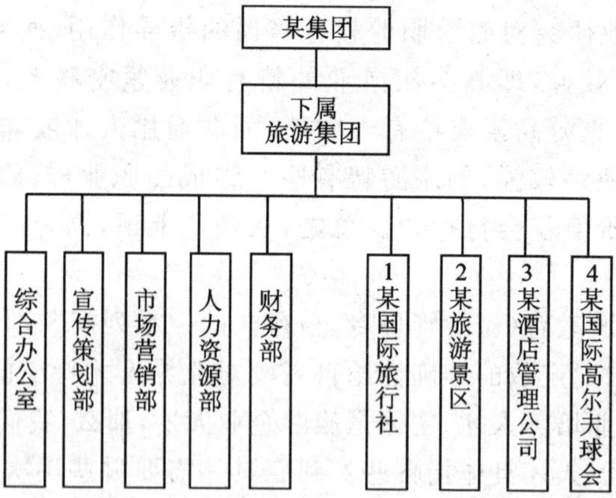

图2　某大型集团下属旅游集团组织架构图

第三，根据一定的职业划分原则(如工作性质“同一性”或“相似性”，或承担相应任务或职责所需的“技能水平”和“技能的专业程度”)进行选择归类，这些归入该行业的职业就代表了行业的特有职业。

本研究重点是第一个步骤，即研究典型单位的典型岗位(职业)，起到启示旅游相关专业定位及建设的作用。

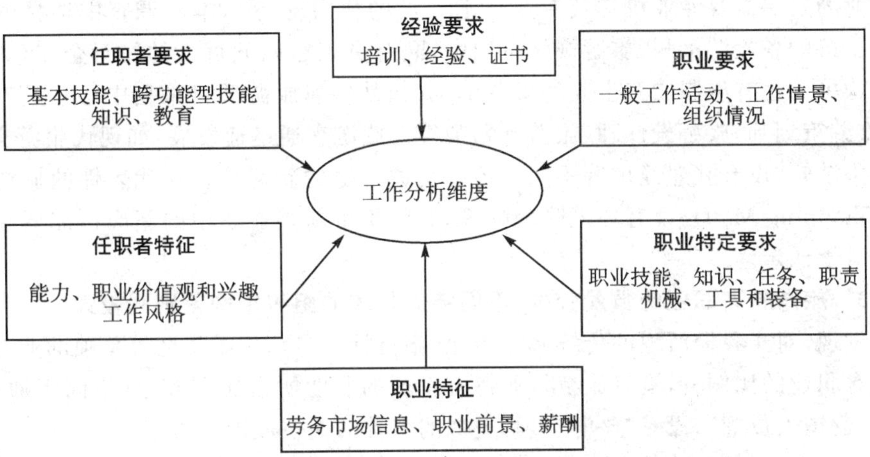

图 3　工作分析的维度(资料来源:职业分类与职业资格证书制度,张元)

2.1　问卷调查基本情况

利用国家人力资源与社会保障部专业的“企业岗位(职业)调查问卷”,采用典型调查法,首批调查涉及了国内有实力、有特色、有代表性的各类旅游(涉旅)企事业单位 30 家(单体业态和涉旅集团),覆盖了高星级酒店、旅行服务商(传统的旅行社和旅游电子商务企业)、旅游景区、主题公园、旅游休闲度假场所(包括温泉、高尔夫服务等)、旅游购物商店、旅游会展企业、旅游车船公司、旅游投融资机构、旅游策划(规划)机构、旅游营销宣传机构及旅游研究机构等。其中,营业收入在 10 亿元以上的大型旅游集团或旅游企业占 10 家(占当年中国旅游集团 20 强的 50%)。这些企业既包括旅游传统业态,又有体现了产业融合出现的旅游新业态,如“旅游＋地产”、“旅游综合体”等,还包括旅游事业单位 4 家,如:专门的旅游研究机构、省属的旅游宣传促进中心、省属的旅游项目策划中心及省属的旅游信息中心。这种典型样本选择,可以说能较好地反映出现阶段旅游业的职业和岗位情况。

2.2　研究中的初步发现

2.2.1　旅游传统业态中的岗位有更细致的划分,出现了一些新兴的岗位(职业)

回收问卷研究显示,与 99 版《大典》颁布时期相比,旅行社、酒店、旅游景区景点等传统旅游业态的形态和所提供的服务内容呈多元化发展趋势,其职业和岗位也日趋细分和多样化。例如:在饭店业中,国内某代表性的酒店集团划分岗位近 150 个,自设有高级宴会服务师等新岗位(职业);在主题公园中,某代表性的主题公园划分岗位 184 个,出现了旅游商品设计师、游乐部经理等新岗位;某集休闲、娱乐、体育为一体的综合体中,设有与旅游休闲相关的众多新岗位,如高尔夫运动的球童主管等;另外,还有旅行社中的计调师等职位(长期存在但未作为独立职业纳入《大典》)。

2.2.2　旅游相关新兴业态发展迅速,出现一些更能体现旅游专业性、技术含量更高的新岗位

以现代信息技术强力支持的旅行服务商——旅游电子商务企业的异军突起给旅行服务机构的业务流程、岗位设置带来很多新变化,如某代表性的旅游电子商务企业,设有旅游资源经理、旅游商业智能分析经理等新岗位(职业)。

旅游业的发展需要专业机构及专业技术人员的智力支持[①]，本次调查中选择的为旅游业提供智力支持的各旅游策划、旅游规划机构中，既有员工达四五百人的民营企业（如南方某旅游发展机构等），也有编制二三十人的事业单位（如某省属旅游项目策划中心），设有的典型岗位包括：旅游策划师、旅游设计师、旅游规划师等。旅游交通迅速发展，如现代旅游交通中的代表——豪华游轮，设有驻船经理等不同于传统交通运输的新岗位。在代表性的旅游休闲综合体中（如 Shopping Mail），设有环境管理师等，这些旅游新兴业态中的新岗位需要在研究的基础上进行科学认定。

2.2.3 旅游特有职业的数量较少，不同涉旅集团的组织结构差别则较大

同时发现，对于我们所说的传统旅游企业（旅行社、酒店、旅游景区等单独的业态），从通用职业和特有职业的比例看，具有旅游行业特有特征的职业所占比重较小（不同于通用职业，如财务人员、营销人员等），没有“旅游管理”类似的名称的岗位或岗位群。

对于同为涉旅集团的，或者说产业融合形（组）成的集团，如“某会展旅游集团”（会展＋旅游）、“某交通旅游集团”（交通＋旅游），可以看到：首先，从宏观板块上看，各涉旅集团组织结构大相径庭，比如比某会展旅游集团是“会展”＋“旅游”（包括酒店或景区），“某交通旅游集团”是“交通”＋“旅游”（旅行社或邮轮等），即不同业态分属于不同业务板块。集团组织结构图中，从岗位需求上看，各板块需要不同的管理人才和专业技术人才，如会展旅游集团中，分为会展板块和旅游板块，旅游板块所需的专业人员不同于会展板块的专业人员；而另一方面，研究集团所属的单独某旅游板块，如酒店板块，其人才需求，与传统旅游酒店的人才需求差别并不大。

3 结束语

3.1 初步启示

从目前观测的涉旅企业组织结构可以初步看出，不存在与高校所设的较为宽泛的“旅游管理”专业定位相类似的岗位（岗位群）或职业，由此可认为，“旅游管理”可以作为一个领域，但作为一个专业是不太合适的，需要细分，否则专业指向不明；不同业态在企业管理层面上虽然是相通的，但具体的组织形式、经营方式有很大的差异。因此，旅游管理专业硕士（MTA），在实际培养中，也需要设方向细分。（如果旅游集团的老总也算是“旅游管理”专业的“瞄准”方向，这也是较少数人，不是育人的主体。）

从涉旅集团组织结构及人员需求分析可见，通常认为的“产业融合以人才融合为先”的提法值得商榷，而可能更应认为：“产业融合，人才未必融合（不复合）”；企业需要多样专业人才集聚，不可等同于我们所认为的“复合人才”、甚至是“超复合人才”。另外，经常也有人士列出很多“旅游新业态”，呼吁高校培养新业态人才，问题是：这些所谓的“旅游新业态”是不是都是“新业态”？他们具体需要什么样的人才？这些人才有哪些的确是高校还不曾培养过的“新人”？这些都需要认真的分析。实践中，某些旅游高校开设的“旅游会展”、“温泉旅游”等专业，科学性就值得商榷，这会造成专业定位不清晰，影响人才培养。

---

① 据统计，全国已有近 500 家旅游规划设计单位，如果加上非旅游规划主业的城市规划、建筑及园林景观等机构，旅游研究与规划设计的从业人员可能近 10 万人（葛全胜，2012 年）。

3.2 需继续研究的问题

由于采用了典型样本分析法，会存在样本量有限的问题，可在进一步的研究中，扩大典型样本单位的选择范围，提升本研究的科学性。

对于研究发现的新岗位(有新职业特征的岗位)，需要进一步利用职业分析专门工具进行研究，例如，存在的“旅游规划师”、“景观规划师”、“城市规划师”等，在职业属性上是否有本质的区别？这需要利用职业调研工具，从知识、技能、能力、工作任务等方面的异同做出科学的回答，以利于指导专业人才的培养。

参考文献

[1] 中国就业培训技术指导中心组织. 中国社会职业发展观察报告(1978—2008)[M]. 北京：中国劳动社会保障出版社，2010.
[2] 汤利华. 高等旅游教育是什么？——从反思“自我”到走向“一体化”的探析视界[M]. 北京：中国旅游出版社，2013.
[3] 张元. 职业分类与职业资格证书制度. 学术讲座，2010.

旅游教育与廊道遗产的空间分异及协同发展研究[①]

李 飞[②]

摘 要：旅游教育与文化遗产的内在关联的研究，属于旅游学、教育学和人文地理学多学科的交叉领域。旅游教育由于旅游专业教育和职业培训的传统思维惯式限制了其话说空间和思想维度。本文以文化遗产地中极具代表性的一类——廊道遗产，作为比较对象，引入地理学的空间研究方法，并将廊道遗产与传统旅游教育资源（包括旅游院校数量、在校师生人数和行业培训频次）进行空间比较。在分析两者空间分异现象的基础上，提出旅游教育的多维度扩散，依照"适时"和"适地"两个原则协调旅游教育与廊道遗产发展的关系。进而，期望旅游教育更好地为廊道遗产发展服务，廊道遗产充分发挥其巨大的旅游教育功能，从而实现旅游教育体系与廊道遗产体系的有机结合。

关键词：旅游教育、廊道遗产、空间分异、协同发展

1 引 言

旅游教育作为旅游人才培养和旅游产业发展的基础性环节，是旅游研究的重要领域。目前，大多数致力于旅游教育研究的学者都将学术焦点集聚于旅游学科专业教育与职业培训方面。然而，随着旅游产业链的日益延长和旅游目的地系统复杂程度的加剧，旅游教育面临着思维模式的调整和价值体系的重组。在以文化为旅游产品核心竞争力的当今时代，旅游目的地系统的文化诉求和文化塑造将成为吸引游客到访、提升地方感知、美化社区环境、促进经济发展的关键所在。由此，不难理解，作为文化遗产社区、世界遗产地以及大型的廊道遗产区域，其所蕴含的文化潜能急待释放。在"文化释放"过程中，旅游教育不再只作为旅游供给方人力资源的支撑，也将成为文化遗产地及其利益相关者之间多元共生的因子，在多方之间扮演智慧传输和精神置换的重要角色。

旅游教育与文化遗产地内在关联的研究，属于旅游学、教育学和人文地理学多学科的交叉领域。而现有研究成果主要集中在旅游学和教育学两方面：一是文化遗产地旅游教育功能的发挥，二是旅游教育给予文化遗产地人力资源保障。但两者目前均遇到一定的学术障碍，前者探讨遗产地功能问题，不属于旅游教育范畴，只属于旅游功能范畴；后者将旅游教育局限于专业设置和人才培养，大大缩小了旅游教育的话语空间，限制了旅游教育的思想维度。为了突破旅游教育的思维惯式约束，本文以文化遗产地中极具代表性的一类——廊道遗产，作为比较对象，引入地理学的空间研究方法，并使之与传统旅游教育资源进行空间比对。在分析两者空间

① 本文受国家自然科学基金（41301152）资助。

② 李飞，北京联合大学旅游学院旅游管理系，讲师。

分布基础上，提出旅游教育与遗产地的协同发展策略。

2 研究对象及其特性

2.1 旅游教育的思维惯式

改革开发以来，国门向世界打开，我国迎来了大量的入境旅游者。最初的旅游教育主要为涉外宾馆、酒店服务，大量的旅游教育单位和培训机构以技能培训为主。可以说，我国的旅游教育是在市场的迫切需求下应运而生的。[1]随着时代进步和旅游业的快速发展，旅游教育与市场化运作的旅游产业之间的不适应越来越明显，社会对旅游人才的大量需求与旅游教育有限的供给之间矛盾凸显，毕业生就业去向与学校培养目标之间存在矛盾，造成高层次旅游专业人才市场需求与供给严重错位。[2]这种错位集中体现在旅游院校的人才培养方式上，因此有学者指出，应从旅游产业需求的角度调整旅游院校的定位，走"产、学、研一体化"道路，重视培养学生的职业素养。[3]还有学者基于旅游产业对于人才的需求提出了高、中、初级人才的分层培养模式，即"金字塔模式"。[4]这些研究的指向均为旅游专业或职业教育，它的主体通常是学校，此外还有少数的培训机构。即使后来有的学者意识到旅游教育和旅游产业的双向互动的重要性，[5]也尚没有跳出旅游教育和旅游专业（职业）关联捆绑的原始思维惯式。

在旅游教育的思维惯式中存在几组亟待缓解的矛盾：专业教育与职业教育的矛盾、专业教育与人文教育的矛盾、旅游教育与旅游产业的矛盾和旅游教育与学校生存的矛盾。[6]除去第一组矛盾之外，后三组矛盾的提出都为旅游教育突破思维惯式辅以灵感。旅游教育不只有专业或职业教育，还包括人文教育；不仅是知识领域的拓宽，还是受教育群体的扩展。旅游教育与旅游产业之间从"供需错位"走向了"矛盾对立"，因为新时期的旅游产业早已突破了原先的住宿和餐饮接待业，向复杂而漫长的上下游产业链延伸，如旅游文化产业、旅游传媒、旅游信息产业、旅游零售业、旅游景区、旅游服饰、户外装备业，等等，传统的旅游教育面对旅游产业中的新兴行业显得力不从心。旅游教育与旅游院校的关系，从以往的形影不离变得貌合神离。旅游院校为了生存开设了诸多"旅游 XX 学"，这些经过学术嫁接的边缘学科无法真正使学生深入了解和理解旅游产业，最终造成就业和学业之间更加严重的脱节。因此，后三组矛盾所揭示的旅游教育问题正是帮助旅游从业者和研究者走出旅游教育传统思维惯式的学术钥匙。

2.2 廊道遗产的地缘特性与教育功能

之所以选择文化遗产地中的廊道遗产作为与旅游教育空间分异比较的对象，是因为文化性、遗产性、空间性在廊道遗产地域范围内表现得尤为明显，廊道遗产对于旅游教育的需求和反哺表现得亦十分强烈。

廊道遗产是历史上形成的，并对历史发展、社会进步或民族交往起到过重大的推动作用；能够体现民族精神、塑造意识形态，是国家"文化身份"或"民族身份"的象征；它以文化价值为核心，突出政治、经济和教育三大功能。[7]它存在于广阔的地理空间内，通常跨区域、跨国界分布；廊道遗产不仅本身是遗产，而且在它沿线区域分布着较为丰富的文化、自然和非物质单体遗产，因此它可被视为遗产体系。廊道遗产可以是水路或陆路的，并作为交通线路使用；形状可以是线形、放射形或网络状的。我国典型的廊道遗产有：丝绸之路、京杭大运河、茶马古道等。

从廊道遗产的概念与地缘特性可知,其体量庞大,通常串联多个城市并存在于广大的乡村地区,尤其集中在我国中西部地区。这些地区往往是旅游教育的薄弱区域。廊道遗产沿线不仅是城市带、经济带,还形成了文化带、遗产带、旅游带。廊道遗产保护和开发的良性循环将有助于其沿线地区经济的发展和社会的进步,部分跨国廊道或跨国区段还能够发挥稳定边疆、改善国际关系的战略作用。

教育是人类历史发展的重要文化方式,也是人类文化记忆传承的重要方式。遗产教育是社会发展、人类进步的基石,遗产只有借助教育的成果才能不断开创新的人类文明。廊道遗产教育功能主要在两个层面上发挥作用,一是知识层面,二是精神层面。就知识层面来讲,廊道遗产如同一本内容丰富的百科全书,在广阔的地理空间内,讲述漫长的历史,为人们启迪人生;从精神层面看,廊道遗产曾经在国家或民族的历史上扮演着重要的角色,体现着某段历史时期的辉煌或者记录着一系列重要的历史事件,它以最真实、最直接的方式向人们传递着历史信息。因此,廊道遗产对于我们进行爱国主义教育,增强民族自豪感和自信心,促进民族融合都具有重大作用。

2.3 思维惯式下旅游教育与廊道遗产的关系

从上文论述中可看出,传统思维惯式下的旅游教育并没有直接参与廊道遗产的管理与发展,也就是说,两者没有产生任何化学反应;而廊道遗产的教育功能主要是从遗产旅游、教育旅游等方式中输出的,并不是传统意义上的旅游教育,与旅游学科、教学、培训等也没有太多关联。

但毋庸置疑的是,廊道遗产的区域发展和功能发挥急需旅游人才,强大遗产精神的"文化释放"是需要高素质受众的,因此廊道遗产和旅游教育之间的联系也是必然的。那么,在当下是什么阻隔了两者的联系,又怎样才能将两者联系到一起,从而淋漓尽致地发挥旅游教育和廊道遗产双方的功能呢?这就是本文引入空间分析法的原因。

3 旅游教育与廊道遗产的空间分异

3.1 旅游教育的空间分布及特点

研究旅游教育空间分布一般依据两个指标:一是旅游专业教育的空间分布,即各省区市的旅游院校数及师生人数;二是旅游职业培训的空间分布,即各省区市的旅游行业培训人数。虽然用指标衡量各地旅游教育发展可能存在一定的偏差,比如学生就业选择的空间流动和行业培训的异地性,但从总体上而言,旅游院校开设数量及行业培训参与人数仍然能够反映出某一地方或区域的旅游教育综合水平。

3.1.1 旅游专业教育的空间分布

早期的旅游教育空间分布以北京为中心,大量旅游院校集中在东部沿海地区。1990 年,北京、上海、辽宁、广东、江苏、山东、海南七个省市的旅游专业在校生人数占全国旅游专业在校生总数的 72.5%。[8]随着我国旅游业的发展和交通的改善,中西部地区旅游资源优势逐步显现,因此带动了中西部地区旅游教育的发展。旅游教育空间布局呈现多中心集中分布的格局。以重庆、四川、云南为代表的西南地区旅游教育迅速崛起,而东部沿海呈现辽宁、山东、浙江、广东多中心聚集的特点。

截至2012年年底，全国旅游院校（包括完全的旅游院校和设旅游相关院系或旅游相关专业的院校）共计2 236所，其中高等院校1 097所，中等职业学校1 139所。旅游高等院校数量超过50所的有江苏、广东、四川、河南、安徽、山东、湖北、浙江、湖南9省。旅游中等职业学校数量超过100所的有四川、广东和云南3省。2012年全国旅游院校旅游相关专业在校生人数共计107.34万人，其中旅游高等院校在校生人数为57.62万人，同比减少3.93%；旅游中等职业学校在校生人数为49.72万人，同比增加2.85%，见表1和图1～图2。

表1　2012年我国旅游院校数量与师生人数空间分布

省　市	院校数量			在校生人数			专业教师人数		
	小　计	高　校	中　职	小　计	高　校	中　职	小　计	高　校	中　职
北京	84	48	36	24 558	19 456	5 102	1 126	791	335
天津	19	15	4	13 860	9 686	4 174	256	158	98
河北	52	37	15	23 263	17 337	5 926	1 235	666	569
山西	34	21	13	54 292	51 262	3 030	287	187	100
内蒙古	35	22	13	9 776	8 183	1 593	479	367	112
辽宁	69	40	29	20 677	14 302	6 375	791	529	262
吉林	21	14	7	7 363	6 151	1 212	873	583	290
黑龙江	62	44	18	23 987	11 174	12 813	2 333	1 804	529
上海	40	22	18	19 130	11 079	8 051	633	386	247
江苏	129	92	37	44 482	30 500	13 982	1 596	1 158	438
浙江	130	54	76	72 221	36 496	35 725	3 377	1 209	2 168
安徽	81	57	24	91 513	62 834	28 679	3 455	2 275	1 180
福建	60	41	19	17 581	14 276	3 305	1 111	795	316
江西	44	24	20	16 387	13 573	2 814	530	252	278
山东	85	57	28	52 377	34 787	17 590	2 740	2 216	524
河南	94	66	28	3 8107	28 205	9 902	1 629	877	752
湖北	79	57	22	37 081	23 344	13 737	1 436	992	444
湖南	83	52	31	37 966	23 292	14 674	1 589	894	695
广东	241	76	165	127 171	51 413	75 758	4 414	2 803	1 611
广西	65	41	24	46 886	18 129	28 757	1 852	978	874
海南	60	15	45	40 317	12 298	28 019	714	483	231
重庆	91	27	64	51 414	13 847	37 567	1 846	1 003	843
四川	283	71	212	123 718	27 710	96 008	7 095	1 641	5 454
贵州	35	19	16	11 399	7 179	4 220	615	374	241
云南	178	38	140	40 047	11 618	28 429	1 077	486	591
西藏	3	3	0	945	945	0	74	74	0
陕西	27	20	7	15 475	9 118	6 357	510	280	230
甘肃	23	12	11	2 819	1 399	1 420	311	115	196
青海	7	5	2	2 489	2 080	409	157	126	31
宁夏	6	4	2	3 218	2 534	684	81	58	23
新疆	16	3	13	2 886	2 010	876	165	120	45

注：统计数据来源于国家旅游局《2012年全国旅游院校基本情况年报表》。

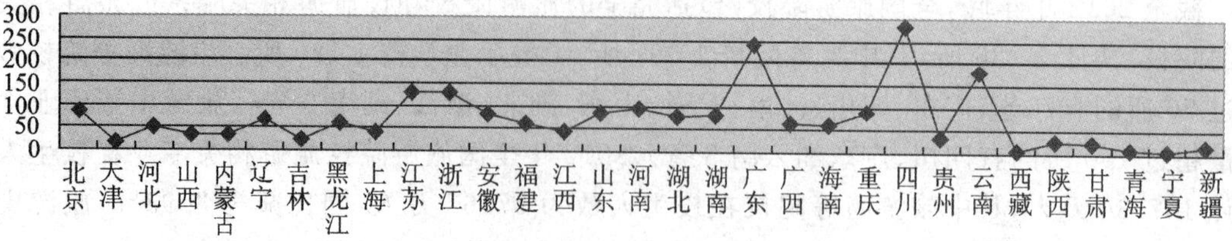

图 1　2012 年旅游院校数量空间分布图(单位:所)

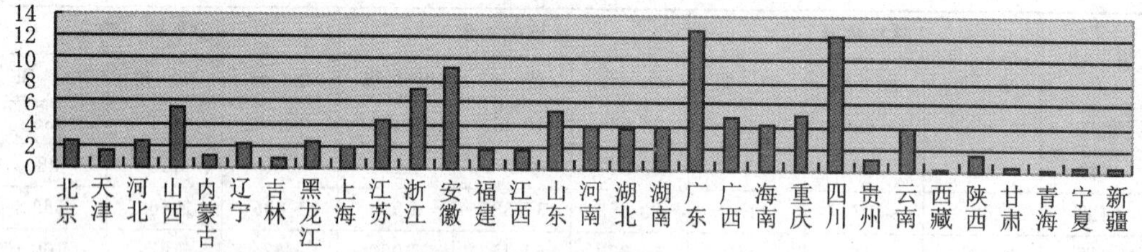

图 2　2012 年旅游专业学生空间分布图(单位:千人)

3.1.2　旅游职业培训的空间分布

旅游职业培训是旅游从业者在各自行业所接受的职业教育,2012 年全国旅游行业教育培训总量为 446.84 万人次,同比增长 2.57%。其中行业岗位培训量为 415.44 万人次,同比增长 3.1%;成人学历教育量为 31.40 万人次,同比下降 4.00%。从空间分布看,旅游行业职工教育培训量在 40 万人次以上的省份有湖南和广东,30 万~40 万人次的省市有上海和河北,20 万~30 万人次的省市有辽宁、福建、重庆和山东,见表 2 和图 3。

表 2　2012 年我国旅游行业职业教育培训空间分布

省　市	总　计	旅游饭店	旅行社	旅游区(点)	旅游车船公司	旅游行政部门	其　他	岗位培训	成人学历教育
北京	70 125	2 350	67 193	411	58	111	2	69 128	997
天津	119 490	18 552	56 877	4 226	367	1 184	38 284	117 343	2 147
河北	321 372	89 425	20 903	207 322	1 016	686	2 020	314 317	7 055
山西	43 051	17 927	14 394	6 748	1 861	1 699	422	39 153	3 898
内蒙古	42 934	17 270	11 307	12 568	767	1 022	0	33 689	9 245
辽宁	278 922	199 037	38 462	24 623	8 743	2 194	5 863	241 473	37 449
吉林	47 549	35 329	5 060	5 677	813	670	0	42 593	4 956
黑龙江	13 472	3 853	5 736	2 105	222	468	1 088	12 593	879
上海	325 297	232 475	65 401	17 059	9 480	882	0	314 139	11 158
江苏	181 262	93 195	54 228	20 600	11 640	1 502	97	165 774	15 488
浙江	163 457	87 892	55 431	13 154	3 946	2 425	609	148 826	14 631
安徽	92 182	61 474	15 801	9 588	1 555	1 503	2 261	79 375	12 807
福建	230 562	165 196	47 155	11 972	4 798	1 095	346	221 028	9 534
江西	143 319	87 567	32 731	15 820	3 331	3 739	131	134 785	8 534

续表 2

省 市	总 计	旅游饭店	旅行社	旅游区（点）	旅游车船公司	旅游行政部门	其 他	岗位培训	成人学历教育
山东	220 594	140 080	34 258	27 926	5 316	2 514	10 500	199 065	21 529
河南	78 158	44 117	13 688	16 106	2 267	1 885	95	68 926	9 232
湖北	123 426	74 072	25 762	14 868	6 178	2 108	438	111 515	11 911
湖南	547 986	403 616	99 139	27 905	10 418	3 856	3 052	507 338	40 648
广东	452 406	328 079	57 046	60 023	3 061	3 934	263	418 230	34 176
广西	114 922	87 652	12 993	8 774	2 303	2 448	752	111 468	3 454
海南	49 555	30 591	14 421	4 202	0	341	0	49 555	0
重庆	222 161	154 584	30 230	21 367	8 340	3 552	4 088	206 421	15 740
四川	187 863	88 907	25 116	54 265	11 138	3 562	4 875	174 375	13 488
贵州	85 436	45 318	17 090	18 534	3 788	706	0	84 960	476
云南	111 976	61 542	26 966	14 454	4 761	3 876	377	100 357	11 619
西藏	3 521	331	2 955	152	0	83	0	3 500	21
陕西	77 757	40 818	14 126	14 735	2 196	1 669	4 213	73 524	4 233
甘肃	69 713	40 238	10 735	13 604	1 244	2 809	1 083	68 250	1 463
青海	2 720	420	1 979	127	0	194	0	2 720	0
宁夏	20 226	12 108	6 094	931	844	249	0	20 226	0
新疆	26 991	18 876	3 634	2 644	733	1 104	0	19 779	7 212
合计	4 468 405	2 682 891	886 911	652 490	111 184	54 070	80 859	4 154 425	313 980

注：统计数据来源于国家旅游局《2012 年全国旅游行业职业教育培训年报表》。

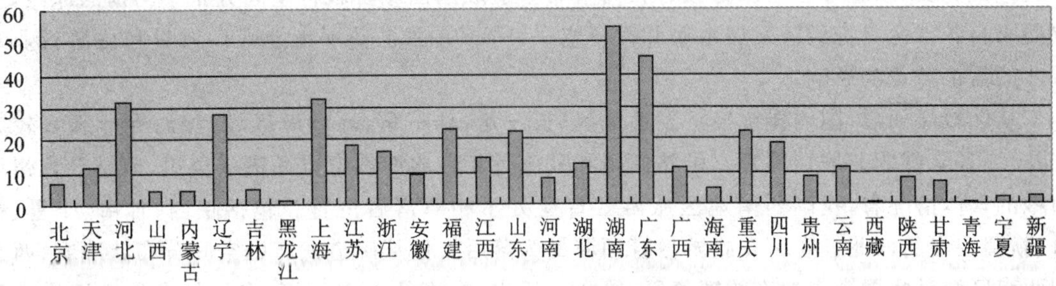

图 3　2012 年旅游行业培训空间分布图（单位：万人）

从区域分布特征来看，长三角、珠三角地区旅游行业培训参与人次较多，西南地区和环渤海次之，东北和西北地区旅游行业培训相对落后。

3.2　廊道遗产空间分布

近年来，廊道遗产研究升温，综合国内学者研究或提及的廊道遗产，笔者归纳出以下 18 条线路：丝绸之路、京杭大运河、茶马古道、剑门蜀道、唐蕃古道、西南丝路、长城、苗疆边城、海上丝路、藏彝走廊、施宜古道、贵州驿道、川盐古道、金界壕、长江三峡、青藏铁路、青藏公路、滇越铁路。这些廊道遗产在各省区的空间分布情况如图 4 所示(数字为各省区廊道遗产途经数量)。

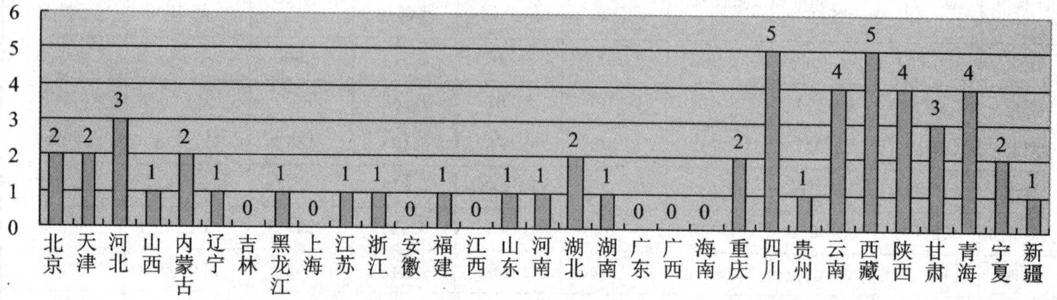

图 4 我国主要廊道遗产空间分布情况(单位:条)

从廊道遗产分布情况看,四川、西藏、云南、陕西、青海等省有多条廊道遗产途经,吉林、上海、安徽、江西、广东、广西、海南等省没有廊道遗产。从区域来看,西北和西南经济欠发达省份廊道遗产分布较为广泛,而东南沿海和华南地区则少有廊道遗产存在。

3.3 空间分布的比较分析

空间上,分省域层面和区域层面两个层次进行比较。

从省域层面看,旅游院校数量排在前五名的是四川、广东、云南、浙江、江苏,后五名的是西藏、宁夏、青海、新疆、天津;学生数量排名前五位的分别是广东、四川、安徽、浙江、山西,后五位的是西藏、青海、甘肃、新疆、宁夏;职业培训排名前五位的是湖南、广东、上海、河北、辽宁,后五位的是青海、西藏、宁夏、新疆、黑龙江。综合来看,广东、浙江、江苏等经济发达地区旅游教育比较普及,四川和云南作为国内近年旅游业发展较快的省份,旅游教育也经历了突飞猛进;西藏、青海、宁夏、新疆等省区旅游教育较为落后。造成国内旅游教育空间分布不均衡的原因,一方面来自各省区自身经济发展水平和教育水平,另一方面也受到本地人口数量和旅游行业对人才的需求数量的影响。

从区域层面看,国内传统经济发达地区(长三角、珠三角、环渤海区域)旅游专业教育较为普及,而且旅游职业培训频繁。虽然四川和云南近年在旅游教育方面进步很快,但结合贵州和西藏的整体情况看,我国西南地区旅游教育还处于相对落后位置。包括陕西、甘肃、宁夏、青海、新疆在内的西北五省区在旅游教育领域最为落后。但从廊道遗产的空间分布状况看,西北和西南区域是我国廊道遗产的富集区,悠久的历史、丰富的人文环境,多样的自然环境构成了廊道遗产的天然本底。这就形成了旅游教育与廊道遗产的空间分异现象。

4 旅游教育与廊道遗产的协同策略

4.1 旅游教育的多维度扩散

旅游教育与廊道遗产的空间分异最主要的原因在于:旅游教育明显依托于经济发达地区和旅游产业集聚区,而廊道遗产广泛存在于我国欠发达的西南乡村和自然天地。旅游教育的传统思维使其囿于旅游专业教育和职业培训领域,而教育与培训在面对廊道遗产这种体量庞大、地处偏远的特殊文化遗产时，其效力和影响严重受限，因此两者之间形成了几乎无法逾越的鸿沟。

在旅游教育与廊道遗产之间建立联系，使二者协同发展，必须坚持一个前提，那就是旅游教育需要改换思维，用一种全新的思路去诠释旅游教育，将旅游教育从专业教育和职业培训领域推向更广阔的教育功能空间。只有旅游教育向多维度扩散，才能够更好地服务于廊道遗产，为其保护和开发做出应有的贡献。

笔者认为，依照旅游教育客体指向性这一思路，旅游教育包括专业教育(客体是旅游专业的学生)、行业教育(客体是旅游业从业人员)、人文教育(客体是普通国民)。前两者无需讨论，而针对普通国民的旅游人文教育应当受到重视。旅游人文教育的目的是让普通民众更加了解旅游、热爱旅游，学会从旅游活动中体验生活、感悟生命。而旅游人文教育又可细分为文化教育、环境教育和遗产教育。通过文化教育提高鉴赏水平和文化品位，通过环境教育提升环保意识和公益心理，通过遗产教育加强民族认同和国家认同。

依照旅游教育的主体指向性可将旅游教育功能纳入旅游教育范畴。旅游教育的主体既有传统的学校和培训机构，也应有文化场所、革命胜地、文物古迹和遗产地。而作为旅游教育功能发挥主体的文化遗产地，将对到访游客和当地民众施以巨大的、无法量化的文化影响。这也是文化遗产地面向全社会体现的教育反哺功能。

4.2 旅游教育与廊道遗产的时空协同

旅游教育是在旅游业发展需求下产生的，通过培养合格人才来满足旅游业发展对人才的需求。人才培养的过程也可以看做是在“生产”合格的产品——旅游人才，以满足“顾客”——旅游行业——需要的过程。这是对“适时生产系统”进行的旅游解读。然而，对于旅游教育与廊道遗产的时空协同来说，只有“适时生产系统”理论是不足以支撑的，这就需要引入“适地生产系统”。

地域文化的地域性是一个地区的人们在长期生产、生活以及社会历史的演进中积淀而成的，在空间上占有一定的地域单元，并以其典型性、独特性与其他地域文化特征相区别。无论是名胜古迹、历史文化遗存和地方传说等显性文化(文化遗产)，还是社会风俗、思维习惯、道德传统和价值观等隐性文化(非物质文化遗产)，无一不具有浓郁的地域色彩。[9]因此，旅游教育不仅要与行业结合，更应该与所在地的文化结合、与当地传统价值观结合，基于地方文化和旅游活动情境来进行教育设计。这样旅游教育才能够真正实现本土化人才培养、旅游发展的地方性认同、遗产地保护与遗产精神弘扬等目标。

旅游教育与廊道遗产的时空协同正是基于“适时”与“适地”两方面协调发展的结果。廊道遗产沿线的城市要因地制宜地发展旅游教育，有限地追求高等教育，适度地追求国际化，积极地实现旅游教育的本土化和职业化。对本地居民和到访游客进行旅游人文教育：热爱环境、珍视遗产、体验旅游、感知生命。同时，发挥廊道遗产强大的教育功能，从民族和国家认同的精神层面放大旅游教育意义，从文化素养和个人修为的角度提升旅游教育层次。

5 结 论

旅游教育与行业实践的脱节是一种普遍现象，现象的本源是旅游教育思维停滞不前和旅游业快速发展之间的矛盾。要解决这组矛盾，一方面要更新旅游教育思维，以开放式的旅游教育理念去解读处于高速发展中的旅游业和快速变化中的旅游行业需求；另一方面要实现旅游思维惯式的多维度扩散，将旅游教育从旅游专业教育和职业培训的狭小空间中解脱，形成一个集专业教育、职业培训、人文教育、旅游地教育功能释放于一体的旅游教育体系。

本文从典型文化遗产——廊道遗产的视角对传统旅游教育资源与廊道遗产资源进行了空间分布比较，得出两者空间异化的结论。廊道遗产是集诸多文化名城、古迹遗址、自然遗产、非物质文化遗产等于一身的大型遗产体系，既是旅游教育庞大的用武场，也是旅游教育反哺的主力军，因此旅游教育与廊道遗产发展的协同就显得必要且重要。除上面提及的旅游教育思维多维度扩散以外，“适时”和“适地”两种原则的结合是辅助旅游教育与廊道遗产协同的途径。在同时面向旅游行业需要时，还要兼顾旅游市场需求；在同时面向全国乃至世界旅游业发展时，还要立足于本土化旅游特色。只有这样，旅游教育才能更好地为廊道遗产发展服务，廊道遗产也才能充分发挥其巨大的旅游教育功能。

参考文献

[1] 陆林，刘莹莹. 旅游教育与旅游业发展时空相关性分析[J]. 高等农业教育，2008(8)：17-21.

[2] 杨芳. 构建高等旅游教育适时生产系统的思考[J]. 中国成人教育，2009(17)：78-79.

[3] 吴巧红. 从供需错位看旅游院校人才培养应注意的几个问题[J]. 旅游学刊，2004(12)：22-25.

[4] 纪培玲，路军. 基于人才资源需求的旅游教育分层培养模式研究[J]. 旅游学刊，2005(12)：57-61.

[5] 刘连银，赵序. 论我国旅游教育与旅游产业的双向互动[J]. 现代商贸工业，2009(20)：76-78.

[6] 田里，李雪松. 旅游教育的价值取向研究[J]. 学园，2006(6)：39-43.

[7] 李飞，宋金平. 廊道遗产：概念、理论源流与价值判断[J]. 人文地理，2010(4)：74-77，104.

[8] 耿涓涓. 高校扩招中的地区不平衡问题[J]. 高等教育研究，2000 (1)：71-73.

[9] 陈大路，谷小红. 地域文化对基础教育学校课程的影响[J]. 教育探索，2008 (1)：9-1.

浅谈高等旅游院校的师资引进与培养
——以北京为例

吴春焕[①] 李朝峰[②]

摘　要：旅游业现在已成为促进中国国民经济发展的重要产业，在旅游业快速发展的同时，也对旅游业这一劳动密集型产业的从业人员提出了更高的要求。为了更好地满足行业企业对人才数量、质量日益增长的需要，提高学生职业教育的教学质量，探索旅游类专业师资队伍培养存在的现实问题与培养路径，就成为当前亟待解决的瓶颈问题。造就和聚集一支高素质的旅游人才队伍，是建设高品位旅游院校，推动旅游业跨越式发展的基础，也是旅游业实现快速发展的强有力保障。

关键词：高等旅游院校、师资引进、师资培养

近几年，我国旅游业作为国民经济的重要产业蓬勃兴起，这一方面促进了旅游产业链的扩展和旅游经济的活跃，另一方面也对旅游业这一劳动密集型产业的从业人员提出了更高的要求，即不仅要具备专业的理论基础知识、良好的职业道德，还要具备相应的实践工作能力。产业发展方向的变革对旅游高等职业教育提出了全新的课题。为了更好地满足行业企业对人才数量、质量日益增长的需要，提高学生职业教育的教学质量，探索旅游类专业师资队伍培养存在的现实问题与培养路径，就成为当前亟待解决的瓶颈问题。造就和聚集一支高素质的旅游人才队伍，是建设高品质旅游院校、推动旅游业跨越式发展的基础，也是旅游业实现快速发展的强有力保障。本文在充分分析高等旅游院校师资队伍建设现状的基础上，分析师资队伍存在的问题，总结得出改变现状、增强师资队伍实力的对策。

1　高等旅游院校师资建设现状

1.1　高等旅游院校现状

截至2010年年底，全国旅游院校（包括完全的旅游院校和开设有旅游系或旅游专业的院校）共计1 968所，其中高等院校967所，中等职业学校1 001所。从地区分布看，全国各省、自治区、直辖市均设有旅游院校，且继续呈现出旅游发达地区数量多、旅游欠发达地区数量少的特点。

旅游院校数量在100所以上的省市有四川、云南、江苏、浙江和北京，其中四川最多，达到288所；旅游院校数量在50～100所的省市有广东、重庆、湖南、河南、湖北、辽宁、黑龙江、河北、福建、江西和安徽；旅游院校数量不足10所的省份有西藏、青海和宁夏。

---

① 吴春焕，北京联合大学旅游学院人事处，助理研究员。
② 李朝峰，北京联合大学旅游学院人事处，讲师。

北京设有旅游管理专业的高等旅游院校14所:北京第二外国语学院、北京联合大学旅游学院、首都经济贸易大学、北京林业大学、北京工商大学、北京城市学院、北京交通大学、首都师范大学、中央财经大学、中央民族大学、北京物资学院、中国社会科学院研究生院、中国人民大学、北京理工大学等。

1.2 高等旅游院校师资现状

1.2.1 师资分配失衡

旅游方面的名师一般就职于中国社会科学院研究生院、北京第二外国语学院、北京交通大学这几所高等院校以及中国旅游研究院,这就造成了师资分配严重失衡。

1.2.2 双师型教师十分匮乏

在大力发展高等职业教育的形势下,旅游企业用人需求出现“井喷”态势,选择就读旅游类专业的学生也日益增多。这一群体迫切希望能够掌握一些职业实用技能作为在社会立足的基础,这就要求旅游类高职院校的教师不仅要有过硬的理论功底,而且要有贴近行业实战的实践工作能力,即双师型。一要类似基础课教师那样,具有较高的专业理论水平,有较强的教学科研能力和较高的素质;二要达到行业从业人员的要求,有丰富的管理实践经验,熟练的专业操作技能。

但就目前情况来看,绝大多数旅游类高职院校的师资基本上是由普通本科院校培养的本科生、研究生构成,从学校走向学校,从课堂走向课堂,很多教师既没经过系统的师范教育训练,又缺乏旅游企业一线工作经历,教学只能照本宣科,现学现卖,教学与实践脱节,实训操作环节草草了事。笔者调研山东省内八所开办酒店管理专业的高职院校,从事实训技能教学的教师队伍中拥有两年以上相关岗位从业经历的人数不超过25%。

2 师资引进与培养的类型及方式

2.1 人才引进的类型

2.1.1 接收应届毕业生

毕业生的类型比较多,其概念并没有统一的界定。我们这里所指的毕业生是指属于纳入国家招生计划范畴,且完成相应的学习任务,达到或超过其对应学历所应具备的资格,获得相应学历证书准予毕业的全日制普通教育统招统分,由国家统一派遣的毕业生。目前,接收应届博士毕业生是高等旅游院校充实师资力量的主要渠道。

2.1.2 企业调入

企业调入是人才引进的另一渠道,其中包括调入博士后。主要是从企业调入学校需要的相关专业的人员,以充实师资队伍。由于旅游业本身是实践性比较强的产业,旅游管理专业的教学也需要实践经验较为丰富的老师,这样培养出来的学生才能更好地把知识和实践结合起来,并且有助于增加教学内容的实用性,为学生就业打下良好的基础。

2.1.3 引进留学回国人员

随着国际化进程的加快,旅游教学也需要与国际接轨,因此引进留学回国人员,而且,通过教育部留学人员服务中心派遣的留学回国人员,不受进京指标的限制。

2.1.4 高层次人才引进

由于旅游名师一般比较集中在少数几所高校及研究院，造成教育资源分配不均衡，所以旅游高等院校想要发展和提升，就应加强旅游专业高层次人才的引进工作。

2.2 师资培养的方式

2.2.1 企业挂职

所谓企业挂职是指高等院校的教师到与专业相符的企事业单位学习与工作一段时间，在学校规定的挂职时间结束后，教师再回到学校全职工作。在挂职期间，教师的人事和工资关系还是保留在原工作院校。通过企业挂职锻炼，可以使教师更好地了解业内动态，促进教师职业生涯规划与发展，提高教师的执教能力。

2.2.2 继续教育(读博、培训等)

继续教育是提高教师素质，更新教师知识结构的重要途径。继续教育的方式有很多，包括攻读更高学位、职业培训、专业知识培训等。

3 师资引进与培养中的问题

第一，高层次人才外流。有些高校，对于一些高层次人才没有足够的发展空间，造成人才外流。

第二，京外人员引进困难。首先是政策方面。作为国家首都，北京在增强本地高校对人才的吸引力的同时，又制定了有关京外人员引进的政策，因此存在引进的困难。其次是待遇问题。由于现在北京生活成本很高，尤其是住房，随着房价的飙升，人才进京的成本在增加，这就造成很多优秀人才不敢来北京的现状。

第三，客座教授有名无实。现在很多高等院校都在聘请客座教授，一方面为了提升学校名气，另一方面，这些客座教授一般都是业内著名专家学者，可以从更高更远的视角给高校发展提出好的建议。但实际上，客座教授在提升院校名气方面只起到微乎其微的作用，而对于学校学科建设，以及引导教师发展方面作用并不大。

第四，职称评审需更加公正。在高校，职称是教师关注的重要问题，也是影响教师职业发展的关键因素，现有的职称评审制度，一般都由各大高校自己制定，存在很多不合理之处，这严重影响了一部分教师的教学及科研积极性。

4 提升师资引进与培养质量的应对措施

第一，注重引进具有旅游企业工作经验的人才。旅游专业本身具有实操性，如果只是了解一些书本知识和相关理论，则很难与实际工作结合起来。如能聘请一些具有多年旅游企业工作经验的老师，那么对于旅游教学本身就是一个大的提高。

第二，平衡年龄及性别结构。旅游院校属于文科类院校，女性教师较多，须引进更多的男性教师以平衡性别结构。

第三，注重业内人员培训和进修。根据市场需求和文化旅游产业实际，确立一批文化旅游实践基地和文化旅游人才培养院校，定期组织文化旅游产业从业人员进行业务培训，努力培养一支高素质、专业化的文化旅游人才队伍。以产学一体、校企合作为手段，以职业教育集团、产业联盟等为载体，大力整合政府、企业、院校、科研机构力量，建立政企学研一体化的发展渠道，为旅游和文化的融合发展提供坚实的人才和智力支撑。除此之外，还要注重和鼓励本校教学实践经验丰富的教师攻读更高学位，并且敢于让其攻读更有学术价值的全日制学位。各院校要善于把教师培养、学历提升作为教学品质可持续发展的重要方向，要制定优惠政策，积极支持、鼓励教师进修深造和脱产学习，出台一系列倾向于高学历师资的薪酬、晋升和奖励政策，形成一个重视过硬学历、重视真实学术能力水平的良好氛围。对于刚毕业的年轻教师和从企事业调入的教师，必须参加教育学、心理学、教学法和职教理论等教育方面的岗前培训，通过系统的学习使他们尽快熟悉教学规律，掌握、精通教学法，实现由学生、职业经理人向教师角色的转换，成为能够熟练运用教学艺术的合格教师；鼓励中青年骨干教师进一步攻读国内外博士研究生，培养专业学科带头人。

第四，完善激励及监督机制。对于引进的师资，要明确岗位职责，并对岗位任务的完成情况予以监督。对于科研教学出色的教职工，须给予奖励。同时，还要建立完备的惩罚措施，比如，对于不能完成学年或聘期教学及科研任务的教师予以职称降级等处罚。

第五，取消进京指标的限制。

由于进京指标的限制，很多有才华、有能力、基础好的毕业生都无法被录用，造成的结果是，高等院校本着择优录取的原则首先接收北京户籍的毕业生；在没有可供选择的情况下，在下发的有限的进京指标内录取京外生源毕业生。因此，许多急需人才被拒之门外。如果取消进京指标的限制，将有利于北京的高等旅游院校接收真正高水平的毕业生。

第六，综合性人才引进。旅游是集食、住、行、游、购、娱为一体的综合性产业，引进的师资应具有多学科的背景。

综上所述，我们可以看出，旅游院校师资队伍存在的问题很多，师资引进工作对于改变现状意义重大，旅游高等院校应该重视和加强师资队伍的引进工作，以改变现有师资队伍存在的问题和不足，培养出更加出色，更适合旅游行业需要的旅游从业者。

参考文献

[1] 崔少敬. 农林类高职教师队伍建设中存在的问题与对策[J]. 商场现代化，2009(3).

[2] 郭德侠. 高职院校师资建设存在的问题及改进建议[J]. 教育与职业，2005(29).

[3] 陈桃珍. 传媒类高职院校“双师型”教师队伍培养模式探析[J]. 当代教育论坛，2008(10).

[4] 卢爽，马腾. 我国旅游教育发展初探[J]. 石家庄职业技术学院学报，2006(3).

[5] 杨培玉，李险峰. 中国旅游教育浅析[J]. 北京城市学院学报，2006(1).

[6] 张慧霞. 高等旅游教育改革的战略构想[J]. 山西财经大学学报(高等教育版)，2006(1).

[7] 何建民. 旅游管理教育与学科建设的国际经验与我国问题及发展设想——以上海财经大学发展目标与特色为例[J]. 旅游科学，2006(1).

旅游学科“双师型”教师队伍建设的思考

杨新风*

摘　要：旅游业上升为国民经济的战略性产业，要求旅游学科培养出创新能力强、动手实践能力强的高素质人才。人才的培养需要高素质的教师队伍。建立一支高水平的“双师型”教师队伍是学科发展的需要，是人才培养的关键。

关键词：旅游学科、双师型、教师队伍、综合实践能力

国务院《关于加快发展旅游业的意见》将旅游业发展上升为国民经济的战略性产业，从而为我国旅游业发展提供了新的机遇和挑战，提出了培养高素质旅游创新人才的要求。旅游学科紧跟时代发展，不断开展教学改革，逐步加大实践教学力度，努力培养学生创新能力和动手实践能力。在实践教学过程中，高校往往重视的是实验室和实训基地的软硬件建设，而忽略了教师队伍的培养；教师的综合实践能力是做好实践教学的重要因素，建设一支高水平的“双师型”教师队伍，是提高教育教学质量的关键，是学科发展的基石和保证。

1　“双师型”教师队伍的含义

教育部颁布的《关于加强高等职业（高专）院校师资队伍建设的意见》（以下简称《意见》）和《高职高专教育人才培养工作评价方案》（以下简称《方案》）提出了“双师型”素质的概念。“双师型”教师是指具有讲师及以上职称，又具有下列条件之一的专任教师：① 具有本专业实际工作的中级（或以上）技术职称（含行业特许的资格证书，以及有专业资格或专业技能考评员资格）者；② 近五年中，有两年以上（可累积计算）在企业第一线本专业实际工作经历，或参加教育部组织的教师专业技能培训获得合格证书，能全面指导学生专业实践实训活动；③ 近五年主持（或主要参与）两项应用技术研究，成果已被企业使用，效益良好；④ 近五年主持（或主要参与）两项校内实践教学设施建设或提升技术水平的设计安装工作，使用效果良好，在省内同类院校中居先进水平。[1]

《方案》的提出体现了国家在经济全球化的情况下，大力培养应用型人才的决心。旅游学科是应用性、实践性较强的学科，传统的教育模式只重视知识的传授，而忽视了实践能力、应变能力的培养。《方案》为旅游人才的培养提出了新要求：以应用性为核心，以培养创新能力为目标，培养学生的综合素质。为此，《意见》也为旅游学科教师队伍的建设提出了新标准，促使旅游院校充分认识到“双师型”教师队伍建设的迫切性和重要性，使得高校积极研究“双师型”教师队伍建设中存在的问题和对策，注重教师结构的调整，注重专业实践培训，促进教师职业素质的养成。

* 杨新风，北京联合大学旅游学院教务处，工程师。

2 旅游学科“双师型”教师队伍建设现状

现状一 教师队伍结构不合理，整体素质有待提高

在旅游院校中，普遍存在专业课教师实践教学能力较差，师生比过高；教师队伍结构不尽合理，理论课教师、文化课教师比例偏高；实验室老师、实践课指导教师和专业课教师比例偏低；高级职称且具有实际一线工作经历和经验的高素质教师偏少。

现状二 教师来源渠道单一

旅游学科的教师大多来源于高校培养的硕士和博士，由于高校还是相对封闭，求学期间与相关企业、社会联系较少，属于学生一毕业就任教于高校，所以在教学中会很快凸显实践经验不足。经验不足理论补，所以教学中往往会出现重理论、轻实践的现象，无法真正达到实践教学的要求。

现状三 专业教师缺少参与实践和训练的机会

随着高校课程改革和机构的调整，专业教师所占比例变化不大，而专业课程和实践课程比例增加，造成专业教师普遍授课任务较重，教师的大部分精力都投入到教学工作中，很少有机会参与新设备、新技术、新工艺的学习，没有时间参加学校组织的专业培训。

现状四 从事实践教学的教师得不到足够的重视

实验室是作为实践教学的主要场所，实验室专职教师在实践教学中发挥着重要作用，但往往他们只被作为教辅人员对待，在个人发展上往往被边缘化，得不到足够的重视。

现状五 培训体系不完善，项目少，缺乏力度

对教师的培训是建设“双师型”教师队伍，提升教师综合实践能力的主要途径，也是教师管理的难点和重点。尽管各级部门都想了很多办法，但依然存在着层次零散，项目偏少，缺少计划性和力度的现象。主要表现为重视岗前培训，忽视职后培训；重视理论培训，忽视实践培训，师资队伍的建设还无法适应学科和专业发展的要求。

现状六 缺乏政策支持

目前，教师对参加实践培训和参与实习的积极性普遍不高，主要是高校缺乏相应的激励机制，在政策、资金上不能给予相应的支持，不能把专业培训很好地融入到教师职业规划和职称评定中。

3 加强旅游学科“双师型”教师队伍建设的对策建议

旅游学科要想抓住旅游业发展的新契机、新机遇，努力促成自身的发展，务必要重视“双师型”教师队伍建设，要结合本学科现状和教师队伍的实际情况，制订计划，优化资源，完善制度，努力建立一支高水平的“双师型”教师队伍。

3.1 优化教师队伍结构

“双师型”教师队伍建设要把社会发展和行业需求作为导向，要把教师队伍整体结构优化作为目标，做好教师队伍的结构调整。

第一，调整好教师队伍的专业结构。未来旅游业人才发展的一个大趋势是人才的多样化，旅游学科培养的毕业生应该是外向型、创新型、服务型、协调型复合人才。因此，在教师资源的配备上，应合理规划，比如对心理、财务、人力资源、服务礼仪等专业，要配备相应的优秀专职教师；对旅游管理、酒店管理、餐饮管理等专业，教师的配备要作为重点。既要保持相关专业的全覆盖，又要重点突出。

第二，调整好各类型教师比例。适当降低或减少理论课教师、普通课教师的数量和比例，加大专业课教师和实践课教师的比例。通过增加助教或配置实验室专职教师等形式，给实践教学提供充足的师资资源。

第三，调整好教师队伍的年龄结构。高校教师队伍要形成合理的年龄结构，老、中、青教师相结合，促进教师人力资源的可持续发展。

第四，规划好教师队伍的学历结构。高校新进的年轻教师一般学历较高，都具有博士、博士后学位，而老年、中年教师高学历较少，但他们经验丰富。因此，高校要合理规划，完善计划，通过分批、分类培养的模式，调整各学历教师数量的比例。

第五，合理规划教师队伍的职称结构。要按照"双师型"队伍建设的要求，加强教师队伍职称结构的改善和提升，不断提高"双师型"教师的比重。

3.2 扩大师资来源渠道

针对越来越高的实践教学要求，要勇于特事特办，打破教师录用常规制度，积极引进人才。一是引进本行业专家、教授。行业专家主导着行业和学科的未来发展趋势，他们熟悉行业和学科发展动态，如果能吸收他们参与学科的教学改革，如直接参与专业设置、教学计划的制订、课程大纲的设定等，将更能实现和体现本学科教育的活力和特色。二是引进行业高管。对在旅游企业长期工作，有一定职称并且经验丰富的管理人员和工作人员，要大胆引进。尽管部分人员学历达不到院校人才引进的标准，但要根据学科教学、发展的需要，破格录用。三是引进相关专业优秀的博士和博士后人员。积极引进优秀的青年教师，为学科和专业的可持续发展储备人才。四是积极引进兼职教师。能以适当比例从社会上聘请学术水平较高和实践经验较丰富的兼职教师，既可以缓解教师数量上的不足，还可以优化高职院校的师资队伍结构，同时也有利于加强校企之间、学校与社会之间的沟通与联系。这有助于改善教师的学缘结构，实现由"近亲繁殖"向"远缘杂交优势"的学缘结构转变，以打破院校自我封闭的状态，促进学科的专业建设、专业改造和课程调整，拓宽专职教师的视野，提高专职教师的实践技能，活跃学术思想，促进技术交流，最终达到教学质量的提高[2]。

3.3 完善制度，科学管理

第一，要建立健全激励机制，激发教师自觉提高实践能力。要大力鼓励教师获取人事部门、劳动部门承认的相同或相近的其他系列专业资格证书；鼓励广大教师积极参与各种专业培训；鼓励教师通过产、学、研等渠道进行实习、实训以及参与地方实际项目和工程的建设和研究。对于参与的教师应给予一定的待遇，如将其作为评定专业建设和学科建设带头人的必备条件；在评聘技术职务时，同等条件优先评聘；提高课时津贴标准；报销培训费用等，尤其在晋职评优中要优先考虑。

第二，建立健全"双师型"教师队伍建设的科学管理制度，实行师资队伍制度化管理。首先，要根据院校自身的实际情况和未来办学的发展规划，针对师资队伍中存在的问题，制订"双师型"师资队伍建设的总体目标、具体实施计划和管理规定。在制订总体目标时，要兼顾需要和可能两个方面，尤其要考虑院校的经费投入能力，避免使计划在制定时不切实际，形成一纸空文。另外，在制订计划和管理规定时，要结合总体目标将具体措施、办法落实到位，不能只是一种指导性规定，一定要具有可操作性[3]。

3.4 建立长效培训机制，完善培训制度

培训是教师获取实践经验，了解学科发展，增强实际动手能力的重要途径。院校和学科要建立长效培训机制，有计划地安排教师到工矿企业、科研单位挂职锻炼或在校内实训基地参加实践等，有效解决教师专业实践经验不足的问题，提高专业教师理论联系实际的能力。

① 安排教师定期到企业参加实践。这是教师在职培训的重要形式，是提高教师专业技术水平和实践教学能力的有效途径，也是学校与企业密切联系，加强校企合作的具体体现。院校和学科要积极建立与企业、行业长期合作的长效培训机制，要根据自身专业特点和教师所承担的教学任务，有计划地选派教师到企业挂职锻炼、跟班工作和培训学习，使他们能够深入到企业一线。这既能在实践中锻炼教师，又能发挥他们的才智，帮助企业发现和解决问题，实现校企双赢，促进教师的成长[4]。为了解决教学与实践冲突的问题，每个专业可以建立专业教学团队，合理安排团队中每一位老师的教学课程，对没有教学任务或任务较轻，时间富裕的老师，安排他们到一线企业进行实习，增强实践能力。

② 名师带动，积极开展校内培训。充分发挥骨干教师在校内培训中的作用。选定学历高、科研和教学能力强的教师进行授课辅导，通过传、帮、带，达到共同提高、共同进步的目的。

③ 以科研带动实训。鼓励、支持教师积极参加社会组织和企业的应用技术研究项目、工程应用项目、开发研究项目、调查与对策研究项目。在科学研究中、在工程项目的实施中提升教师的综合实践能力。

④ 依托基地，开展实践训练。学院和学科要加强与行业、企业及科研院(所)的联系，建立实训基地；要逐步实现教师从知识型向技术、技能型转变，努力做到高校既出人才又出成果、出产品；定期组织教师到基地学习、实践，接受新的专业知识和信息，掌握专业生产现状和发展趋势，了解企业需求，收集教学素材，把行业和技术领域的最新成果引入课堂，丰富教学内容；鼓励教师积极参加实训室的建设和新实验、实训项目的开发，参与专业开发和课程开发，有效提高教师的综合实践能力。

总之，“双师型”教师队伍的建设，是旅游学科发展的关键，它直接影响本学科的办学质量和高素质人才的培养。“双师型”师资队伍建设，要坚持专职与兼职结合、学校与企业结合、培养与引进结合，理论与实践并重、教学能力与专业实践能力并重、学历提高与专业培训并重的基本原则[5]。要完善制度，转变观念，积极引导广大教师自觉提高专业素养，努力建立一支高水平的“双师型”教师队伍。

参考文献

[1] 许艳. 高职院校“双师型”教师培训存在的问题及对策研究[J]. 科技信息，2010(12).

[2] 罗三桂. 高职院校聘用兼职教师是长期战略选择[J]. 职教论坛，2004(9).

[3] 柴越尊. “双师型”师资队伍建设应尽快实行制度化管理[J]. 鸡西大学学报，2005(3).

[4] 马丽娟，王芳. 高职院校在职教师实践能力培养的现状与途径[J]. 江西金融职工大学学报，2007(2).

[5] 张青俊. “双师型”队伍建设是提高高职教学质量的关键[J]. 天津市工会管理干部学院学报，2009(2).

人才培养与模式创新篇

旅游企业人才职业素质分析与培养模式优化
——以北京联合大学旅游学院为例

孙梦阳[①] 张丽娟[②] 冯丽霞[③]

摘　要：随着社会的发展与经济的变革，从业者的知识与技能结构与就业市场的匹配问题成为关注的焦点之一。本文通过访谈和调查问卷在旅游企业管理者与旅游专业从业者中开展调研，从宏观环境分析、市场需求强度、人才职业素质与适应性等方面，对旅游企业人才的职业素质进行分析，进而提出高校培养模式的优化对策。

关键词：旅游企业人才、职业素质、培养模式优化

1　引　言

从大学诞生至今，高校职能已经发展到今天的人才培养、科学研究和社会服务三大职能，社会服务职能的提出与发展在其职能演进中具有里程碑式的意义。高等院校不再是与世隔绝的"象牙塔"，已经是为社会提供人才培养的"加工厂"和终生教育的"加油站"，社会需求正是大学培养人才和科学研究的风向标。

在现代社会的竞争中，非营利组织和营利组织同样面临着外部环境变化、机构成本与竞争者的压力。随着社会的发展与经济的变革，高校毕业生就业已经从以往的卖方市场向买方市场转变。我国高校毕业生人数逐年递增，2004 年高校毕业生人数为 280 万，而十年后的 2013 年则达到 699 万，就业已成为大学生人生路上的难题。如何及时掌握市场信息、优化培养方案，为社会培养高素质的从业人员等问题成为大学思考其自身定位与培养模式的关键词。

2　文献回顾

摩擦性失业和结构性失业是劳动力市场上突出的矛盾，而求职者的知识与技能结构与就业市场上的不协调是这一矛盾的原因之一。因此，有关求职者知识技能与就业市场需求匹配和协调的问题成为国内外学者研究的焦点之一，由此而衍生出一系列的名词或相关的概念，例如就业能力、职业技能、职业素质等。

就业能力，这一概念最早出现在 20 世纪初的英国，后来在美国得到进一步的深化。这一概念提出的主要目的是能够辨别出哪些劳动者是需要被替代的，哪些劳动者正是寻找工作的人，因此也称为"二分法的就业能力"。随着时间的推进，有的学者则把就业能力分为三种类

① 孙梦阳，北京联合大学旅游学院旅游管理系副主任，副教授。
② 张丽娟，北京联合大学旅游学院餐饮管理系，副教授。
③ 冯丽霞，北京联合大学旅游学院学生处处长，讲师。

型:与工作匹配的就业能力,即在现有企业继续保持现有工作;企业内的就业能力,即在现有企业转换不同的工作;外部就业能力,即转换到另一个企业工作。可见,由于和就业能力本身伴随劳动力市场特征的不断变化,有关就业能力的内涵及其特点在学术界一直处于变化与争论之中。

素质的相关解释来源于心理学,我们通常所说的素质是指广义上的素质,指人的内在品质和质量,是在遗传素质基础上,受后天环境、教育的影响,通过个体自身的体验认识和实践磨炼,从而形成比较稳定的、内在的、长期发生作用的基本品质结构,包括人的思想、道德、知识、能力、心理、体格等。职业素质是指从业者在一定生理和心理条件基础上,通过教育培训、职业实践、自我修炼等途径形成和发展起来的,在职业活动中起决定性作用、内在并相对稳定的基本品质。有关职业素质或职业技能的测评受到了人才培养单位与用人单位的欢迎。

关注大学生的职业素质已经成为高等教育发展的必然选择,受到专家与学者的广泛重视。但是,以何种理论观念和方法作为构建大学生职业素质模型研究的基础,如何优化面向职业素质的培养模式还有待进一步研究。另外,从中文期刊网、国研网、各大媒体网站收集到的资料表明,有关旅游企业人才的职业素质的研究和实践大多处于定性研究阶段,而以定量研究为基础的相关文献却很少。

3 研究方法及内容

3.1 数据采集及人口统计学特征

为了解社会对旅游从业者的需求状况,构建旅游从业人员的职业素质模型、发现在人才培养过程中存在的问题和偏差,综合毕业生、用人单位的意见,有针对性地进行培养模型优化,2009 年 1 月中旬至 2011 年 1 月中旬,对旅游学院毕业生、旅游企业管理者开展了形式多样的调查与访问,并以市场营销理论、职业素质的内涵为基础,设计了针对旅游学院毕业生和旅游企业管理者的调查问卷,并且在旅游企业进行了实地发放与回收。受访的旅游企业管理者人口学特征见表 1,受访的旅游学院毕业生人口学特征见表 2。

表 1 旅游企业受访者人口学特征汇总表

酒店			旅行社		
受访人数 53 人			受访人数 29 人		
特征	特征值	比例/%	特征	特征值	比例/%
性别	男	35.4	性别	男	44.8
	女	64.6		女	55.2
职位	总经理	34	职位	总经理	13.8
	部门经理	57.4		部门经理	58.6
	主管	8.6		主管	20.7
	领班	0		领班	6.9

续表 1

酒　店			旅行社		
受访人数 53 人			受访人数 29 人		
工作年限	5 年以下	25.5	工作年限	5 年以下	42.9
	5～10 年	27.5		5～10 年	42.9
	10～20 年	31.3		10～20 年	14.2
	20 年以上	15.7		20 年以上	0

表 2　受访毕业生人口学特征汇总表

特　征	特征值	比例/%	特　征	特征值	比例/%
性　别	男	16.8	单　位	酒店	36.7
				旅行社	21.9
	女	83.2		其他	41.4
月收入	1 000 以下	0	学习成绩排名	前几名	27.5
	1 000～2 000	15		中等	62.4
	2 000～3 000	37.5		中下等	6.2
	3 000 以上	47.5		后几名	3.8
所学专业	酒店管理	17.8	家庭年收入	少于 2 万元	29.4
	旅游管理	47.0		2 万～4 万元	32.2
	市场营销	5.9		4 万～6 万元	16.6
	财务管理	21.6		6 万～8 万元	5.8
	其他	0.8		8 万元以上	16.0

注：受访者总人数为 339 人。

调查问卷及访谈内容涉及旅游行业宏观环境分析、旅游行业人才需求强度、旅游专业人才优势判定、旅游企业人才职业素质、人才培养环节重要性判别等内容。

3.2　调研数据的信度和效度检验

调查问卷是否能够保障在多次重复测试下获得可靠的数据，以及获得的数据是否能够客观而真实，这是研究者需要关注的调查问卷的信度和效度。

克朗巴哈 α(Cronbach's α)信度系数是目前最常用的对问卷测量结果准确性的分析方法。对有效问卷进行相应计算，得到克朗巴哈 α 信度系数，如表 3 所列。

由表 3 可见，本次调查问卷的克朗巴哈 α 系数均高于 0.7，信度较高。

效度分析主要涉及逻辑分析和统计分析。由于本调查问卷在梳理文献的基础上多次讨论与修改，因此认为基本满足逻辑效度分析。而统计效度分析主要进行结构效度检验，这种检验采用的方法是因子分析法。通过因子分析可以考察问卷是否能够测量出问卷设计者设计问卷时假设的某种内容。因子分析的主要功能是从量表全部变量(题项)中提取一些因子，这些公因子代表了量表的基本结构。通过因子分析可以考查问卷是否能够测量出问卷设计者设计问卷时假设的某种内容。有的学者认为，因子分析中，如果 KMO>0.5，表示因子分析的效度可接受；巴特利检验中，Sig.＜0.001，即效度满足要求。调查问卷的相应部分的效度分析结果见表4。

表3 克朗巴哈α系数信度检验

问卷题型	克朗巴哈α	问卷题目数
职业素质重要性评价	0.911	12
培养环节重要性评价	0.852	8

表4 调查问卷效度检验

问卷题型	KMO	Sig.
职业素质重要性评价	0.907	0.000
培养环节重要性评价	0.868	0.000

以上信度和效度检验表明，本调查问卷的设计质量良好。

4 研究过程

4.1 旅游企业人才职业素质分析

根据相关学者关于职业素质、职业胜任力等方面的理论及实证研究结果，参考"国家技能振兴战略"研究课题的研究成果，通过与旅游企业管理人员面谈、对旅游从业人员的电话访谈等方式收集信息，本文将旅游企业人才的职业素质概括为12项。

采用李克特量表测量，按旅游企业从业人员对这些职业素质重要程度的判断分为五个等级，分别是不重要、不太重要、介于中间、比较重要、非常重要，并按其强弱被赋值1～5。

对12项职业素质进行探索性因子分析。全部样本的KMO为0.907，巴特利特球体的卡方统计值显著性概率为0.000，两项指标均说明数据适合进行因子分析。12项指标进行因子分析，共提取出4个因子，4个因子占总方差累积百分比的74.646%。为了检验因子分析的效果，对提取的公因子进行内在信度分析，除"因子5"只包含一个指标不能进行内在信度分析之外，其他4项因子的克朗巴哈α系数均大于0.7。根据各因子内部指标之间的相关程度，对各因子进行命名，结果如表5所列。

表5 旅游企业人才的职业素质因子分析结果

职业素质因子	因子载荷	贡献率	累积贡献率
因子1：职业通用素质		26.036	26.036
综合素质	0.715 6		
吃苦耐劳精神	0.786 5		
团队合作精神	0.784 3		
业务技能	0.684 8		

续表 5

职业素质因子	因子载荷	贡献率	累积贡献率
因子 2:职业核心素质		26.008	52.044
人际交往能力	0.626 9		
组织管理能力	0.818 9		
实践动手能力	0.699		
文字表达能力	0.782 7		
语言表达能力	0.669 3		
因子 3:职业特定素质		12.386	64.429
外语能力	0.707 1		
计算机能力	0.770 4		
因子 4:专业知识素质		10.217	74.646
专业基础理论	0.915 5		

旅游从业人员的职业素质由职业通用素质、职业核心素质、职业特定素质以及专业知识素质组成。职业通用素质来自于先天禀赋、后天的课堂学习和实践环节,要求从业人员具有从事本行业以及相关行业的综合能力;职业核心素质是隐性能力,主要体现在工作现场中的个人潜质与聪明智慧,诸如人际交往能力、组织管理能力,需要专业训练与职业活动得以提高和体现;职业特定素质是旅游行业职业活动及行业发展对从业人员的特定要求;专业知识素质则是从业人员解决实践业务的知识储备与专业训练。

4.1.1 职业通用素质

随着时代的变迁与科技的发展,一些传统行业逐渐淡出历史舞台,越来越多的新兴职业应运而生,人们的就业观念和工作岗位也随之变化,从事一个职业一辈子的事情已经成为历史。就业岗位与从事职业的变化需要人们有更强的能力去适应社会的变化,这种能力不是通常的生产技术或专业知识,而是一种非技术、非专业的能力;这种能力能够使就业者跨岗位、跨行业,具备从事跨行业的综合能力,只有具备这种特殊的、普遍适应性的能力才能使从业人员实现职业转移和岗位适应;这种重要的能力就是职业通用能力,包括个人综合素质、吃苦耐劳精神、团队合作精神、从业技能等。

旅游行业的从业人员主要来自旅行社、旅游酒店、航空公司、会展公司等。这些岗位需要很强的与人交流的能力,具有很强的团队合作意识。同时,由于大学生需要从基层做起,要求从业者具有吃苦耐劳的精神。

4.1.2 职业核心素质

职业核心能力是具有相通性的职业能力。职业核心能力不针对某种具体的职业、岗位,但不论从事哪一种职业都离不开它的职业能力。职业活动种类繁多,职业活动所需要的能力多种多样,但在各种职业活动中,有一些职业活动能力是基本的要素,是各种职业活动中不可或缺的元素,它们可以引导、激发其他职业能力的生成,具有重要的“生产性”价值;职业核心能力还是具有可转移性的职业能力。

职业核心能力是人们职业生涯中除岗位专业能力之外的基本能力。它适用于各种职业,能够适应岗位的不断变换,是伴随人终生的可持续发展能力。旅游行业的特点要求从业者具备更强的人际交往能力、组织管理能力、实践动手能力、文字表达能力及语言表达能力。

旅游行业是与人交流与合作的行业，从业者在与人的交往活动中，通过交谈沟通、当众讲解、书面表达等方式来表达观点、获取和分享信息，是日常生活以及从事本行业必备的社会和方法能力。与人交流能力以语言为媒体，在听、说、读、写技能的基础上，通过对语言文字的运用，以促进与人合作和完成工作任务。旅游从业人员服务对象是游客，是具有丰富感情和各种各样心理需要的人，他们的处事态度、个性特征往往差异很大，为了做好服务工作，需要与他们进行广泛的交流、沟通，以达到相互理解、提高服务质量的目的。此外，在为游客提供服务的过程中，旅游从业人员还要同旅游接待单位的人员打交道，处理好与他们之间的关系。

旅游行业与其他行业的活动密切相关，工作环境复杂多变，这种社会性很强的行业要求从业者能够有效地利用资源，通过提出解决问题的意见，制定并实施解决问题的方案并适时进行组织和调整，使问题得到解决。这也是从事各种职业活动都需要的一种社会能力。以导游为例，在整个旅游行程中担当着组织者和协调人的角色，每一次参观游览活动，都离不开导游人员的组织以及与饭店、景点、旅行车、司机等方面的协调。为了使整个旅游活动各个环节紧密衔接，旅游接待计划内容顺利实施，导游人员必须具备较强的组织和协调能力。

4.1.3 职业特定素质

职业特定素质是在某一个具体的职业、工种或岗位领域需要的特定技能。如服装专业的学生要具备敏锐的预测流行款式的能力；计算机专业的学生要具有严谨而抽象的逻辑思维能力。作为一种综合性的文化活动，旅游行业对从业人员的特定素质有着更高的要求。

随着我国对外交往日益频繁，旅游企业的涉外业务越来越多。无论是从事入境游客接待的旅行社，还是接待外宾的星级酒店，外语能力成为这些企业对从业人员的一项职业能力要求。除此之外，由于旅游企业技术化水平的不断提高，还要求从业人员能够熟练地使用计算机处理工作中的许多业务，如酒店的全球预定系统。这些要求就属于旅游行业的从业者应具有的职业特定素质。

4.1.4 专业知识素质

旅游从业人员的专业素质是指具备一定的外语基础，掌握旅游管理基础知识并能实际运用，熟悉旅游企业业务知识并了解相关法律和法规等。

旅游行业未来发展的趋势是知识性、技术性，从业者专业知识水平的高低对企业未来的发展影响显著，优秀的管理者需要具备扎实的专业知识，所以企业管理者非常看重从业人员的专业知识。而旅游管理相关专业教学工作相对实际工作需要略有延后，专业理论教学有待创新，又因为学生从业的“功利”心理，从业人员对专业知识这一从业的隐性能力缺乏认知，旅游院校出现对专业课程重视不足，甚至草草了事的情况。

4.2 职业技能与适应性需求状况分析

随着经济的发展和技术的进步，旅游行业早已不是传统意义上的劳动密集型行业，高技术、高情感度的行业发展新趋势要求从业人员具备深厚的专业知识和较高的业务水平。56%的从业受访者认为，与周围年龄相近的人相比，实践能力具有明显的优势。此外，专业知识和外语水平也具有一定的竞争力。受访的旅游企业管理者也认同我院毕业生这一看法，学历符合要求(27.6%)、具有旅游行业相关知识(29.5%)、业务相对熟练、能很快独立工作(27.6%)是旅游企业愿意录用旅游专业学生的主要原因。

由于知识更新速度的加快、岗位要求水平的提高及课堂知识的相对延后，毕业生在从事过程中也面临着一些困惑与劣势。旅游企业管理者认为，尽管具有专业知识与业务技能，但学校所学知识不完全符合实际工作需要(38%)、没有真正掌握实际操作技能或技能不熟练(25%)成为毕业生无法马上胜任工作的两大障碍。有关专业知识和业务技能的重要性判断，旅游企业与毕业生具有较大的差异。在旅游企业与毕业生的问卷中，课题组均设置了专业知识重要性与业务技能重要性的判断问题，统计结果如表6所列。

表6 企业管理者与受访毕业生对专业知识重要性与业务技能重要性判断对比

受访人	专业知识重要性	业务技能重要性
	非常重要与比较重要合计百分比	
企业管理者	88%	95%
我院毕业生	43.4%	85%

有关业务技能重要性的判断，企业管理者与毕业生的观点基本吻合，都认为很重要。这与旅游行业技能性要求较高有关。业务技能是从业的显性能力，无论是企业还是从业者都非常看重并给予高度关注。而对专业知识重要性的判断，企业管理者与毕业生的观点则显示出较大的差异，企业管理者有近九成的人认为专业知识重要，而我院毕业生认为专业知识重要不到一半。

5 人才培养模式优化的建议

5.1 加强学生的思想教育，强化职业认同感

职业认同是一个心理学上的概念，是个体对于所从事的职业的目标、职业的社会价值及其他因素的看法，是人们努力做好本职工作、达成组织目标的心理基础。

旅游管理及相关专业的本科教育培养的是应用型人才，侧重培养从事旅游业监督和管理工作的人员。但是，这不等于学生走出学校大门就能取得这样的职位。旅游企业对于刚刚进入岗位的大学生从来都是要求从基层做起的，在基层中选拔优秀员工进入领导岗位。这样的入职层次与程序会使刚刚毕业的本科生难以适应和接受，因此，从入校之初就应该加强学生的思想教育，使其对未来的职业有清晰而现实的了解，增加其职业认知与认同。

在培养工作中，切实加强学生的择业观教育，在实习和实践中要求他们自觉地培养服务意识、吃苦精神，并通过心理学教育和实践锻炼，建立良好的心理素质和过硬的工作作风，以减少就业过程中遇到的挫折感，适应企业对人才的需求。

5.2 建立与市场需求紧密结合的教学体系

澳大利亚学者埃利雅德博士提出知识经济时代的人才应当持有“三张教育通行证”：一是学术性的，二是职业性的，三是证明一个人事业心和开拓技能的。对高校旅游管理专业来说，就应当让学生持有职业性的、事业心和开拓技能性的教育通行证。

旅游管理专业具有明确的行业指向性，本科及以上层次的应用型人才应具有更强的通用

性和创新性，在培养时要以学科来设计专业。专业教育应该兼顾旅游理论教育和旅游实务教育，只有这样才能使学生更好地面向未来的岗位需求，实现更好的人生发展。旅游实务教育以培养学生的通用职业素质和特定职业素质为主。在整个教学过程中，实践教学具有理论教学不可替代的作用。

5.3 实施多元化的专业实习模式

根据本调研结果，无论是从业人员还是用人单位，都认为实践技能非常重要并且对实际工作的作用较大，因此应当把实践教学作为高校旅游管理专业本科教育教学改革的重心。加强实践教学环节，注意学生职业核心素质的培养。在完成教学计划所规定的课堂教学的基础上，加强校外实习基地的建设，完善社会实践课的教学管理，重视教学实习。以校外实习基地为重点，通过实践培养和提高学生的动手、动口和应变能力。实践教学是高校中不可或缺的重要环节，要充分发挥实习基地在人才培养中的作用，加强与相关企业的横向联系，建立稳定的校内外实习基地，为学生创造在动态的经营管理与服务环境中接受熏陶、经受锻炼的机会，以保障高校教育的职业属性和行业属性。

6 结 论

本研究以满足社会需求为目标，基于旅游企业人才需求的要素，将专业教育、专业学习、实践教学与实习检测有机结合在一起，建立贯穿大学教育始终的职业素质培养与教育的优化模式，从而增强大学生职业素质教育并培养工作的可操作性与可测性。

全程化、系统化、科学化的旅游企业人才职业素质的培养，兼顾社会需求与大学生发展特点，坚持理论研究与实践工作互相促进的原则，为高校人才培养工作提供了科学的理论依据和专业的实践基础。

由于求职者的知识和技能结构与就业市场上的不协调，摩擦性失业（由于劳动力缺乏流动性、信息交流不完全以及市场组织不健全所造成的失业）和结构性失业（由于经济结构发生了变化，现有劳动力的知识、技能、观念、区域分布等不适应这种变化，与市场需求不匹配而引发的失业）是劳动力市场上突出的矛盾，而结构性失业则是造成大学生就业困难的突出原因。因此，从企业对人才需求的职业素质角度研究高校人才职业素质的提升，对于解决大学生就业问题具有重要的理论意义和现实意义。

参考文献

[1] 王霆. 我国职业技术学校学生就业能力技能要素研究 [J]. 教育与经济，2007(4)：1-6.

[2] 庞世俊. 职业能力概念及相关问题研究综述[J]. 职业技术教育，2008(28)：17-20.

[3] 赵希勇，王锦. 旅游企业人才职业素质模型构建与应用研究[J]. 经济研究导刊，2007(6)：191-192.

[4] 王霆，唐代盛. 国外就业能力框架和模型研究发展综述[J]. 求是，2006(3)：214-215.

[5] 孔海燕，等. 旅游业国际化背景下的饭店员工技能研究[J]. 商业研究，2008(2)：129-131.

[6] 龚敏.酒店管理专业全方位职业素质人才培养模式研究[J].企业家天地(理论版),2007(9):80-81.
[7] 刘宏申,陈洪宏.高职院校酒店管理人才职业能力培养浅探[J].北方经贸,2007(3):120-121.
[8] 李忠艳,汪永涛.大学生就业能力分析及培养对策[J].教育与职业,2009(4下):94-95.
[9] 陈焕章.职业素质结构分析[J].教育与职业,1990(8):32-34.
[10] 王瑞明,莫雷.职业素质测评的发展述评[J].华南师范大学学报(社会科学版),2007,8(4):105-1118.

世界城市建设背景下的旅游复合型人才培养模式的创新

王 丽*

摘 要：随着北京市政府提出“为创造更加幸福美好生活、建设中国特色世界城市而努力奋斗”的口号，北京开启了全力推动首都科学发展、努力建设中国特色世界城市的新航程，作为现代服务业的旅游业正面临发展的机遇与挑战。与此同时，如何培养适应世界城市建设需求的旅游人才也成为了亟需解决的一个重要命题。本文正是从分析世界城市建设背景下的旅游行业发展需求入手，探讨旅游复合型人才的培养模式。

关键词：世界城市、旅游人才、复合型人才

1 引 言

2012年，北京市第十一次党代会提出了“为创造更加幸福美好生活、建设中国特色世界城市而努力奋斗”的口号，北京开启了全力推动首都科学发展、努力建设中国特色世界城市的新航程。世界城市是世界的政治中心、金融中心和贸易中心，从伦敦、纽约、巴黎、东京等世界城市来看，具体特点表现为高度集中化的世界经济控制中心；跨国公司总部、国际组织、国际会议的聚集地；金融和高级服务业的主要所在地；第三产业在产业结构中所占比重在80%以上，等等。旅游业是第三产业中的一个重要组成，也是第三产业中吸纳就业人员最多的行业[1]。伦敦的旅游产业一直是仅次于金融服务业的第二大产业。2007年的伦敦旅游业产值达到320亿美元，占地区生产总值(GDP)的1/10以上，而巴黎的旅游业占GDP的比重一般年份均能达到20%以上。

北京市已将旅游业作为世界城市建设进程中的优势产业和重要支柱产业来培育和发展，并提出了建设国际一流旅游城市的发展目标。在世界城市建设过程中，北京旅游业必将改变长期以观光度假为主的局面，迎来旅游多元化快速发展的新阶段[2]。在多元化旅游新形式不断涌现的背景下，旅游业亟需大量多类型、跨领域、高素质的中高端旅游人才。

2 旅游人才培养的现状分析

2.1 基本现状

据统计，1990年我国开设旅游专业的院校(以下称“旅游院校”)仅有215所，在校生4.9万人；截至2011年年底，全国共有旅游院校2 208所，其中高等院校1 115所，中等职业学校

* 王丽，北京联合大学旅游学院教务处助理研究员。

1 093所，在校生总量达108.3万人，其中高等院校在校生59.98万人，中等职业学校在校生48.34万人[3]。目前，旅游院校的总数已经是1990年的10.27倍，而在校生人数已是1990年22.1倍。可见，近年来我国旅游院校增长幅度较大，确实为旅游业培养了大量的旅游人才。另一方面，截至2010年，全国具有大专以上学历的旅游从业人才仅为272万人，这个数字还不足近五年旅游高等院校培养人才的总和。有资料表明，综合性大学旅游专业毕业生行业就业率为10%～20%，几年后本行业流失20%～70%[3]。由此可见，旅游高等教育培养的人才选择本行业就业率较低，二次就业现象普遍，造成旅游人才流失率较高，出现了企业人才短缺与学生就业难并存的现象。因此，旅游人才的现状与世界城市建设的需求还有一段差距。

2.2 主要问题

旅游人才培养的现状与世界城市建设对旅游人才需求形成了较大反差，主要问题表现为旅游人才培养类型单一、培养的整体层次偏低、知识能力结构复合度差、国际视野不宽阔四个方面。

2.2.1 旅游人才培养类型单一

目前，旅游本科教育培养的人才类型单一，只局限在酒店、旅行社和景区等传统旅游领域，实习也大多安排在这三个方面。这种旅游人才培养局限性较大的情形，造成了旅游人才类型单一的现状。在世界城市的建设进程中，大量的国际游客给北京提出了更丰富多样的旅游需求，除传统观光旅游以外，商务旅游、会展旅游、修学旅游、医疗旅游、交友旅游、购物旅游、文化旅游、养老旅游等新形式大量涌现。目前，传统类型单一的旅游本科教育已经无法满足蓬勃发展的旅游业的需要，旅游市场急需跨技术领域的中高端人才，如旅游规划人才、旅游咨询人才、旅游策划人才、会展旅游人才、旅游产品研发人才、旅游电子商务人才、高级导游人才、度假和休闲管理人才、旅游理论研究人才和旅游教育人才等[4]。

2.2.2 旅游人才培养整体层次偏低

旅游高等教育培养的人才层次普遍较低，无论高职、本科、硕士研究生还是博士研究生，都向同一目标看齐，基本都是服务技能人才。根据相关统计，截至"十一五"末，全国具有大专以上学历的旅游人才为272万，占直接从业人数的20%，其中较低层次的旅游服务技能人才218.8万，占80.5%，企业经营管理人才和旅游专业技术人才分别只占8%和9.3%。旅游人才结构比例的失衡，主要是由于旅游高等教育受到教学体制限制、教育资金投入不足、设施设备不健全、政产学研合作教学机制没有形成等多方面问题的制约，使学生无法完成理论联系实际的要求，导致院校对传统行业人才的培养始终停留在低端旅游人力资源阶段，而且我国旅游教育培养的旅游人才都在同一层次上竞争，中高端旅游人才缺乏[4]。

2.2.3 旅游人才知识能力结构复合度差

旅游院校目前培养的旅游本科人才知识能力结构复合度较差，造成旅游就业市场的需求与旅游人才知识能力供给的脱节，专业人才不专业。从培养计划上看，旅游院校的培养计划系统性、科学性、逻辑性不强，大多是定位不准、专业设置过多过细等问题，以致教学计划没有体现旅游业的综合性，培养出来的人才在知识结构、能力结构方面难以适应旅游行业相关岗位的任职要求。从旅游专业的课程设置来看，主要表现为课程知识结构老化、专业必修课门类划分过细、专业选修课门类偏窄等[4]，难以适应世界城市建设背景下旅游业的发展，以及对人才知识、能力和素质要求越来越高的趋势。从课堂教学来看，旅游类本科的专业课程理论部分学时较多、实践部分学时较少，课程内容与行业结合不够紧密，造成学生工作后综合分析问题、解决问题的实践能力较差。

2.2.4 旅游人才的国际视野不宽阔

世界城市的旅游教育特点是注重人才培养的国际化，以瑞士旅游教育为例，其培养目标是："培养具有国际意识、能进入国际市场竞争，敢于挑战现代旅游业跨国发展的高素质人才"[5]。旅游人才的国际视野，具体表现为多语言沟通能力、跨文化沟通（多元民俗）能力、国际问题应急处理（国际法律法规）能力和旅游业态国际化的扩展能力等。而我国旅游院校无论在国际化办学理念、教学资源配置国际化、课程内容国际化、教师队伍国际化、教材引进国际化等方面还都有待突破。这就造成了旅游人才无法打开国际视野，不利于及时了解国际旅游业的现状，学习国外先进的旅游业研究方法，掌握旅游专业领域的前沿动态。

3 旅游复合型人才培养的必要性

通过以上问题的分析可知，旅游院校如何培养具有较高综合素质的旅游复合型人才来满足旅游业的需求，已成为亟待解决的问题。

复合是指不同学科间的交叉、融合和渗透。尤淑慧（2008 年）认为复合型人才要基本通晓两个或两个以上专业或学科的基础理论知识和基本技能，具有较宽的知识面和深厚的基础，为多学科知识的融会贯通提供了条件，也为不同专业知识的学习和能力的培养奠定了良好的基础。宫珂（2009 年）认为复合型人才的基本要求是，通晓两个（或两个以上）专业或学科的基本理论知识和基本技能，通过学科知识和能力的融合，形成新的知识并成为新的思维方法，从而形成个人的综合能力，达到对原来的知识、能力的超越，即能用一种全新的思维方法来思考所遇到的问题，提出新的解决办法（即能力的综合性和能力的创新性）。

在旅游复合型人才培养方面，汪宇明（2009 年）提出要建构中国特色的旅游科学体系，为培养具有国际化视野、中国特点的高素质复合型旅游人才队伍，提供高质量的旅游基础理论成果和旅游人才教育支撑。郭晋媛（2007 年）结合山西省旅游教育情况提出应由旅游职能部门牵头，联合旅游各级院校和学术科研单位共同合作开发旅游教育，来探索和创建复合型高级人才的培养体系。阚如良等人（2012 年）所在的三峡大学经济与管理学院与长江三峡旅游公司等旅游企业共同构建了旅游人才培养的校企合作产业联盟，共同确定应用型、复合型、创新型"三型合一"的旅游人才培养目标和培养方案。

可见，旅游复合型人才的培养已越来越多地得到了旅游高等教育界的关注，但大多是从学科角度进行探索，从政策层面提出建议，少部分实践是与旅游企业进行合作，而同时开展校企协同来培养旅游复合型人才的研究和实践较少。

4 旅游复合型人才培养模式的探索实践

在世界城市建设的背景下，北京联合大学旅游学院抓住机遇，大胆探索与创新，积极探索旅游复合型人才的培养模式，并提出了"三阶段、两方向、一贯穿"的旅游复合型人才培养模式。

4.1 旅游复合型人才培养“三阶段”

学院将本科人才培养的四年分为三个阶段，即“博识基础 产业认知”阶段、“专业交叉 行业体验”阶段和“职业定向 项目训练”阶段。

第一阶段（第一至第三学期），称为“博识基础 产业认知”阶段，开设英语、数学、计算机、文学赏析和“两课”等通识教育课程（69 学分），以及管理学原理、经济学原理、统计学原理、会计学原理、经济法和营销学原理等学科大类课程（22 学分）。

第二阶段（第四、五学期），称为“专业交叉 行业体验”阶段，将旅游管理、酒店管理、会展经济与管理三个专业的专业教育必修课打通为：旅游学概论、旅游地理学、旅游心理学、旅游文化学、旅游信息系统、旅游人力资源管理、旅行社管理、酒店与餐饮管理、会展经济与管理等专业教育平台课程（23 学分）。

第三阶段（第六至第八学期），称为“职业定向 项目训练”阶段，按学生的专业分流及毕业方向分流，学生选修某个专业 3～4 门核心课程（9 学分），如旅游管理开设：旅游项目投融资、旅游景区开发与管理、旅行社实务等课程；酒店管理专业开设：酒店收益管理、客房与前厅管理、酒水与酒吧管理等课程；会展经济管理专业开设：会展市场营销、会展项目管理、会展项目管理和会议组织与管理等课程。各专业在第七、八学期还会选择 4 门专业任选课（8 学分），进行一个多学期的项目训练，如旅游管理专业的旅行社（景区、酒店）管理信息系统等项目训练；酒店管理专业的 OPERA 系统操作实践；会展管理专业的会展市场营销实训等。

4.2 旅游复合型人才培养“两方向”

在旅游学科发展的综合与融合过程中，一些处于旅游学科核心地位的支撑学科优势显著。学院逐渐探索出“旅游管理＋国际经济贸易学”和“旅游管理＋金融学”两个旅游复合型人才的培养方向。首先，旅游业具有产业经济的属性，经济科学具有显著的支撑优势。旅游经济学作为经济学科与旅游结合的边缘性学科，关注旅游服务需求与供给变动及其价格与市场变化规律，从而成为旅游学科中的重要基础性理论。一方面，出境游和入境游市场已成为北京重要的两个旅游市场，旅游国际贸易的相关理论知识也成为中高端旅游人才必备的知识。另一方面，随着旅游产业的大发展，旅游业人才需要再掌握一些财务管理、资产管理、投融资管理、资产风险控制等方面的知识。

4.3 旅游复合型人才培养“一贯穿”

在旅游复合型人才培养的四年中，学院做到实践教学始终贯穿。学院建有国家级和北京市级大学生校外实践教育基地——“北京首都旅游集团有限责任公司管理学实践教育基地”，为旅游复合型人才的培养提供了实践教学基础。第一阶段（第一至第三学期），将学生每学期原一周的企业认知扩充至两周的产业认知实践；第二阶段（第四、五学期），学生按专业分别进行为期两周的行业实践；第三阶段（第六至第八学期），根据具体复合型人才方向为学生开展 6 个月的综合毕业实习，促进实践能力的提高[6]。

参考文献

[1] 佚名. 世界城市旅游业发展的比较研究[J]. 领导决策信息，2010(21)：28-29.

[2] 佚名. 建设世界城市对北京旅游发展的促进机制研究[Z].
[3] 中华人民共和国国家旅游局. 中国旅游统计年鉴 2012[Z]. 中国旅游出版社，2012. 12.
[4] 秦岩 王衍用. 旅游教育应走出两个误区[N/OL]. 中国旅游报. [2012-02-13]. http://epub. cnki. net/grid2008/detail. aspx? filename=CLYB201202130021& dbname=CCNDLAST2012.
[5] 慕妮日·阿不力米提. 从中外旅游人才培养模式的比较看新疆旅游人才培养的改革[J]. 新疆师范大学学报(自然科学版)，2012(3)：40-43.
[6] 杨卫武、旅游人才供需矛盾与旅游高等教育改革[N]. 中国旅游报，2006-6.

论旅游管理本科专业创新性人才素质与能力的构成及其培养

裴正兵*

摘　要：近年来，旅游业发展已经由传统旅游时代进入“大旅游”时代。在旅游业快速发展的同时，旅游管理专业本科生却普遍面临巨大的行业内就业压力和严重的行业外流失。旅游业快速发展对高校旅游管理本科专业人才培养提出了更高的要求。适应于这种要求，旅游管理专业应培养出具有显著创新精神与创新能力的创新性人才。在旅游管理专业本科生培养过程中，应按照创新性人才素质与能力的构成顺序，科学地进行培养，显著提高其创新能力，将其培养成能适应“大旅游”时代目标的创新性人才。

关键词：旅游管理、创新性人才、素质与能力

在刚刚进入的21世纪，旅游业作为世界第一产业，发展的前景十分广阔。为适应世界旅游业的快速发展和我国国民经济的快速崛起，我国的旅游产业已经进入飞速发展轨道。2010年，中国已跃居全球第三大入境旅游接待国和第四大出境旅游消费国。据世界旅游组织预测，到2020年，中国将成为世界第一大旅游客源国和第四大旅游目的地国。届时，中国的旅游收入将占国内生产总值的10%左右，并将成为国民经济的支柱产业。

在我国旅游业飞速发展所创造的巨大商机吸引之下，国际知名的旅游组织和大型旅游企业集团纷纷进入中国市场。中国正成为世界旅游市场中竞争最富活力，也最为激烈的国家和地区之一。激烈竞争呼唤高素质人才，这为发展旅游高等教育提供了难得的机遇，同时也为旅游高等教育提出了严峻的挑战。

1　旅游管理专业本行业就业困难与行业外流失现象

目前，激烈的市场竞争对高素质人才产生巨大需求，但我国旅游高等教育却面临严峻的问题与挑战。其中最为突出的问题与挑战是旅游管理专业毕业生，特别是本科毕业生，普遍面临巨大的行业内就业压力和严重的行业外流失。据统计，旅游专业毕业生从事旅游行业两年后，继续干旅游专业的大专生有80%，本科生为50%，这不能不说是旅游专业教育的巨大浪费[1]。

同旅游管理专业人才巨大的行业内就业压力和严重的行业外流失形成鲜明对比的是，面临旅游业的飞速发展和疾速变化，其他行业的企业与人才纷纷进入旅游业。其中最突出的是高科技行业与房地产行业。

旅游业发展的一大趋势是高科技化与信息化。在这一大趋势之下，原先从事高科技或信息技术的企业和人才纷纷进入旅游业，催生了一批在线旅游企业、旅游信息化装备企业，并随

* 裴正兵，北京联合大学旅游学院酒店管理系副主任，副教授。

之吸纳了一大批具有高技术素质和创新能力的人才。除此之外，在我国房地产行业度过快速发展期后，房地产行业容纳的巨额资金和人才普遍面临行业外转移压力。由于旅游业对地产业的天然依赖和旅游业良好的发展前景，大量的房地产企业携巨额资金与人才资源大规模进入旅游业，成为了旅游业人才的又一大来源。

于是，旅游业人才就业出现了这样一种矛盾现象：一方面旅游管理专业培养的人才就业困难并向行业外流失，另一方面其他行业或专业的人才却大规模涌入旅游行业。这一矛盾现象表明，旅游管理专业人才就业困难与流失并不是旅游业本身的问题，而是旅游业人才培养中出现了问题，应该从旅游管理专业人才培养本身找原因。

2 “大旅游”时代的到来与创新性人才培养需求

近年来，随着世界大范围高技术革命时代的到来和世界经济的长期稳定增长，旅游业的发展已经由传统旅游时代进入“大旅游”时代。“大旅游”时代突出表现为旅游已经发展成为一种“无处不在，无时不有，无人不能”的普遍现象。

旅游“无处不在”，表现为：传统大众旅游的核心场所是景区景点，如今，旅游也可以发生在工作场所、教育机构、医疗机构和居民家庭等众多场所。旅游“无时不有”，表现为：传统旅游通常发生在闲暇时光，如今，旅游还可以发生在工作会议、学习培训、治病疗养等多种时段。旅游“无人不能”，表现为：传统旅游者通常为有空闲时间、身体健康且自身有支付能力者，如今，工作中也可旅游，体质不够健康的人也可旅游，自身没有支付能力的人也可旅游。

“大旅游”是对传统旅游的变革性创新。由此造成包括旅游主体、旅游之客体、旅游方式、旅游组织等在内的旅游业大范围、变革性的创新。“革命性的时代需要革命性人才”，同样，旅游业的变革性创新需要旅游业出现创新性人才。

旅游业对创新性人才的需求对高校旅游管理本科专业人才培养提出了更高的要求。旅游管理专业不应还停留在“培养具有旅游管理专业知识，能在各级旅游行政管理部门、旅游企事业单位从事旅游管理工作的高级专门人才”这一通用、模糊的人才培养目标之上，更需要培养出具有显著创新精神与创新能力的创新性人才。否则，旅游管理人才在本行业就业困难，在行业外流失等问题不仅得不到解决，而且还会日益严重。

3 创新、创新精神与能力及创新性人才

1912年，美籍奥地利经济学家约瑟夫·阿罗斯·熊彼特发表了《经济发展理论》一书。在该书中，熊彼特首次提出了“创新”一词，并将其定义为“新的生产函数的建立”，即“企业对生产要素之新的组合”[1]。创新精神是指要具有能够综合运用已有的知识、技术与方法，提出新方法、新观点的思维能力和进行发明、创造、变革、革新的意识、信心和勇气。创新能力主要是指发现问题、分析问题并找出解决问题的理论和方法的能力，包括观察、想象、思维、分析、实践、记忆和表达等能力。

创新精神与能力是“创新精神”与“能力”的有机结合，是应用已有的知识、技术与方法，创造新知识、新事物或新方法，并且追求以产出为目的的意识与能力，在创新性人才所应具有的诸素质与能力中，创新精神与能力是其中最核心、最高层次的素质与能力。因此，创新性人才

是具有显著创新精神与创新能力的人才。

由于创新精神与能力是创新性人才最核心、最高层次的素质与能力，因此，创新性人才要具有这一最核心、最高层次的素质与能力，必须有多个低层次的素质与能力做支撑。不同行业或专业由于其所面对的客观世界不尽相同，主体思维习惯与思维方式也不尽相同，因此不同行业或专业创新性人才的素质与能力的构成也不尽相同。

4 旅游管理创新性人才素质与能力的构成及其培养

具体到旅游管理专业本科生培养范围，旅游管理本科专业创新性人才具有的素质与能力按照由低到高，由表及里的顺序，依次可分为：博学精神与能力、实践精神与能力、批判精神与能力、求异精神与能力、创新精神与能力。在旅游管理本科专业人才培养过程中，要求按照上述对创新性人才素质与能力的构成，探索相应的方式进行科学培养。

4.1 博学精神与能力及其培养

博学精神与能力指具有尽可能通过多种渠道和方式，学习、获取相关知识、技术和方式的意识和能力。博学精神与能力构成旅游管理专业本科创新性人才主要且基础性的素质与能力是由旅游现象和旅游学本身所决定的。

旅游现象是人类生活中一种跨空间、跨文化，在某种程度上跨时间的复杂现象。旅游现象的复杂性决定了旅游学的综合性，由此旅游学成为了一个涉及经济学、管理学、历史学、地理学、民俗学、社会学、园林学、建筑学、心理学、生态学、美学、语言、信息技术等许多学科知识与技术的综合性学科。

旅游现象的复杂性和旅游学的综合性，决定了旅游管理专业学生，特别是本科生，需要学习和掌握广泛的知识与技术。夸张点讲，一个具有创新精神与能力的本科生不但要“上知天文，下晓地理，中通人性”，而且还要“前知宇宙史，后明未来势”。从这一意义上讲，旅游管理本科生更应该通过“博学”成为“博识”之才，成为一名“博士”。只有在博识的基础上，才有可能在某一个更为狭窄的领域进一步成为有学问和有成果的学士和硕士。

当今旅游业飞速发展与变化，旅游管理专业学生只有通过广泛的学习，才能深刻理解和认识“大旅游”时代旅游业的机遇和挑战，为旅游业的发展贡献力量。旅游管理专业本科学生要掌握众多学科的知识与技术，必须具有很强的博学精神与能力。

正如人家常说，“学生培养的关键因素是教师”，要想培养旅游管理专业本科生的博学精神与能力，首先要求旅游管理专业的教师是博学之人，即旅游管理专业教师应具有广博的专业知识，了解旅游业发展的变化趋势，同时能够旁征博引，激发学生博学的爱好与兴趣，能够将旅游管理学生带入广博的知识殿堂。其次，学校还可以通过课程自由选修、各类学术讲座、第二课堂等多种形式为学生提供学习知识的便利条件，使学生有机会广泛学习多领域的相关知识与技术。最后，也是最关键的，博学精神与能力的培养还在学生自身，学校和教师要通过多种渠道、多种方式激励并强化学生的博学精神与能力，使之成为学生的自觉行为。

4.2 实践精神与能力及其培养

实践精神与能力是指勇于将所学知识与技术应用于人类生产和生活，并有获取相应反应的意识和能力。具体到旅游管理专业的学生来讲，就是敢于将学习的知识与技术应用于旅游活动之中，并积极获取其中的反应与体验，进一步丰富自身知识的意识与能力。

面对当今"大旅游"时代，实践精神与能力的培养显得更为重要。通过实践，可以有效提高学生对旅游业发展的真实感知，开拓视野，深化书本知识，培养和强化对旅游业的兴趣与情感，为"服务旅游、创新旅游"奠定基础。

同时，当今旅游业的发展变化如此之快，以致于专业教师有时都很难跟上旅游业的发展，通过与学生的共同实践，在帮助学生的同时，也可以促进自身对旅游业的认识，真正实现"教学相长"。

针对旅游管理专业学生实践精神与能力的培养，对学校和教师教学都提出了更高的要求。教师可以通过课堂内的虚拟场景体验教学和课堂外的真实场景体验教学两种主要途径培养。

课堂内虚拟场景体验教学是教师通过创设情景，提供信息、资料、工具和情感交流等多种途径，使学生在不断的"体验"中"获得知识和发展能力"的一种教学方式。虚拟场景体验式教学对培养旅游管理创新人才具有积极的作用。目前，很多高校的旅游管理实验室建设有旅游虚拟体验中心、数字化实验室等，用于满足这种实践教学的需要。这种实践教学方式要真正发挥作用，必须让学生参与教学过程之中，达到师生互动，强化学生实践精神与能力的培养。

课堂外真实场景体验教学就是引导学生到旅游景点、宾馆、旅行社等旅游行业的真实场景亲身参与真实的旅游活动。通过真实场景体验教学，不但能够让学生将所学知识与技术应用于真实的旅游活动中，而且还可以锻炼学生在实践中发现问题，回校后带着问题开展有针对性的学习，从而培养学生观察社会、发现问题、分析问题、解决问题的批判与创新能力。

在培养学生实践精神与能力方面，需要同时遵循"以学生为中心"和"以教师为主导"两项原则，二者不可偏废。"以学生为中心"是指在实践教学过程中，课程设置、方案制订、活动开展、结果考评等事项一定要结合学生的具体情况，以培养和提高学生的实践精神与能力为目标，有针对性地开展活动，学校和教师不应犯主观、机械、强求的错误。

"以教师为主导"是指在教学实践过程中，学校和教师不可对学生不管不问、放任自流，要进行科学的引导、组织和评价，保证实践教学活动的正常开展。

4.3 批判精神与能力及其培养

批判精神与能力是对于人类既有的认识、观点和行为等的一种敢于和善于质疑、反思、挑战、超越的科学态度、思维、勇气与能力。批判精神与能力的培养在大学生的培养过程中具有重要的地位与作用。

早在1998年10月，联合国教科文组织举办的"世界高等教育大会"通过的宣言《21世纪的高等教育：展望与行动》(*Higher Eductaion in the Twenty-first Century*：*Vision and Action*)中就指出"必须教育大学生成为学识渊博且有远大抱负的公民，能够以批判精神思考和分析社会问题，寻求解决的办法"[2]。

对于旅游管理专业的学生，批判精神与能力的培养成为他们重要的素质与能力，原因在于两个方面：一方面，旅游学作为一个正在建设中的学科，远未成熟，其中核心的概念、理论、方法、技术并没有得到公认并确立起来，同时旅游管理专业作为一个建设中的专业，也处于不断建设与完善之中，这些都需要在批判中形成并完善；另一方面，"大旅游"时代的旅游业正处于一个飞速发展、疾速万变的时代，诸多有关的旅游知识、观点和思想都在接受实践的检验。

正如康德所说："我们这个时代特别可以称之为批判的时代，所有的东西都无法逃避批判。

宗教由于其神圣，立法由于其尊严，似乎可以逃避批判。但它们也正因为此而遭到了怀疑，失去了人们对它们的真诚的敬重，因为理性只尊重那些经得起自由的、公开检查的东西”[3]。

批判精神与能力是创新精神与能力的重要基础，只有在强烈批判精神的支撑下，大学生才有可能保持旺盛的创新精神，通过对课程学习或课外实践获得的丰富的旅游知识、观点和思想的科学式否定，才能获得对旅游现象的新的理性认识，并创新出新的旅游知识、旅游产品、旅游组织，甚至创新出新的旅游观点、思想，使其自身能够适应旅游业的飞速发展，并成为旅游业发展的推动力量。

对旅游管理专业本科学生开展批判精神与能力的培养主要从学习与学术环境、教师素质、评价机制三方面进行：

① 学校要保护宽松、自由的学习与学术环境，允许并鼓励教师之间、学生之间、教师与学生之间就有关旅游的认识、知识、观点和思想进行激烈的探讨与争论，在相互学习与批判中形成对旅游现象的真理性认识，为旅游创新奠定基础。

② 学校应鼓励或要求教师具有批判精神与能力，教师是学生首先模仿和学习的榜样，俗话说“有什么样的老师，就有什么样的学生”，很难想象一个因循守旧、照本宣科的教师能够培养出一批具有批判与创新精神的学生。

③ 学校应为鼓励和保持学生与教师的批判精力与能力建立相应的评价机制。当然这是一项复杂的系统性工作，简单举几个例子，例如，学校应允许老师不受课程大纲、课程教材、教学监督的束缚，可以根据情境自由地讲授旅游知识，可以在教学中大胆地批判经典与权威，勇于表明自身的观点与主张，体现出强烈的批判与创新精神，为学生树立起批判与创新的榜样，而不是认为只有完全按学校要求做的老师才是好老师；同时，学校还应使学生从机械的应试考试评价方式中摆脱出来，摆脱教材说的就是对的，所有问题正确的答案都是唯一的，所有的问题在实现中都能找到标准答案，所有的标准答案都是对的这种应试教育下形成的僵化的思维定式。

4.4 求异精神与能力及其培养

求异精神与能力是指敢于突破原有的观点、想法与事物的束缚，寻求形成新的、不同于常规的观点、想法或事物的意识和能力。求异精神与能力的基础是求异思维，求异思维在创新能力培养中具有非常重要的地位，正如美国心理学家吉尔福特(J. P. Guilford)所指出的：“正是在求异思维中，我们看到了创造性思维的最明显的标志”。[4]当求异思维成为一种强烈的意识性行为，并建立在与之相适应的能力上时，就形成了求异精神与能力。

求异精神与能力是批判精神与能力发展的必然趋势和重要飞跃。在此所说的批判精神与能力是科学意义上的批判，是在博学和广泛实践的基础上，对旧事物和旧知识的科学继承及发展式的否定，与“怀疑一切，否定一切”的狂妄式、虚无式批判有着根本性的区别。

科学式批判必然产生对旧事物或旧认识的错误、缺陷或不足的清醒认识。为了修正这些错误或弥补这些不足，必须探索新事物和新知识，走上求异与创新的轨道。

因此，求异精神与能力是批判精神与能力的必然趋势，同时求异的结果是产生新的事物或知识，是对旧事物和旧知识的科学否定，是批判精神与能力的重要飞跃，使批判不再是对旧事物或旧知识的单纯的否定，而是产生新事物或新知识(或目标)，为迈向创新提供了重要的物质基础。

在求异精神与能力培养方面，与批判精神与能力的培养基本相同，需要补充的是，对于求异精神与能力的培养除从学习与学术环境、教师素质、评价机制三个方面进行努力外，还要着力塑造一个自由、宽松的氛围，允许或鼓励广大师生产生突破常规，异于传统的思想、方式和行为，为创新精神与能力的培养奠定重要的基础。

4.5 创新精神与能力及其培养

如前所述，创新精神与能力是应用已有的知识、技术与方法，创造新知识、新事物或新方法，并且以追求产出为目的的意识与能力。求异精神与能力是指敢于突破原有的观点、想法与事物的束缚，寻求形成新的、不同于常规的观点、想法或事物的意识与能力。

求异精神与能力已经非常接近于创新精神与能力，其中的差距在于求异精神与能力是一个较为宽泛的精神与能力，并不一定以追求产出为目的，即以获取社会或顾客认可为目的，可能完全是一种纯个性化、纯兴趣化的东西。

相反，创新精神与能力一定是以追求产出为目的，即以获取社会或顾客为目的。当求异精神与能力聚焦到追求产出上，以获取社会或顾客的认可为目的时，就成为创新精神与能力。

在培养旅游管理本科生创新精神与能力的过程中，应在充分注重培养学生求异精神与能力的基础上，有意识地将创新行为与能力聚焦到满足顾客，即旅游者需求方面，以“提高旅游者旅游体验，降低旅游者旅游成本”为目的，这样学生的创新活动便有了明确的出发点与归宿，创新活动与行为更有针对性，对于学生创新精神与能力的培养将更加有效。

总之，旅游管理本科专业创新性人才应具有的素质与能力按照由低到高、由表及里的顺序，可分为博学精神与能力、实践精力与能力、批判精神与能力、求异精神与能力、创新精神与能力五种素质与能力。其中博学精神与能力、实践精神与能力、批判精神与能力是创新性人才的基本素质与能力，求异精神与能力是创新性人才重要的、介质性的素质与能力。创新精神与能力是创新性人才最核心、最高层次的素质与能力。

在培养旅游管理专业本科生的过程中，可以按创新性人才素质与能力的构成顺序，科学地对旅游管理专业本科生进行培养，将显著提高其创新精神与能力，将其培养成为适应于“大旅游”时代的创新性人才，使旅游管理专业本科毕业生在未来实现自身职业发展的同时，推动旅游业的发展。

参考文献

[1] 刘茜. 旅游产业存在人才危机[N]. 北京：光明日报，2006-12-07.
[2] [美]熊彼特. 经济发展理论[M]. 北京：商务印书馆，1990：7-10.
[3] 赵建中. 21 世纪世界高等教育的展望及其行动框架[J]. 上海高教研究，1998(12)：1-8.
[4] 俞吾金. 意识形态论. 上海：上海人民出版社，1993：156.
[5] [美]利伯特 RM，等. 发展心理学[M]. 北京：人民教育出版社，1983：111-112.

旅游高等院校应用型人才培养模式创新探析[①]

荆艳峰[②]

摘　要：旅游业的蓬勃发展带动了对旅游人才的需求。探索符合国家及地方经济建设需要、符合旅游业需求、符合学校实际情况的应用型人才培养模式，对旅游高等院校的办学定位与培养质量尤为重要。本文剖析目前我国旅游高等院校在人才培养方面普遍存在的问题，对旅游高等院校应用型人才培养的理念取向、目标选择、规格制定、方案构建以及保障体系搭建等有关问题进行深入探讨。

关键词：应用型大学、旅游、人才培养

1　旅游业发展概况与人才需求概况

旅游业是世界最大的产业。2009 年 12 月，《国务院关于加快发展旅游业的意见》颁布，将旅游业定位为“未来国家战略性支柱产业和人民群众更加满意的现代服务业”，标志着我国旅游业迈入高速发展的白金时期。

随着旅游业的迅速发展，社会对旅游业高级人才需求旺盛。伴随旅游消费的升级转型，旅游人才培养将面临一个重新审视和选择的过程。中国高等旅游教育发展三十年来，在取得很大成绩的同时，面对新的形势，也存在着适应性问题。培养和造就高素质的应用型人才不仅是旅游企事业单位用人的要求，也是旅游院校本身适应市场竞争和发展的需要，更是旅游业转变发展方式，向“依靠科技进步、劳动者素质提高、管理创新”转变的需要。

2　目前旅游高等院校人才培养模式中普遍存在的问题

2.1　旅游人才素质与社会需求的适应性问题

我国旅游人才培养的学生总数基本与旅游经济发展阶段相吻合，但增长速度略滞后于旅游经济发展速度。国家旅游局在《中国旅游业人才计划》和《2015—2020 年远景目标纲要》中指出：面对旅游业的快速发展和新经济时代的挑战，旅游行业人才需求矛盾日益尖锐，需要大批的旅游行政领导人才、职业经理人才、短缺专业人才和教育培训师资人才。其中，特别强调了“短缺专业人才”问题，要引导和支持骨干院校开设旅游业急需而又紧缺的新专业和新学科，培养一批旅游业发展所急需的旅游电子商务、度假管理、会展策划、景区规划、宣传、营销、理论研究等专业技术人才。

根据调查，旅游行业对人才的整体需求是：具备良好的整体素质，知识结构合理，视野宽

① 本文系北京联合大学教育教学研究与改革项目《“酒店管理信息系统”课程实践教学改革研究》成果。

② 荆艳峰，北京联合大学旅游学院旅游管理系，副教授。

广，开拓性、创造性与应变能力强，专业技术过硬、服务意识较强的复合型、协作型、应用型人才。

在人才需求的层次方面，既需要一批企业高层管理人才（进行业务策划、项目开发、对外市场拓展与客户管理、海外业务等），也需要中层管理人才（承上启下、经营管理、客户和供应商管理、信息管理、资本运作等）和专业人才（外联人员、项目设计与维护、电子商务、高级厨师、小语种导游员、一线服务人才等），特别是中高级管理、特种人才需求量较大；从人才需求的结构方面，需要高级导游与领队人才、旅游资源开发与规划人才、旅游市场营销与策划人才、会展管理人才、旅游商品开发人才、度假与商务旅游开发人才以及新的旅游市场开发人才；从人才需求的空间结构看，基层单位和条件较差的地区旅游人才紧缺。

目前，由于我国旅游院校受传统精英教育的影响，本科教育偏“理论化”，专科教育偏“本科化”，职业教育“普教化”，存在着重理论知识，轻实际操作，重专业知识，轻专业素质培养，毕业生动手操作能力不符合行业用人要求等问题。

2.2 旅游行业人才短缺与旅游人才行业外流现象并存

旅游业巨大的发展空间，高素质的旅游人才供不应求。旅游高等院校毕业生远远不能满足旅游业人才市场的迫切需求，近年来许多综合大学（非旅游专业）的毕业生也大量进入旅游企业和旅游行业。但是另一方面，旅游人才行业外流现象严重，很多旅游院校毕业生在初次就业之后的5年内相继发生职业迁移。形成了旅游行业复合型人才少见、中高端人才匮乏、基层人员流失率严重、新人心理落差大的怪圈。

2.3 旅游专任教师与行业动态的适应性问题

旅游教育工作知识性和实践性都很强，要求教师不但具有扎实的理论功底，还要有较强的实践能力以及对企业、行业的深刻了解。但是由于种种原因，不少教师缺少旅游企业职业背景和工作经验，也缺乏与旅游企业、行业的有机联系，产生旅游理论和实践相分离的状态，这无论是对教师、学生，还是对社会都是一种缺憾。

3 旅游高等院校应用型人才培养模式

3.1 旅游院校人才培养理念的取向问题

旅游高等院校应该明确是培养应用型人才，坚持以人为本的教育思想，全面推进素质教育，努力培养学生的实践能力和创新精神，促进学生个性发展。人才培养的总体思路是：以人为本、以市场为导向、以应用为特色，产学研一体、国际化办学，立足当前，适度超前。

3.1.1 以人为本，注重学生全面发展

大学时期是完善人格、塑造个性、形成气质精神和世界观、人生观、价值观的关键时期。因此，教育要以人为本，要注重青年的全面发展与成长，要兼顾大学的普遍性和旅游专业的特殊性。

以人为本，首先应注重大学生的人格完善问题。旅游院校更要注重智力因素与非智力因素协调发展。智力因素（注意力、记忆力、观察力、思考力）影响个人的创新能力和实践能力，而非智力因素（兴趣、情感、意志、性格）则有助于增强职业道德、形成爱岗敬业的职业精神。旅游

企业的服务特性，要求从业者树立服务精神，培养相应的待人接物和与人交往的素质。

以人为本，也要注意大学生的个性塑造和发挥问题。尊重旅游院校大学生个性的多元化、多样性，强化个人特色，因材施教，以适应旅游行业的多样性。

以人为本，还要注意对大学生的精神扶持问题，把训练科学的思维、创新习惯和能力与专业知识技能联系起来，扶持勇于探索、不落俗套、善于创新的精神，激发学生的创造力、想象力和思辨力。

3.1.2 以市场为导向

旅游高等教育与旅游市场发展息息相关。因此，能否培养出行业需要的人才是判断旅游高等教育成败的重要标准。应用型的旅游高等院校尤其应该重视行业—企业的实际需求。同时，强调需求导向也不应弱化基本理论和基本知识，而应该使学生善于在解决具体问题中，分析和学习基本理论和知识。因此，旅游院校在专业设置上应以行业需要为标准，以市场为导向，以就业为参照，以学科为依托，随时关注旅游行业人才供求发展态势，进行市场需求分析、人才结构分析，对未来发展形成准确预测；并根据知识结构、能力结构与岗位任职要求，形成具有鲜明行业与职业特征的专业教育与人才培养方案，在此基础上要求课程体系的设置、教学目标与之匹配。

3.1.3 以应用为特色

旅游院校本科、高职毕业生的就业方向大多在各旅游企事业单位，真正做旅游研究的并不在多数。所以，应用型旅游院校的培养目标应实现与研究型大学的错位，保证用人单位对各种层次、各种能力毕业生的不同需求。同时，旅游院校目前还应注意从旅游业态的实际需求出发设置课程，选择和编写教材，而不应从某个专业的“理论体系”出发。

3.1.4 产学研一体，国际化办学

高等学校的人才培养、知识创新、社会服务这三大功能体现在旅游院校，应该是把业态情况（生产）、学校育人（教学）、知识创新（科研）三者内在联系成一个统一体，形成办学模式。同时，紧密跟踪国际旅游高等教育动向和趋势，密切国际合作，引入先进理念和模式、教材、师资，提高国际化办学水平。

3.1.5 立足当前、适度超前

学校要在为企业和社会的服务中做出贡献，获得引领和前瞻性的地位。人才培养要立足现在，引领未来。因此，应用型旅游高等院校应利用后发优势，及时更新知识结构，课程内容与结构设置要有造血功能和新陈代谢机制。实践证明，当前有一些旅游新的业态正在产生，旅游高等教育应尽快适应。

3.2 人才培养目标的选择问题

人才培养目标直接决定了学生的素质和能力，也决定了学校的办学定位。因此，对于旅游高等院校的建设，培养目标的正确决策至关重要。

旅游院校的教学必须遵循旅游业发展的内在规律，教学计划与培养方案考虑职业能力与综合素质，以行业所需要具备的经营管理能力和服务能力作为人才培养的基本目标。

3.3 人才培养规格的制定问题

旅游高等院校人才培养的总体思路是：在系统掌握基础知识的基础上，应突出掌握旅游行

业就业与创业所需的各项核心知识和能力，着重在旅游学科范围内发展和培养创新意识、创业能力和深入分析解决问题的能力。实现就业能力与创业能力相结合、学习生涯规划与职业生涯规划相结合。加强学生主动学习能力的培养，特别是加强学生实践能力、与人相处能力的培养。

3.3.1 就业能力的培养

旅游高等院校的学生将来从事旅游工作需要做好以下准备：一是必备的专业知识和市场经济观念；二是必备的内在素养和服务交际沟通能力；三是必备的有关历史和文化的丰富的知识。因此旅游行业就业能力包括应有的知识、能力和素养。

在知识构建方面，要强调三种知识融合。三种知识包括旅游学科理论知识、旅游行业实践知识和基本的社会知识。

在能力构建方面，强调三种能力共生。三种能力分别是职业技术能力、职业发展能力和职业迁移能力。其中，职业技术能力是基础，包括基本的从业技能和岗位技能；职业发展能力是核心，包括自学能力与探索研究能力；职业迁移能力是保障，在本行业或本岗位就业遇到障碍或有新的人生际遇时，能利用基本的知识结构和学习方法迅速适应新行业、新职业或新岗位的需求。

在素质养成方面，强调三种素质涵养。三种素养分别是职业素养、行政素养和责任素养。旅游行业是服务行业，服务意识、协作精神、人文素养非常重要，而作为一个职业人，职业意识、职业道德与职业规范等行政能力是其基本素养；作为劳动密集型的行业，吃苦耐劳、工作态度、职业情结、抗挫折能力等责任意识是人才可持续发展的重要素质。

旅游高等院校素质拓展方式有多种形式，如开设人文课程、职业讲座，开展第二课堂，建设校园文化，发展社团组织等。

3.3.2 创业能力的培养

随着国家对普通高等院校毕业生在就业政策方面的不断扶持，大学生创业现象开始普遍出现。因此，创业思想和创业能力方面的辅导显得非常必要和迫切。包括市场考察能力、创业计划的统筹考虑和资源（资金、技术、人力、管理）整合能力在内的一整套创业体系知识急需补充。对于旅游院校，学生创业的自我评估能力、自我约束能力也很重要。特别是在加强学生在校实习实践实训课程和第二课堂的培养过程中，学生对业态和社会有了比较多的了解，对自身也有一定的了解，这对于创业很有帮助。一些专业课程的特色，也使学生有了“一招鲜”，使学生在校期间就有了创业的冲动，创业也就不是被动的，而是主动去闯。进一步讲，当前旅游业出现的如旅游咨询等新业态，给学生创业带来了新的机遇。因此，创业与创新，创业与特色是紧密相连的。

3.4 人才培养方案的框架搭建问题

当前旅游专业学生的科学素养、人文素养、专业素养都不够。问题的症结在于：培养方案服从于学科的系统性，而失去了旅游人才的特色，同时，课程体系、教学方法都存在问题。

根据许多旅游高等院校的实践，应把课程体系分为通识教育课程、专业核心课程和专业方向课程三大模块。通识教育课程在当前要特别引起重视，克服对通识的误解，增强培养“人”的意识，摒弃“公共课”的概念。增加反映学科发展潮流的内容，增加优化人的思维的课程，突出人文素养的培育，强调旅游人才的“文化”教育，增加科学素养的内容；专业核心课程强调专业基础性和本科的规格要求，努力拓宽学生的专业面，增强学生毕业后进入社会的适应能力，同时特别注意改革课程设置，要开发出适合旅游专业的课程；专业方向课程，结合产业人才需求，加大实践和应用的比例，培养学生独立分析和解决问题的能力。强化质量意识，为学生搭建机动的知识框架，保证创新能力和岗位适应能力的发挥。增加实践课程和活动的分量，是培养方案改革的重点。

3.5 人才培养保障体系的构建问题

3.5.1 师资配备与教师培训

旅游高等院校，首先应通过人才引进、教师企业行业挂职锻炼及联合培养等方式，并以制度形式，积极鼓励教师在旅游企事业部门进行挂职等实践活动，提高实践能力，深化对企业行业的认识，与企业行业建立有机的联系，建立具有丰富实际经验的“双师型”师资队伍，优化教师结构。其次，应充分利用企业人才，从业内聘请各类专家，开设专业课和开展大量讲座，不断充实反映学科建设与产业运行前沿发展的动态与模式，更新知识结构，弥补课程教学的不足，并不断传递业内信息给师生。此外，还应设立专业负责人和业内专家、领导、骨干组成的咨询机构，经常性地开展校企互动，使之成为常态。

3.5.2 实践基地建设与管理

在实践教学的硬件建设方面，旅游院校应以模拟实验室为载体，积极进行专业所需硬件基础设施的建设；加强学科专业实训基地的建设，加强校外相关实训基地的建设，为产、学、研的结合提供必要的基础条件。通过与实践基地进行科研合作、培训合作和资源共享，引导基地为实践教学提供必要和科学的实践教学环境。

4 结束语

旅游业在高速发展，旅游院校要跟上时代的步伐。要善于把现在面临的挑战变成机遇，把人才培养工作有机地纳入到学校的整体发展建设中，实现学校的科学发展。

参考文献

[1] 高林，吴智泉. 发展应用型高等教育若干基本问题的研究[J]. 中国高教研究，2008(5)：44-47.

[2]毕雪阳. 应用型本科人才培养的国际比较[J]. 中国大学教学，2008(8)：89-92.

[3]李因，汪艳丽，梁磊，洪宇. 旅游院校人才培养模式的调查研究[J]. 旅游学刊，2009(7)：84-89.

创意经济导向下旅游院校创意人才培养策略探析

任心慧*

摘　要：中国旅游发展与文化创意的结合已经是不争的事实，创意经济已成为现阶段经济发展的重要推动力，而旅游创意人才的培养与实践发展仍有较大差距。本文在论述旅游创意人才重要性、基本特征的基础上，分析旅游创意人才的供给与需求状况，探索了文化创意背景下旅游院校创意人才培养的必要性。

关键词：创意经济、旅游院校、人才培养

从1978年上海旅游专科学校诞生开始，中国旅游高等教育已走过了33年的历程，并具备了一定的规模，在“十二五”规划出台，发展文化创意产业，发展旅游产业的国策促进下，近年来发展尤其迅速。在此形势下，2012年，旅游管理作为与工商管理并列的一级学科的学科设置方案促进了旅游学科的独立发展。2012年教育部新颁布的高校本科专业目录中，旅游管理类下设旅游管理、酒店管理、会展经济与管理三个专业，旅游管理类专业将不再拘泥于工商管理学科的限制，培养高素质创新型旅游专业人才。人才兴旅是旅游业发展的基本战略之一。在国家实施“两业”战略的背景下，随着对旅游产业属性认识的不断深入和创意产业的蓬勃发展，有一类特殊的旅游人才日益得到关注，那就是旅游创意人才。这类人才之所以受到重视，一是因其在旅游业发展中的重要作用，二是因其未来一段时间内属于稀缺人才。有鉴于此，本文在论述旅游创意人才重要性、基本特征的基础上，分析旅游创意人才的供给与需求状况，并论述旅游创意人才培养的必要性，以期抛砖引玉。

1　旅游产业需要创意人才

目前我国旅游产业的大发展与旅游学科建设规模，“大产业、小学科、小专业”的尴尬局面，[1]还没有完全扭转。

1.1　旅游产业属于创意经济的范畴

旅游产业是以满足旅游者需求为共同目标的一系列产业的集合，包括核心产业（餐饮、住宿、游览、交通、购物、娱乐）、延伸产业（如旅游智力服务业、旅游文化演出产业、旅游装备制造业等）、边缘产业（如通讯产业、能源产业、物流产业等）。由于旅游需求属于精神需求，旅游资源属于自在性资源，旅游产业具有柔性特征，在旅游产业发展过程中，创意发挥着至关重要的作用。具体来说，创意可以推进旅游资源价值转化与体验塑造，可以推进旅游经济的业态创新

* 任心慧，北京联合大学旅游学院人事处，讲师。

与转型升级，可以推进旅游产业的功能拓展与持续发展。有鉴于此，旅游业被多个国家和地区列入创意产业的范畴。在国外，托斯明确将旅游与音乐、建筑、软件设计、时装工艺等一起列为创意产业；在国内，郭辉勤把旅游业列为运作类创意产业，将属于大旅游范畴的会展、休闲娱乐列入延伸类创意产业。近年来，更有学者直接指出：旅游业具有鲜明的创意经济属性，并提出了“旅游创意经济”这一概念。联合国教科文组织把文化旅游列入创意产业目录，与建筑、视觉与表演艺术、运动、广告等并列。北京市制定了《北京市文化旅游创意产业发展实施方案》，以促进全市旅游文化创意产业的健康持续发展。

1.2 新时期旅游业发展亟需创意人才

创意经济研究的领军人物理查德·佛罗里达在认真总结世界各地创意型城市发展规律的时候，发现人才（Talent）、包容（Tolerance）和技术（Technology）三个要素相互补充，是推动创意经济发展的关键因素。据此，他提出了发展创意经济的 3T 原则，这对于旅游产业持续、快速、健康发展具有重要启示。

人才是旅游经济发展的第一资源，创意人才是旅游人才中的首要资源。对比丽江古城和凤凰古城可以发现，丽江古城旅游发展较为迅速的原因之一在于那里聚集并吸引着众多的创意人才，形成了对文化型旅游地发展至关重要的创意资本。在丽江古城，既有像和力民、宣科、蓝伟、木丽春那样的本土知名文化研究与创意人才不断阐述并展示着纳西文化的内涵，也有像和善异那样的本地民间文化遗产传承人在现场表演并销售旅游商品，还有利用自己一技之长的外地流浪艺人与文化爱好者前来创办微型企业，以及张艺谋、深圳能量演艺公司等外地创意人士与机构前来贡献自己的智慧。他们依靠自己的知识、经验、技能、情感、想象，不断阐释、展示、宣传并丰富着丽江古城的文化，在核心层面上推动着旅游业的发展。基于创意人才的重要性，在国家旅游局编制的《中国旅游业“十二五”人才发展规划》中，明确提出：“加强旅游研究机构建设，重点培养旅游基础研究、旅游创意策划、旅游规划设计等方面的人才。”

2 旅游创意人才的特征与条件

旅游创意人才是适应旅游产业需要的创意人才，或者说是利用自己的知识、经验、技能、情感、理念、想象来创造财富的旅游专业高级人才。理查德·佛罗里达在《创意阶层的崛起》等书中总结出创意人才具有与众不同的的价值观：个性化、精英化、多样性与包容性。他们思想独立，不受制于任何人；热爱自己从事的工作，直到最终实现自我价值；财产来自于自己的创意；拥有非常相近的品位、愿望与偏好。国内创意产业研究的代表人物厉无畏认为，创意人才通常与众不同，年轻、富于个性、勇于创新是他们的共性。根据上述分析，结合中国国情，创意人才的基本条件是强烈的创新精神、渊博的相关知识、深厚的人文素养和适当的技术能力。

对于旅游人才，目前业界尚缺乏较为统一的认识，这主要是因为旅游业涉及面广，就业层次丰富，且具有较强的动态变化性，同时也与国内旅游所处的发展阶段、人才培养模式密切相关。一般而言，高校主要从思想素质与职业道德、专业知识、职业能力（专业特定能力、行业通用能力与核心能力）等方面进行表述，同时增加对身体素质、创新能力、实践能力等方面的说明。

此外，有学者认为，旅游人才可以分为旅游专业应用型人才、创业型人才和国际型人才[2]，也有部分学者的观点是，旅游人才分为科学研究型、管理实践型和实际应用型。概括起来，旅游人才应具备职业道德、专业知识、操作能力、人文素养、服务(经营、管理)意识和创新能力。

根据上述对创意人才和旅游人才的分析，旅游创意人才是具有较强创新精神、创意能力和创业潜力的高级旅游人才。他们除了具有较为渊博的旅游专业及相关知识、深厚的人文素养、较强的操作能力和必备的职业道德之外，还具有显著的创新精神、全面的创意技能、丰富的相关经验、较为独立的人格、内在的自我激励能力。通常而言，他们思维敏捷、思路灵活，知识渊博、经验丰富，个性鲜明、善于创新，具有一定的市场意识和经营管理能力，能够通过文字、图案及相关手段把自己的思想表达出来。

3 旅游创意人才供需现状分析

从需求方面来看，鉴于旅游业自身具有涉及面广、带动性强、资源消耗少等优势，在服务民生、拉动内需的背景下，将会保持持续增长的趋势。同时，旅游业正在摆脱过去主要依靠资源、资本的初级发展阶段，知识、智力、创意、技术、制度在旅游业发展中的重要性日益凸显，张艺谋导演的《印象·刘三姐》及其相关的演出经营、民族特色旅游品牌运作，就是通过创意把民族文化同旅游业结合起来，同时又运作成功的旅游创意经济的经典案例。该项目成为世界旅游组织目的地会议、最佳休闲度假推荐景区。“民族的才是世界的”，旅游创意品牌也带动了地方经济，推广了中国的创意文化国际形象。

各地旅游产业转型升级和创新发展亟需具有发现的眼光、能够产生优秀创意、加工成为产品并推向市场的人才。因此，具有较为扎实的旅游管理专业知识同时对文化具有深度理解、较强创新精神和创意能力的旅游创意人才将具有广阔的市场前景。经调查，旅游创意产业现有人才无论是数量还是质量都远远达不到产业本身发展的要求，必然造成未来几年内旅游创意产业劳动力短缺的现象。因此，为适应创意旅游的发展趋势，旅游高校应加快文化创意与旅游人才培养的结合。在中国多省市的旅游手工艺品市场上，常常可以看到雷同的产品，由于缺乏创意和营销模式的创新，大多数企业仍停留在“别人创意我来做”的一味抄袭模拟的阶段；同时，手工艺人的创新意识不强，产品创意无法满足市场需求，造成了旅游商品市场产品的不够丰富。因此，中国的旅游商品产业急需创意人才。从供给方面来看，旅游创意人才的教育与培训不尽如人意。创意并非少数人的“专利”，创意意识是可以培养，创意能力是可以开发的。考察各院校制定的旅游人才培养方案可以发现，绝大多数院校都认为，中国旅游业的发展需要高素质、一专多能、复合型、实践型、创新性的人才，并依据这种需求制定人才培养目标。多数院校也意识到旅游业比其他行业更能体现知识经济的特点，在对旅游需求充分理解的基础上，创新能力将成为未来最重要的竞争力，因此必须培养具有创新精神的人才。但是，目前多数旅游院校的课程体系中较少有创意、创新、创业类课程，部分院校开设了会展策划、旅游策划、旅游营销策划及相关课程，少数院校会不定期地开设相关专题讲座。总体看来，尽管多数旅游院校都把创新性人才作为培养目标，积极倡导培养创新能力，但在教学与人才培养中，并未结合时代背景将创意、创新、创业作为稳定的教学内容，制定详细的教学计划和培养方案，然后用课程或讲座的形式固定下来。这就造成了学生创新意识不够、创意能力不足，具有理论素养与操作能力的旅游创意人才匮乏。

旅游创意人才供需失衡与国内创意人才的现状是高度一致的，也符合不少专家学者对国内旅游教育提出的批评。造成这一问题的原因有很多，最为重要的是：对旅游人才市场需求调研不够，对旅游创意人才需求认识不足；旅游创意人才培养对办学条件尤其是师资力量要求较高，不容易获得资源支持；旅游人才培养定位不清晰，同质化现象严重；旅游教育模式固化，教学及管理人员的创新动力、意识和能力不够。

4 旅游创意人才培养的对策

当前，旅游院校应该加强研究旅游创意人才培养的对策，在结合旅游专业实际的基础上，广泛借鉴，大胆尝试。如有的学者从培养规模、专业分类、培养模式三个方面来分析北京文化创意产业人才培养的现状，并提出分层级培养、强化实践教学环节、培育师资力量以及成立文化创意人才培养指导委员会四个建议。[3]

4.1 充分认识创意人才的作用

旅游创意人才是不同于饭店接待、导游讲解、景区服务的高级旅游人才，是新时期旅游业真正成为现代服务业龙头的核心推动力量，是旅游文化创意产业最核心的产业要素和产业资源。随着旅游需求的升级和旅游市场竞争的加剧，旅游服务、经营与管理会越来越依靠创意，旅游创意人才的生存空间十分广阔。相对于旅行社、酒店、景区等旅游企业的服务、经营与管理人员，旅游创意人才在就业机会获取、职业发展等方面具有显著优势。目前，旅游文化创意产业、旅游智能服务产业日益成为相对独立的部门，规模、效益和影响日益扩大，为旅游创意人才的就业和流动提供了广阔的舞台。此外，旅游创意人才有利于克服旅游院校人才培养定位同质化、特色不鲜明等问题，是旅游院校人才培养的重要方向。因此，旅游院校管理人员、专业负责人员应充分认识旅游产业环境的变化、人才需求的现状和旅游创意人才的比较优势，根据院校实际，采取切实措施支持旅游创意人才的培养。

4.2 塑造创意人才成长的氛围

创意人才普遍思想独立、个性鲜明、头脑灵活、充满好奇、富于想象、勇于创新，不少时候他们的行为举止会与众不同。同时，多数创意是在不断的“试错”过程中产生的，旅游创意人才通常需要几经周折、反反复复才能获取优秀的创意。这与人们通常对普通旅游人才必须具有的服从管理、遵守规章、操作标准化等基本条件有较大的差异。因此，旅游创意人才的成长和发展需要较为特殊的环境，其中较为关键的因素就是宽容。佛罗里达将其列为创意产业发展的三大要素之一，可见这一要素的重要性。这要求旅游院校在旅游创意人才培养中，借鉴艺术类专业教学与学生管理的经验，确立容忍的态度，创造宽松的人才成长环境，鼓励学生的创新性想法和行为，适当地允许他们的特立独行，容忍他们的“创意偏差”。这对于传统旅游教学与管理而言是一大挑战，因此特别需要旅游院校高层领导人员、中层管理人员、基层教学人员取得共识，并积极付诸实践，不断探索适应旅游创意人才培养需要的教学与学生管理方式。

4.3 建立旅游创意人才教学团队

在旅游创意人才的培养中，师资力量是十分重要的问题，也是目前旅游创意人才培养的重要制约因素。旅游创意人才的基本要求比较高，对师资力量提出了更高的要求。胜任旅游创意人才培养的教师既要具有扎实的旅游专业理论功底和较高的创意水平、熟悉旅游文化创意产业发展动态，又要具有一定的市场与经营知识、熟悉文化产业运作模式，还要有较为丰富的课堂教学经验和实践指导能力，最好还应具有一定的从业经验、熟悉业界实际情况。旅游院校出台了各种优惠政策，通过招聘专职优秀人才、选派教师外出进修、聘请业界精英担任兼职教师等措施，建立适应旅游创意人才培养需要的师资队伍。同时，还应根据实际情况，鼓励建立旅游创意人才教学团队和科研团队，通过构建平台提高师资队伍的业务水平。在这方面，成都大学旅游文化产业学院的做法值得借鉴。该校审时度势，整合教学资源，较早地成立了创意型人才教学团队，为旅游创意人才的培养创造了条件。在此方面，北京联合大学旅游学院也取得了一定的成果，通过多种渠道创建旅游管理人才教学团队，但对文化创意和创意思维的课程设计没有特别突出的表现。

4.4 创新教学内容与课程体系

在院校旅游创意人才培养中，教学内容与课程设置起着重要作用。针对目前多数院校都未设置相关课程的现状，应树立创新意识，完善创新、创意、创业方面的教学内容与专业课程，为旅游创意人才培养提供保障。鉴于现阶段旅游院校的实际，可以采取因地制宜、循序渐进的方法。首先，可以结合入学教育、专业讲座、就业指导举办思维创新、创意经济、旅游创业方面的专题讲座。其次，鼓励在“旅游管理”、“饭店管理概论”、“旅游开发与规划”及相关课程中补充并强化创新、创意方面的内容，结合专业课程培养创新、创意意识和技能。再次，可以尝试开设“旅游策划”、“旅游文化创意”、“旅游智业”、“旅游文化产业”、“旅游文化项目策划与管理”及相关选修课，条件成熟时可以自编教材，并将其调整为必修课。有条件的院校，亦可考虑在旅游管理专业中设立旅游策划、旅游文化创意、旅游管理咨询等新方向，积累一定经验后设立新的专业。

4.5 改革人才培养方法与模式

旅游创意人才的培养要求革新传统的旅游教学方法和人才培养模式，树立新型教学理念，探索新的培养模式。在教学方法上，应真正实践因材施教的教学理念，顺应教育信息化的发展趋势，突破教室、黑板和教材的限制，建立形式各异的实验室或第二课堂，强化研究式教学和实践教学；建立数字化教学资源，实施创意式教学和体验式教学；按不同专业特点及授课型本科教育和研究型本科教育（如北京联合大学旅游学院的博雅班模式）的特点，尝试改革理论课、实践课及企业实习学分比例，真正培养学生的创新意识、专业素养和创意能力。在培养模式上，可以聘请具有丰富经验和一定理论素养的校内教师和校外人士担任学生的学业导师，平时进行多种形式的交流，并根据学生情况给予专业学习和就业方面的指导，丰富学生的隐性知识；注重与企业的合作，建立相对稳定的综合实习基地，实施“学校讲授、实地考察、企业见习、综合实习”相结合的培养方式，紧密结合行业实际，培养专业核心能力；采取灵活多样的考核方式，在保证学生具有一定理论素养的前提下，注重对实际操作能力的考查。但目前部分旅游学院在专业设置和专业人才的配置方面还存在待完善之处，比如旅游管理的人才招聘呈现饱和状态，而亟需充实壮大的会展专业却招不到合适的博士毕业生和对口人才。这就需要采取多种措施来保证师资，如从国内外高校引进会展高级人才、聘请行业专家讲课、培训已有青年教师等。

5 结束语

21世纪是创意经济世纪，旅游经济是创意经济。无论是旅游区的规划、文化景观的塑造、旅游线路的组织，还是旅游项目、旅游形象、旅游营销的策划，都亟需各层次的旅游创意人才去完成。培养旅游创意人才，是创意产业蓬勃发展的客观要求，是人才兴旅的内在要求，是培育旅游竞争力的现实要求。旅游创意人才既有人才的一般特征，也有自身的个性特点。作为旅游院校应更新观念，重视旅游人才创意意识和能力的培养，并结合自身院校实际，将旅游创意人才作为人才培养的重要方向，解决旅游人才培养规格雷同、不适应市场需求的问题。

参考文献

[1] 唐建兵.旅游本科教育萎缩的重要出路——旅游创意人才培养[J].教育与教学研究，2009(4)：60-63.

[2] 夏学英.旅游专业人才培养模式创新研究[J].沈阳师范大学学报，2009(1)：91-93.

[3] 何侃侃，朱光好.北京文化创意产业人才培养的现实与出路[J].中国经贸导刊，2010(24).

国际化背景下旅游人才培养的思考与实践

石　霞*

摘　要：在旅游产业国际化发展的背景下，国际化旅游人才的需求越来越高，这对高等旅游教育人才培养和人才素质提出了更高的要求。本文在分析国际化市场背景对旅游人才需求的基础上，对国外著名院校旅游人才培养的模式和我国旅游高等教育人才培养现状进行了思考，提出在国际化背景下，旅游高等教育人才培养的新思路。

关键词：国际化、旅游教育、人才培养

旅游业作为第三产业的重要组成部分，是世界上发展最快的新兴产业之一，被誉为"朝阳产业"。旅游业作为对外开放的重要窗口和前沿阵地，是天然的国际化产业。从某种意义上说，旅游业的开放水平，代表着一个国家、一个城市的开放水平；旅游业的国际化程度是一个国家国际化程度的重要标志。国际化的旅游产业需要有国际化的旅游人才，实现旅游强国的目标，需要有厚实的旅游人力资源作为支撑。

我国的旅游高等教育，伴随着改革开放与市场经济的发展，从无到有，从弱到强，经过三十多年的发展壮大，如今已初具规模；旅游高等教育体系基本形成与完善，可以满足旅游业的发展和人才需求，旅游高等院校也成为高素质旅游人才的主要输送基地。在当今全球一体化运行的模式下，旅游国际化发展趋势对旅游高等教育的人才素质和人才培养方式提出了新的挑战，如何在国际化背景下，培养高素质、高能力、高水平、具有适应国际竞争力的国际旅游人才是亟待解决的重大课题。

1　培养国际化旅游人才的内因

中国加入世界贸易组织 WTO 以来，旅游业加速发展，国际化趋势越来越明显，我国也实现了从旅游资源大国到世界旅游大国的跨越式转变。国家旅游局《2012 年中国旅游业统计公报》中指出，2012 年入境旅游人数为 13 240.53 万人次，其中：外国人 2 719.16 万人次，外国入境过夜游客在我国境内平均停留时间为 7.5 天，比上年增长 2.7%；国际旅游（外汇）收入 500.28 亿美元，比上年增长 3.2%；2012 年我国公民出境旅游市场继续快速增长，旅游目的地不断增加，中国公民出境旅游人数为 8 318.27 万人次[1]。据联合国世界旅游组织的预测，到 2020 年，中国将成为世界最大的旅游目的地国及第四大客源国。

随着出入境人数的逐年增多，旅游客源国和旅游目的地国家数量的增加，形式多样的国际旅游产品和市场运作方式进入中国市场，中国旅游企业和人员参与国际交往越来越频繁，国际旅游交往平台也越来越宽广。特别是加入世贸以后，外资旅游企业开始进入中国市场，他们急

* 石霞，北京联合大学旅游学院国际交流合作处，讲师。

需具有国际化背景的高级旅游从业人员；而国内旅游业参与国际竞争，也需要大量的高素质人才的加入，国际化旅游人才的需求越来越大。旅游产业的国际化发展趋势，必然对旅游高等教育人才培养提出了更高要求。旅游人力资源的素质是衡量一个国家旅游竞争力的重要指标，培养高素质的国际旅游人才已经成为旅游教育的历史使命，而教育具有国际竞争力的旅游人才已经成为旅游高等教育所面临的首要任务。

2 国内旅游高等教育人才培养的现状

旅游行业被誉为“朝阳产业”，而旅游教育则是“朝阳教育”。国内旅游高等院校经过三十多年的发展，已经建立了从中专、职高、高等旅游职业院校到普通高等旅游院校的旅游学历教育体系，并且逐步形成了涵盖中职、高职、本科、硕士、博士等不同层次的人才培养体系。作为对学历教育的有力补充，旅游职业培训体系在人才培养层面上基本满足了行业的需求。但是，我国旅游高等教育还存在一些制约因素，影响着旅游人才培养国际化的进程。

2.1 旅游专业课程与国际脱节

目前，国内旅游院校现有的旅游管理专业课程与国际脱节，学生所学知识落后于国际旅游业发展的速度，久而久之，与国际知名旅游院校产生了明显差距。“在课程设置方面，概论性、理论性课程设置与国际接轨较快，但是在操作性课程上，要么设置较少，要么设置以后缺少有经验的教师讲授。这是目前中国旅游教育中普遍存在的一个严重问题。”[2]旅游专业课程设置与市场错位，课程的开发和学生实践能力的培养，与岗位的要求有一定差距，造成旅游专业毕业生不能满足用人单位的基本需求，也严重影响学生在国际旅游人力资源市场上的竞争优势。

2.2 外语水平制约学生参与国际化竞争

旅游专业学生的外语水平也成为迈向国际化的绊脚石。重专业，轻语言，很多学生英语水平很难达到国外的要求，这也在一定程度上制约了学生进行海外实习或者进入国际旅游企业就职。旅游人才国际化，特别需要旅游专业学生具有较好的外语沟通和交流能力，只有具备良好的外语表达能力和国际合作意识，才能满足国际化旅游人才的需求。

2.3 师资的国际化水平不高

旅游专业院校师资的国际化水平，也决定了旅游高等教育国际化发展的水平。目前国内旅游院校执业教师，具有海外留学以及相关旅游行业从业经历者所占比例不高，而具备高水平外语能力及海外相关工作经验的专业人士的加入，对旅游院校提高教学、科研水平有积极作用。

2.4 学生专业实践能力不足

旅游管理专业作为实践性、应用性强的专业，要求学生在掌握旅游管理基础知识的同时，具备相关业界的实践、实习、实操的经验，也就是丰富的“旅游专业技能”。传统备课教育以学科教育为基础，注重知识的传授，强调知识的系统性、完整性，忽视了旅游专业的职业性、应用性和实践性。因此，在此种模式下培养出的学生，在毕业走向工作岗位后，容易出现理论脱离实际，实践经验少、就业竞争力不强，甚至“眼高手低”的现象。

以上种种现象说明，由于课程设置、师资水平、外语能力、实践能力等因素，造成旅游人才培养的速度落后于旅游业国际化发展的速度，旅游国际化人才的数量和质量不能满足旅游业国际化市场的快速发展，高水平国际人才的供应与需求极不平衡。

3 国外旅游高等教育的典型模式

一些发达国际旅游高等院校在长期的发展和实践中，形成了各自的办学模式和成功经验，对我国高等教育国际化发展可以起到一定的借鉴作用。

3.1 美国康奈尔大学“高质量课程学习和实践体系”

美国康奈尔大学作为世界上第一个成立酒店管理学院的大学，拥有全球第一个接待业本科专业，它是全世界设置旅游管理专业级别最高的学校之一，至今已有 90 年的历史。

康奈尔大学酒店管理学院本科教育开设涉及 9 个专业领域 150 门课程，课程覆盖酒店接待业的所有方面，通过专业核心课程的设置和讲授，使学生打下坚实的专业基础，而必修课与选修课相结合，使旅游专业学生可以学习到社会经济、金融、科技等相关学科，拓宽了学生的视野[3]。

高质量的课程体系为培养适应国际竞争的高水平旅游人才做好了准备。在国际接待业中，实际运作和实践能力是考核从业人员综合素质至关重要的标准。康奈尔大学酒店管理专业课程设置就是为了满足学生实践的需要，帮助学生将所学知识转化为实践能力。康奈尔大学毕业生之所以得到全球知名酒店连锁集团的垂青，除了具备扎实的理论知识外，其毕业生拥有高质量的行业实践经验，帮助他们将专业知识具体化到未来酒店的实际工作中。

另外，康奈尔大学十分重视酒店管理专业产、学、研的合作与研究。作为美国八大常青藤名校之一，康奈尔大学一直在美国大学综合排行榜上名列前茅。康奈尔大学明确的专业发展定位，与全球酒店接待业管理集团的通力合作，以及大量教学科研资金的投入是保证其领先全球旅游管理专业的重要因素。高质量课程体系、学习实践相结合、教学与科学研究相辅相成，造就了康奈尔大学毕业生不但具备较高的职业素养和较强的领导才能，而且在旅游国际化背景下，成为有竞争力和影响力的高级旅游管理人才。

3.2 瑞士“洛桑模式”

瑞士作为世界上最早开展正规旅游酒店高等教育的国家，旅游教育主要为饭店、酒店培养高水平管理人员。瑞士的酒店管理教育由酒店协会创立，是瑞士酒店业的官方组织。1893 年，协会创建了瑞士洛桑酒店管理学院，是世界上第一所酒店管理学院，也是世界排名第一的酒店管理学院。百余年来，培养出了众多具有国际水平的酒店高级经营管理人才。瑞士洛桑酒店管理学院独特的教学模式享誉世界，成为国际公认的“洛桑模式”。他们的办学宗旨就是“以高质量的教育培养学生各种技能，使他们在竞争激烈的酒店行业中脱颖而出。”[3]洛桑酒店管理学院按照旅游教育的国际化水平办学，从师资队伍、课程设置和学生来源，都力求与国际接轨，着重培养国际化旅游人才，以适应国际市场竞争。“学生学业结束后获得国际酒店行业认可的就业证书，在全球各星级酒店可直接上岗，一般可任部门经理、助理，而不必再经过实习期。”[4]

3.3 日本“立教大学”

日本立教大学作为日本旅游管理专业学科的“开创者”,可追溯至1942年开办的“宾馆”公开讲座,这也奠定了日本立教大学旅游研究的基础。立教大学在日本旅游研究界具有最高的地位,多年来培养了许多素质高、国际意识强、专业知识扎实的旅游人才。从事一线教学研究的教师,其知识结构涉及地理学、语言学、心理学、经济学等领域,学生毕业后就业多元化也源于学校注重培养学生运用更广阔视角对事物进行综合判断,以及注重培养学生多层次、多范围的知识能力。立教大学旅游文化学科的教学,也以人文科学和社会科学为基础,并且注重对学生语言能力、人际交流沟通能力的培养。这也证明了,立教大学的毕业生在旅游业以外的其他领域也可以发挥其才干[5]。

4 国际化旅游人才培养策略与实践

在全球经济一体化、旅游国际化迅猛发展的今天,旅游市场对国际化人才的需求日益扩大,旅游高等院校只有培养出高质量、高素质的国际化旅游人才,才能与国际市场人才需求接轨。纵观国际知名旅游高等院校的成功经验,结合国际旅游市场对人才的需求,制定符合国内旅游高等院校自身需要的国际化旅游人才培养战略,才能在旅游人才国际竞争中立于不败之地。

4.1 国际化旅游管理人才的素质要求

旅游业国际化发展对旅游人才的综合素质提出了更高的要求,具有国际竞争力的高素质旅游人才应具备以下特征:

4.1.1 具有广阔的国际视野

国际化旅游人才应该具备广阔的国际化视野,洞察国际政治、经济的风云变换,在国际旅游文化交往等重大活动中,能够高瞻远瞩、顾全大局,做出清晰的判断和明确的决定。对国际旅游业的发展规律和趋势,以及国际形势对旅游业的影响具有一定的敏感性。

4.1.2 通晓法律法规以及国际惯例

旅游的国际化,要求从业人员应熟知国际上法律法规以及国际惯例的相关规定,这是国际化旅游人才参与世界旅游服务所必需具备的能力。只有完全了解相关规定,才能在国际旅游事务中做出正确的决策与判断,保证所从事的旅游活动在法律允许和保护的范围内,合理、合法、合规进行。

4.1.3 具备跨文化沟通能力

跨文化沟通能力是指,在不同的文化背景下,能与来自不同国家和文化背景的人进行沟通的能力。旅游作为一种经济行为,同时也是一种文化现象。旅游从业人员和旅游管理者都应该具备一定的跨文化沟通能力,能够熟悉旅游目的地的社会文化、风俗习惯,并且灵活利用沟通技巧,协调处理国际旅游事务中所涉及的各种关系和利益,为国际宾客提供高水准的旅游服务。旅游从业人员应该成为多种文化的友好使者,尊重外来文化,弘扬传播本地文化,使多种文化进行交融。

4.1.4 熟练的外语应用能力

旅游行业的国际化，对能够熟练使用外语进行沟通的从业人员需求增大。那么国际化旅游人才必然要求其具备双语、甚至多语种的沟通能力，能够熟练运用外语作为工具开展旅游文化活动。

4.2 国际化旅游人才培养实践

国际化旅游市场，对国际化旅游人才有着强大的需求，国际化旅游人才培养可通过以下途径进行。

4.2.1 旅游教育人才国际化

要实现旅游教育国际化，首先要提高教师的国际化水平，只有具备国际视野的高素质教师，才能培养出一流的国际化旅游人才。这就要求教师要通晓国际国内旅游前沿理论知识，具备丰富的业内实践经验，紧跟旅游行业国际发展的趋势，对错综复杂的国际环境有敏锐的洞察力和决断力。

旅游高等院校要打造国际化教师队伍，首先应注重对本校师资力量的培养，通过与国际高水平院校进行教学、科研合作，有计划选派优秀教师、学者赴海外进修、深造、讲学以及参加学术交流、国际会议等，把国外旅游高等教育的先进理念和方法引进到我国，实际应用于教学。其次，有目的地引进具有海外留学、工作背景的归国人员，参与教学科研活动，带动本校教师参与国际化旅游教研科学实践。再次，通过与国外知名高校合作办学等形式，进行教师和学生的互派互访，包括引进国外高水平外籍教师专家来国内讲学，为学生提供国际化的学习环境，学习国外先进知识和观念，从而培养出符合国际标准、具备国际视野的国际化复合型人才。

4.2.2 课程内容、课程设置与国际接轨

大学的国际化离不开人员的国际化，更离不开教学内容和课程设置的国际化。课程是实现国际化旅游人才培养的核心。这需要我们的旅游专业课程，要符合国际旅游人才培养的需求，与国际旅游课程设置接轨。旅游管理专业课程设置应该与专业培养目标相一致，为培养国际化旅游管理人才服务；国际化旅游管理人才培养的教学内容，也不应仅仅面向本土文化，应具有国际化特点。对于涉及国际贸易金融、国际旅游市场发展趋势、国际旅游法律法规、国际惯例、国际商务礼仪和跨文化交流沟通等课程，应按照国际标准进行设置与改造；有针对性地引进国外先进的教材和内容，使学生能够及时了解国际旅游市场的发展趋势，掌握最新的旅游业动态。

4.2.3 建立海外实习基地

旅游管理专业特别强调理论与实践相结合，课堂与工作场景相结合，没有专业实习和实践，就很难将理论知识转化为实际的工作能力，而旅游实体运行能力是考查旅游从业人员综合素质的重要指标。目前，我国旅游管理学生专业实习还局限于本地旅行社、酒店等，这与发达国家旅游管理专业学生全球海外实习派遣还存在着很大的差距。北京联合大学旅游学院自1995年与法国克里希奥佛莱酒店管理学院进行合作，每年互派旅游酒店专业实习生赴对方学校进行实习，至今已成功合作18年，截至目前，参与该项目的学生千余人，是中法两校合作办学的成功典范。但是，能够参与海外实习的学生还是占在校生的一小部分。

建立和拓展旅游高等院校海外学生实习基地，使学生能够在真实的国际化工作场所进行专业实践，在多元文化交融的环境下进行职业体验，在国际化背景下完成“教”与“学”的交融。

4.2.4 大力推行双语教育

国际化进程中，语言作为交流和沟通的工具，其地位越来越重要。在旅游管理行业，能熟练运用外语进行表达和沟通的人才受到用人单位的欢迎。专业知识过硬，外语能力强的毕业生在旅游就业市场的竞争力越来越强。旅游高等院校应鼓励开设“旅游学”、“经济学”等旅游基础课程的双语教学课程，培养具有国际竞争力的双语表达的高素质人才；建立旅游模拟场景专业实验室，帮助学生进行多语种模拟教学实践活动；聘请高水平外国专家、教师，通过开办讲座和口语听说课等形式，培养学生的外语沟通能力。

5 结 论

旅游业的国际化、全球化，对旅游管理专业人才提出了更高的要求，旅游高等院校为培养适应现代旅游业发展、具有国际竞争力的高素质旅游管理人才，应勇于创新、不断探索，找出适合自身发展的国际化旅游高等教育人才培养模式，才能在国际竞争中立于不败之地。

参考文献

[1] 2012年中国旅游业统计公报[EB/OL]. http://www.cnta.gov.cn/html/2013-9/2013-9-12-%7B@hur%7D-39-08306.html.

[2] 吴必虎，黎筱筱. 中国旅游专业教育发展报告[J]. 旅游学刊(人力资源与教育学特刊)，2005，7：9-15.

[3] 陈晓艳. 日本、美国、瑞士三国的旅游高等教育特征[J]. 湖北第二师范学院学报，2010，10：120-122.

[4] 刘伏英. “洛桑模式”对我国高校酒店管理专业教学的启示[J]. 中国高教研究，2005(8)：79.

[5] 王鹏飞，傅桦. 日本旅游高等教育课程设置与就业——以立教大学旅游学部为例[J]. 旅游学刊，2005：51-56.

论全球化的旅游与“国际化”旅游人才培养

范广丽*

摘　要：旅游业的全球化、旅游产品营销的国际化离不开旅游人才培养的国际化。本文从旅游高等院校外语类人才的培养、旅游行业对外语类旅游人才需求的角度分析外语类旅游人才培养的困惑，同时阐述了外语类旅游人才在旅游业“全球化”进程（尤其是出入境市场）中的优势。最后提出了“国际化”的旅游人才培养目标，及实现这一目标需大力加强专业实践教学环节的外语类旅游人才培养模式。

关键词：外语类旅游人才、国际化人才培养、实践教学

1　引　言

旅游业的全球化、旅游产品营销的国际化离不开旅游人才培养的国际化。无论是改革开放初期以入境游为主导的旅游市场，还是现阶段出境旅游市场的火爆；无论是国家旅游局改革开放初期的战略口号“以入境旅游为主导；以国内旅游为基础；以出境旅游为补充”，还是“大力发展入境旅游；积极发展国内旅游；适度发展出境旅游”；无论是2009年底国务院《关于加快发展旅游业的意见》中提出的“把旅游业培育成为国民经济的战略性支柱产业和人民群众更加满意的现代服务业”，还是2012年国际旅游合作理事会主席利普曼在伦敦国际旅游展上表示的“在未来5年里，中国将成为世界上国内旅游规模最大的国家、最大的出境旅游国和最大的旅游目的地国”，其中都离不开也不可能离开“国际化”旅游人才的参与。精专业、懂外语的“国际化”旅游人才是旅游业“全球化”中首当其冲的主力军。

2　外语类人才旅游教育面临的困惑

旅游高等院校外语专业本科和高职升本科，绝大多数时间是按语言专业的要求和模式学习，只是在高年级渗透导游业务、旅行社管理、客源国（地区）概况等课程。学生对旅游业的理解较肤浅，就业范围也仅限于导游、旅行社出境部等直接使用英语的工作。加之学过的课程有限，行业内提升后劲不足，对外语类本科人才而言，旅游行业无论在收入还是职业稳定性上都不如四大会计师事务所、外资企业更具吸引力。高职升本科是指学生在两年或三年制高职大专即将结束时，经过综合测评，按一定的百分比选拔参加唯一一次高职升本科考试，在原地区范围内考取专业对口的院校。学生经过全日制学习，拿到的第一文凭是本科。这类学生在旅游高等院校属于少数派，入学时英语水平参差不齐，但经过选拔的学生自律，学习能力强，较务实。总的来说，外语类学生缺乏对旅游行业的认同感，普遍面临着“学非所用、用非所学”的困

* 范广丽，北京联合大学旅游学院国际旅游系，副教授。

境,如何“学以致用、学用一致”是摆在我们面前的问题。

2.1 “语言+专业”还是“用语言教专业”

目前,由于非外语专业学生外语水平逐年提高,社会对于单一外语专业毕业生的需求呈下降趋势,外语专业目前正面临着潜在的生存危机。“外语专业+旅游复合型人才培养”处在探索过程中,课程设置陈旧,存在重理论,轻实践现象。

我国高等院校多沿袭前苏联实行的专识教育体制,在各学科体系中设置明确的专业。因此,外语类专业在融合旅游专业时,基本选择“语言+专业”模式。即在一、二年级语言专业的基础上,三、四年级开设旅行社营销、旅行社实务等课程。学生按语言类学生培养获得的是语言类学位,但由于“语言+专业”模式就业率低,人才培养陷入了瓶颈。

目前,越来越多的高等院校开始采用美、英和西欧等国高等院校的通识教育体制。但通常在本科教育前一、二年实施,三、四年级仍然采用专识教育体制。许多本科院校都在进行“双语/全英教学”,聘请具有海外学习经历的专业教师双语/全英讲授旅游专业课程。同时,也有部分外语老师参与旅游专业课程的全英授课。“用语言教专业”模式正在逐渐取代“语言+专业”模式。

2.2 从行业角度看旅游人才培养困惑

然而,旅游企业管理者眼中的旅游专业教育如何呢?无论酒店、旅行社还是景区,普遍认为,目前的许多旅游专业毕业生缺乏服务意识、服从意识、行为规范等职业意识,缺乏操作技能、沟通能力、团队精神等职业能力,专业知识少且陈旧,理论脱离实际。当然,即使如此,业内就业率低、流失率高也是旅游企业面临的困惑。

北京旅游发展研究报告指出,目前北京旅游行业人才方面存在三大问题:一是导游人员学历层次偏低;二是领队人员总量不足,供不应求;三是经理人员多是半路出家。出境游领队人才的培养成本高,周期长。出境游领队不仅要外语水平高,还应具备广泛而渊博的知识,并具有突出的业务工作能力和丰富的旅游实践经验。因此,短时间培养出合格甚至出色的出境游领队,十分困难。从我国目前有限的出境游领队队伍来看,整体素质不高,最主要表现为业务不熟,经验不足。即使如此,出境游领队市场仍供不应求,并且这种状况将持续一个相当长的时期。

2009年11月25日,国务院常务会议提出把旅游业培育成国民经济的战略性支柱产业和人民群众更加满意的现代服务业。要想使旅游企业健康快速发展,高素质的旅游专业人才必不可少。旅行社中,高级管理人才、高级营销人才、接待入境的外语导游(尤其是高端外语导游)及出境游领队都需要精通外语、综合素质高、业务能力全面的复合型人才。因此,将学生培养成具有国际视野、懂营销、能管理,且具有市场开拓能力、人际沟通能力、应变创新能力的人才,才能符合旅游业对人才的需求标准,使学生在激烈的人才竞争中脱颖而出。

3 突破旅游类人才培养困境,发挥外语类人才在旅游行业中的优势

高等教育旅游类专业通常指工商管理专业下的旅游管理专业、酒店管理专业(国际酒店管理方向)、会展经济与管理专业(国际会展与旅游方向)、市场营销专业、财务管理专业等,而外

语类学生在旅游院校中多以旅游英语（或及其他语种）专业（或方向）或导游及旅行社管理方向存在。

高等旅游教育是一个成长中的多学科性新学科。旅游教育的多学科性也赋予了学科的通识特征。外语类学生在培养过程中如能改变单一学习语言，毕业后只拿语言类文凭的现状，在本科培养过程中，考虑与旅游管理结合的双学位或双专业培养，不仅能夯实专业基础，加之本身具有的语言优势，也能拓宽学生就业渠道。

3.1 外语类人才在国际交流领域的优势

英语是当今国际通用语言，旅游行业也不例外。俄、日、法、西、德等也是热门的小语种。在各种国际旅游年会、旅游展会、旅游交流及往来信函、合同文本中，英语是使用最广泛的交流语种。外语类人才通常具有国际视野、语言文化及市场需求稳定等优势。如果加上专业的熏陶，并与市场需求相结合，一定能够站在业界的前端。由于在语言上的优势，故捕捉市场信息更敏锐，参与市场开发更直接，懂得文化间的差异，这些使他们工作起来就会少走弯路，思考问题时更会从宏观角度、横向进行比较。

3.2 从出入境、出境市场看外语类旅游人才优势

在入境、国内和出境的三大旅游中，入境游和出境游无疑是需要外语类旅游人才较多的行业。入境游市场是三大旅游中始终要面对各国同行竞争的市场。对国家而言，入境旅游创造的收入是增量的财富。因此，世界各国的旅游局或旅游部，都将入境旅游置于首位。因此，入境游是最能体现旅游发展国际水平和认可度的标志产业。

至于出境游，10 年来，我国出境游已实现 300％的增长，对世界旅游市场贡献率超过 7％。就拿出境领队来说，目前出境旅游领队的来源主要有三个方面。一是高等院校，主要是旅游类院校通过出境旅游领队证考试的外语类（含外语较好的旅游管理类）毕业生。他们学习能力强，但动手能力有待提高。二是国际旅行社中经过培训通过出境旅游领队证考试的人员。他们实践经验丰富，业务工作能力强，但学历层次、文化素养参差不齐。三是行业外部人员，如留学归国人员，也可通过出境旅游领队证考试，挂靠某一国际旅行社从事出境旅游领队工作。无论出境带队还是入境接待，对外语类人才来说，都具有先天优势。语言素养的培养的确需要较长时间的专业学习、较长时间的积淀。

4 "国际化"的旅游专业人才培养

旅游高等院校外语类人才培养定位于掌握跨文化交流与沟通技巧，熟练掌握旅游管理业务，深入了解客源国、目的地国家及地区的文化，熟练掌握一至两门外语且具有国际视野的"国际化"旅游管理人才。

在培养过程中，从专业英语入手。语言课程从一开始就与旅游专业有关，旅游英语等专业课程应使用全英原版教材、全英授课，这样有利于培养学生多元思维、批判性思维及写作能力；在跨文化沟通方面，将文化教育引入旅游英语教学而不是简单的知识介绍。在学习客源市场社会文化的同时，还应具备中国历史、地理、文化、艺术、风土人情及对外关系等多方面的知识。

加强实践环节，加强校企合作。在人才培养过程中，要通过旅行社课程实习、长假景区实

习讲解、不定期旅行社实习、毕业实习和就业见习等环节，逐步培养、锻炼学生的实际工作能力及职业精神。鼓励学生持证到旅行社带团实习，提高学生的实践技能，增强学生的组织能力、综合协调能力和独立工作能力。在实践中学习，在实践中提高。

4.1 重视国际化办学，培养“国际化”旅游人才

“国际化”旅游人才，应具有国际视野、良好跨文化沟通能力，业务管理能力强。外语类毕业生初期可以从事外语导游或出境游领队，同时具有后期提升转型所需的素质和能力。

目前，旅游高等院校无不利用其海外高校资源开展各种形式的国际化办学，丰富人才培养模式。具有国际视野是希望学生掌握国际通行的旅游规则、旅游业发展的全球化趋势、跨国旅游企业的管理模式等，能够以国际眼光或国际视角，站在全球角度观察旅游经济运行，进行旅游市场营销，从而为我国旅游发展服务。随着旅行社行业全面对外资开放业务，越来越多的中国公民出境旅游，我国旅行社行业在酒店业之后也将全面迈向国际化；国际旅游目的地建设和国际市场营销等都要求旅游管理人才具有国际视野，掌握相关国际知识和国际交流能力。

“旅游管理技能＋外语语言能力＋跨文化交流能力”是“国际化”旅游人才应具备的三大能力。国际旅游管理人才在能力上至少需要拥有旅游服务管理、旅行社业务管理、旅游企业管理等专业技能，拥有听、说、读、写、译等外语语言应用能力，以及跨文化交流方面所需的知识和技能。

4.2 重视与境内外旅游企业合作开展专业实践教学

旅游业的蓬勃发展，对外语类旅游人才的培养提出了新的要求。校企合作是培养高技能旅游人才的必由之路。校企合作使外语类旅游人才培养能直接面对行业市场需求，有利于院校进行教育教学改革，及时调整专业课程设置，校企合作在外语类旅游人才培养中发挥着不可替代的重要作用。

加强“旅游英语专业”实践课，改变理论课课程陈旧的现象。实践性是旅游教育的一大特色，应加强校企合作，订单培养。在专业设置上，避免过粗过细。专业设置过粗，会影响培养解决实际问题的能力，过细则影响人才应该具备的适应性。因此，应加强产、学、研结合的培养方式，加强专业实践教学。

与此同时，组织境内外学生互访交流，增强学生跨文化交际的实践能力。在交流中，除了可以锻炼口语，了解书本上学不到的异国（域）风土人情、社会文化知识外，还可以学会如何与他人进行沟通。有条件的话，还可以组织学生赴境外假期带薪实习，让学生向国外同行学习先进的服务理念和职业精神，同时学会在陌生的语言环境下独立工作和生活。

5 结束语

外语类旅游人才必须具有极强的业务能力和实践操作能力。由于语言能力的培养很难通过短期的培训解决，因此，许多旅游企业希望从旅游英语专业的毕业生中直接选拔旅游人才，迅速胜任涉外旅游工作，并加强行业实践。校企合作应贯穿人才培养全过程，让学生在真实环境中熟悉流程，在专业发展过程中树立强烈的市场意识。

中国旅游业发展需要大量的国际旅游管理人才。加强旅游专业与外语专业的复合，培养

既具备外语的语言功底，又具备旅游学科的素质，同时还具有良好跨文化沟通能力的“国际化”旅游管理人才，才能更好地为旅游业的发展服务。

参考文献

［1］黄艾. 高职院校旅游专业课程设置应与市场零距离//论坛. 成都职业技术学院，四川康辉国际旅行社有限公司，2008(4)：217.
［2］黄瑾. 外语类院校旅游管理专业人才培养模式探析［J］. 浙江外国语学院学报，2011(4)：81-85.
［3］郑明秋. 本科外语专业教育面临的问题与出路［J］. 中国俄语教学，2005(1)：17.
［4］郑燕萍. 刘又堂. 出境领队人才培养如何适应快速发展的出境旅游市场［J］. 桂林航天工业高等专科学校学报，2006(3)：82.
［5］北京旅游发展研究报告 2010［M］. 北京：北京旅游出版社，2010.

浅析建设世界城市视角下的北京旅游高等教育本科人才培养观

李 芳*

摘 要：在北京建设世界城市的时代大背景下，转变人才培养观，培养高素质的旅游本科人才是北京旅游高等教育改革的重要内容之一。本文针对时代需求和旅游本科教育人才培养的困境，提出构建北京旅游高等教育本科层次的多元化人才培养观，培养具有管理能力、应用能力、创新能力和国际化视野的旅游本科人才。

关键词：世界城市、北京旅游高等教育、本科、人才培养观

1 引 言

2009年底，北京市委书记刘淇在工作报告中提出北京要“瞄准建设世界城市”。在建设世界城市的目标下，北京市“十二五”旅游发展规划提出将北京建设成为国际一流旅游城市。北京市副市长丁向阳认为，发展旅游产业、构建国际一流旅游城市是北京向世界城市迈出的第一步。北京有着3 000余年的建城史和850余年的建都史，历史文化底蕴极度深厚，拥有众多名胜古迹和人文景观，是全球拥有世界文化遗产最多的城市。然而北京的国际旅游发展水平却不及伦敦、纽约、东京、新加坡、香港等城市。现代旅游业的发展规律表明，一个城市的旅游竞争力并不仅仅由旅游吸引物的品质和数量所决定，城市旅游竞争已经日益演化成为城市综合竞争力的较量，其中，旅游人才的竞争力在世界旅游城市的较量中地位日益突显。

高等教育改革的内容包括三个方面：培养模式改革、教学方式改革和教学内容改革。人才培养模式的改革是由人才培养观决定的。人才培养观确定了，才能有相应的人才培养定位、培养目标和培养模式。因此，在北京建设世界城市、建设国际一流旅游城市的大背景下，旅游本科教育人才培养观的确立对北京旅游本科人才培养具有举足轻重的作用，同时，对促进北京旅游高等教育的改革与发展具有正本清源的作用。

2 北京旅游本科层次教育的困境

自1978年起，旅游高等教育走过不断探索、创新的30多年，构建了涵盖专科、本科、硕士、博士层次的完整的高等教育体系。旅游本科教育是这个体系的主体，向旅游就业市场输送了大批毕业生，为旅游产业的蓬勃发展做出了积极贡献。但是，近年来，旅游本科教育，特别是北京旅游本科教育，面临着一个极其尴尬的局面：旅游本科教育的发展后劲不足，旅游产业对高素质专业人才的需求难以得到满足。

---

* 李芳，北京联合大学旅游学院组宣部，助理研究员。

2.1 高等教育扩招大背景下旅游本科教育萎缩

对旅游高等教育发展现状调查发现，不管是排名靠前的重点大学，还是最先开设旅游管理本科专业的8所高等院校，以及后来开设旅游专业的众多高校，都不同程度地存在旅游本科教育萎缩的问题。1981年，由教育部批准，南开大学、北京第二外国语学院、杭州大学、大连外国语大学、西北大学、西安外国语大学、长春大学、中山大学8所院校最先开始开办旅游本科教育。由于起步早，这8所大学在旅游本科教育方面较其他高校有一定的办学优势，但是即便如此，与旅游高等教育不断扩张的趋势相反，这8所大学旅游管理专业的本科招生规模普遍呈现出下降的态势。其他开设旅游本科专业的大学中，近年来每年本科招生规模多数也只维持在原有水平。这种现象在北京旅游本科教育中同样存在，旅游本科生源后劲不足是北京旅游本科人才培养亟待解决的问题。

2.2 旅游本科层次专业人才的专业认可度和行业内就业比例“双低”

每年旅游院校的毕业生数以万计，这种情况已经持续了多年。然而，很多统计报告和分析文章指出，旅游行业中学习旅游管理专业的本科学生寥寥无几，构成“人才缺乏”。一方面，旅游专业一度是“就业率高、收入高”的热门专业，但是随着就业层次的走低，选择专业时学生越来越不愿意学旅游专业，认为旅游业是服务行业，低人一等；毕业生越来越不愿意在旅游行业就业，不少就了业的学生也会跳槽，脱离旅游行业。大多数旅游本科人才近年来选择旅游行业内就业的不足50%。另一方面，企业留不住本科生，不敢用本科生。北京作为首都，面临的就业机会很多，但对旅游本科人才的要求也高，使得“双低”情况在北京旅游业发展中尤为突出。

上述现象表明，北京旅游本科教育存在着严重问题，势必影响旅游高等教育和旅游研究未来的发展，以及对首都旅游行业的发展，对北京建设国际一流旅游城市也会带来长期不利的影响。产生这一问题的根源是旅游行业对人才的需求特点与旅游高等教育体制所设定的人才培养模式二者之间存在矛盾，目前解决这一问题的思路是从提高学生就业层次入手，构建多元化的北京旅游本科人才培养观。

3 构建旅游本科教育多元化的人才培养观

3.1 培养管理型的旅游本科人才

旅游本科人才定位于培养学生的分析能力、综合管理能力和领导能力，为北京旅游业培养未来的管理者和领导者，培养目标不在于学术研究，而在于将已有的知识应用到实践中。旅游本科教育归根结底是向旅游行业输送管理型人才的教育，纯粹从学术的角度研究旅游是旅游本科教育中很小的一部分。纯学术研究型人才培养应纳入硕士、博士培养体系。重点大学，特别是研究型大学的旅游本科教育侧重培养具有一定研究能力的管理型人才；应用型大学的旅游本科教育则侧重于提高学生的实践能力和管理能力，使学生毕业时能真正达到行业对中高级管理者的要求。定位于培养管理型的北京旅游本科人才，使本科学生就业层次提高，有助于实现旅游本科教育定位与行业对人才需求定位的对接。

3.2 培养应用型的旅游本科人才

旅游业快速发展中呈现出的一些新特点、新动向，如商务旅游、会展节事旅游、户外休闲等，对以旅行社管理、旅游景区(点)管理和酒店餐饮管理“三大块”为核心的北京旅游本科教育提出了严峻挑战。另外，新技术在旅游业的广泛应用，如全球定位系统、在线分销系统、旅游企业信息管理系统、旅游目的地信息系统等，引起旅游者消费模式、旅游企业经营管理模式发生急剧变化。这些变化是传统的“课本理论知识＋现场观摩＋岗位实习”的人才培养模式根本无法应对的。在这样的背景下，北京本科层次旅游人才培养必须面向应用，充分利用北京校内外资源，搭建实践平台，积极拓展新的渠道和模式，除了传统的单位实习、调查报告、暑期实践，还可以考虑建立实践基地、教学实验室，进行模拟训练；成立实践小组，进行实践研究；支持创业等，将知识与应用接轨，提高学生的职场适应能力。

3.3 培养创新型的旅游本科人才

旅游管理专业培养通识教育与专业技能的矛盾始终没有解决。宽口径、厚基础的高等教育要求与实践操作技能的行业需求，一直都困扰着教育工作者。我们不能够因为强调旅游教育的应用导向的专业特性，就忽略了对青年人的综合素质培养的高等教育之共性。本科层次旅游专业应培养具有“创造性执行及一定的创意策划能力”的专门人才。北京旅游产业各领域对业务骨干、管理中坚及领军人物的能力素质要求目前都集中在“创造性执行及一定的创意策划能力”上。这一点恰恰成为北京本科层次旅游应用型人才与高职高专层次“操作型”旅游人才之间最为本质的区别。看到中高职旅游教育在人才培养上的成功，就努力学习他们的办学模式，搞定制化培养、搞校企联合、搞应用型本科，但结果是，不仅降低了本科人才的培养规格，而且还是没有解决就业的竞争力问题，却横生了学生后续发展乏力的症结。享誉海内外的杰出科学家钱学森针对我国高等教育创新精神缺失，曾提出理、工、文兼收并蓄的人才培养观。培养素质全面的北京本科层次旅游创新人才，才能使学生思路开阔，不仅能胜任本职工作，甚至引领北京旅游行业的发展。

3.4 培养国际化的旅游本科人才

旅游业是朝阳产业，旅游业正以惊人的速度和规模融入世界潮流。北京旅游业实际上已与国际接轨，但在服务上却没能接轨，根源是旅游从业人员的素质与国际旅游业的需要差距太大。显然，培养具有国际竞争力的旅游本科人才已成为北京旅游本科教育面临的重要任务。通过国际合作办学，利用国外的教育资源，有助于培养学生的国际化视野、国际化的服务意识、国际化的交往沟通能力、国际化的语言表达能力、国际化的知识掌握能力。因而，积极探索新型的国际合作模式，搭建国内外旅游院校交流合作的平台，既推进国际化背景下全球旅游高等教育的发展，促进教育理念、专业设置和课程体系与国际接轨，又使得北京旅游本科生能够在国际旅游行业的竞争中脱颖而出。

4 结束语

北京建设国际一流的旅游城市，核心在于提高旅游从业者的素质，特别是提高旅游高等教育本科层次人才的素质。在多元化人才培养观的引领下，必将提高北京旅游本科学生的核心竞争力和就业层次，从而提高行业就业率，使招生规模由萎缩转向成长，促进北京旅游本科教育的良性发展，满足北京旅游行业对应用型高素质旅游人才的需求。唯有转变人才培养观，我们培养的旅游本科学生才能有别于操作技能擅长的旅游高职高专学生，有别于学术研究擅长的旅游专业硕士、博士，在北京旅游行业中有自己的发展空间，在工作中有创新，成为具有国际视野的旅游行业的管理者、领导者，从而推动北京向国际一流旅游城市、向世界城市迈进。

参考文献

[1] 张金山. 世界城市视角下的北京旅游建设. [2012-06-24]. http://zhangjinshan.blog.sohu.com/223079180.html.

[2] 保继刚，朱峰. 中国旅游本科教育萎缩的问题及出路——对旅游高等教育 30 年发展现状的思考[J]. 旅游学刊，2008(5)：13-14.

[3] 李萌. 本科层次旅游人才培养模式的创新[J]. 旅游学刊，2008(2)：8-9.

国际化旅游应用型人才培养现状与思考
——以北京联合大学旅游学院国际旅游系为例

杨　昆*

摘　要：北京在建设世界城市的进程中，把旅游业作为重要支柱产业和新的经济增长点来培育和发展，全面推进国际一流旅游城市建设。这使得首都旅游业在“十二五”期间，处于重大战略机遇期和发展期。但是，首都旅游业的人才现状不能满足旅游业的快速发展和国际化需求，已经成为了制约旅游业发展的一个突出问题。这一问题的解决不但需要旅游企业，还需要大量培养旅游人才的旅游高等院校共同合作，分析、总结国内外旅游业的新特点、新趋势、新要求，并对新形势下的国际化旅游应用型人才重新定位，在人才培养模式、课程设置、教学方法、实践环节，师资配备等方面做出积极的调整，以适应时代变化、产业调整和行业发展。

关键词：旅游业、国际化、旅游应用型人才

1　引　言

旅游业早在20世纪90年代初就已发展成为超过石油工业、汽车工业的世界第一大产业，也是世界经济中持续高速稳定增长的重要战略性、支柱性、综合性产业。在中国，政府也愈加重视旅游产业的发展，国务院在颁发的《关于加快发展旅游业的意见》中明确提出：“把旅游业培育成为国民经济的战略性支柱产业和人民群众更加满意的现代服务业”，把发展旅游业提升到国家发展的战略层面。

在这一特定的背景下，北京作为中国的首都，同时也是中国旅游资源的富集地和世界著名的旅游目的地，北京紧抓历史机遇，大力发展旅游产业、构建国际一流旅游城市，北京在建设中国特色世界城市的过程中迈出了第一步。然而，在此过程中也出现了制约北京旅游业发展的深层次的问题，其中之一就是首都旅游业的人才现状不能满足旅游业的快速发展和国际化需求，换言之也是旅游高等教育所面临的培养规格与需求类型之间的矛盾。

下面以北京联合大学旅游学院国际旅游系为例，分析旅游高等教育在高素质旅游应用型人才培养方面所面临的问题，并提出相应的解决策略。

2　国际旅游人才培养现状

北京联合大学旅游学院是我国最早建立的培养高级旅游专门人才的学院。自1978年建院以来，学院为首都旅游行业培养了大批高素质人才。现有旅游管理、旅游经济、酒店管理、餐饮管理、国际旅游5个系。

---

* 杨昆，北京联合大学旅游学院国际旅游系，讲师。

国际旅游系培养目标定位是具有扎实的英语语言基础知识、语言基本技能和较强的旅游专业技能，身心健康，能在外事、经贸、旅游、文化等部门从事翻译、研究、管理工作的英语高级专业人才。该专业以英语语言学习为基础，以旅游专业为特长，下设英语旅游文化、国际商务英语、英语语言文学和翻译四个专业方向，学生可在一、二年级基础课程完成后，根据自己的兴趣爱好选择专业方向。主要致力于建设一个“以英语语言文学为基础，以专门英语为特色教育”的应用型本科英语专业，服务北京首都世界城市建设。

2.1 缺乏专业特色

国际旅游系下设英语旅游文化、商务英语、英语语言文学、翻译四个专业方向，几乎涵盖了当下英语专业人才培养的各个特色方向。专业设置是以学生的兴趣和专业发展方向为出发点，充分体现了以人为本的精神。但是，由于课程设置、师资配备和实践环节的限制和影响，学生对专业发展方向并没有一个明确的认识，对专业设置缺乏认同感，普遍反映课程五花八门，却很难体现其专业特色。

2.2 人才培养定位模糊

国际旅游系的人才培养定位是能在外事、经贸、旅游、文化等部门从事翻译、研究、管理工作的英语高级专业人才。首先外事、经贸、旅游、文化等部门的工作都应是具有一定的专业性、特殊性的专门工作，同时又属于不同的行业。而一个“以英语语言文学为基础、以专门英语为特色教育”的应用型本科英语专业很难实现这一目标。在这一点上，旅游学院其它四个专业都有明确的人才培养定位和规划，例如，旅游管理系培养的是能够胜任各级旅游管理部门、旅游及相关产业领域企事业单位的高级管理人才，酒店管理系培养的是具有国际视野的酒店业中高级管理人才等。

2.3 职业选择与专业方向相去甚远

国际旅游系的前身是英语旅游文化系，那时的人才培养目标是根据旅游行业及旅行社职业岗位的需求，面向首都涉外旅游第一线，培养以英语为工具从事国际导游及相关工作能力的高素质、高技能人才。尽管专业方向单一，但是培养目标明确，再加上旅行社外语导游需求量大，学生在职业选择上基本能做到学以致用、服务首都的北京联合大学办学宗旨。而近两三年国际旅游系、旅游文化方向的学生在职业选择上呈现出跨学科、跨专业的趋势，选择导游和旅行社工作的人数逐年下降，这与首都旅游行业蓬勃发展的大环境形成了鲜明的对比。

2.4 课程设置不能满足行业发展需求

国际旅游系英语旅游文化方向课程主要有：英语国家客源国概况、英语北京导游、英语中国文化概览、旅游地理、北京导游基础、导游业务、中国历史文化、旅行社电子商务、旅行社实务、第二外语等。这些课程只适合培养普通外语导游人才，距离培养高素质、应用型国际旅游人才还有很大差距。

2.5 师资队伍配备不尽合理

国际旅游系的专业教师队伍大多是英语专业出身，旅游专业知识和技能有很大局限性，同时缺乏旅游行业的从业经历，往往会造成旅游高等教育不能满足旅游行业需求的局面。

3 国际旅游人才需求及定位

据世界旅游组织预测，到 2015 年，中国将成为全球第一大旅游目的地国和第四大客源输出国，每年到中国旅游的人数将达 2 亿人次。而中国旅游业所需人员将达 3 000 万人。目前，首都旅游业各领域发展速度和规模日益加快和扩大，各种新兴业态不断出现，旅游项目投资总量不断走高，国内游、出境游势头不断攀升，旅游业正呈现出蓬勃发展的态势。

旅游业的高速发展对人才的数量和类型都提出了新的要求。据旅游行业反馈回的最新信息，目前最紧俏的旅游人才主要有三类。一类属于“最抢手人才”，即能熟练掌握出境旅游业务的管理人才，能够从事境外旅游策划、项目开发及擅长涉外沟通交流，并具有处理突发事件能力的导游人才；第二类是“最急需人才”，如酒店、宾馆、旅行社职业经理人及销售、客户服务等部门经理人才；第三类是“大量需要人才”，如中西餐厨师、通讯技术维护、餐饮客房服务等技能型人才。由此不难看出，高端旅游发展，特别是涉外旅游的发展，最需要具有国际知识视野、创新思维、应用型的高素质旅游专业人才。这类人才具有如下特征：

3.1 国际化旅游人才特征

国际化旅游人才是具有国际化意识、广博知识、多样化技能以及较高综合素质的复合型人才。国际化旅游人才必须能够适应国际市场，具备较强适应能力和创新精神，在国际旅游生产与服务活动中进行创造性劳动，并创造良好的社会价值。以旅行社为例，目前缺乏的是熟悉基本出境流程，善于处理与旅游相关的问题，谙熟各国语言、货币、法律法规等，并具备与各国理事馆打交道，在异国他乡迅速处理突发事件能力的优秀国际领队。

3.2 创意型旅游人才特征

旅游业作为文化创意产业的核心支柱，已成为当今世界经济发展最快的“绿色朝阳产业”，而创意性产业发展取决于创意型人才。创意型人才一般都有独立、自主、自由的要求，能力越强，独立自主从事项目开发的意识也越强。他们倾向拥有一个能自我引导、自我监控的工作环境。另外，创意人才常标新立异、敢为人先，不因循守旧，不随波逐流，但他们的创新和尝试也因此充满失误、失败。旅游企业目前急缺的就是负责旅游策划、项目开发、新线路的开拓、食宿谈判、行程安排、成本核算等经营管理工作的计调人才，他们被称为旅行社的中枢，是掌握着旅行社命脉的核心人才。

3.3 应用型旅游人才特征

应用型本科人才是一种新的高层次人才培养目标和类型，其特征是：从事实践性、操作性较强的工作，在服务与经营管理一线解决实际问题，能在实践中应用和创新。旅游业是服务业，而服务业要求从业者在职业素养上，有高度的服务意识，在技能上，要求实践性和操作性，在管理上，要以人为本。作为应用型、高技能的人才，未来几年内，像旅游咨询师这样的新型人才将成为最具吸引力的职业之一。旅游咨询属于个性化的定制服务，针对的是想要或准备旅行的人群，或是正在旅行的人群，提供从旅游前期准备一直延续到旅游后期服务保障，包括路线设计、建议意见、注意事项等。

4 国际旅游应用型人才培养模式改革建议

4.1 树立大旅游教育观,实现产、学、研一体化

为促进首都旅游业和旅游高等教育的可持续发展,满足首都旅游企业对旅游高端人才的需求,旅游院校及旅游教育者一定要树立“以教学为基础,以技能培训为推动环节,以科研为发展导向”的大旅游教育观,按照产、学、研一体化的思路,构建教学—实训—科研一体化的开放式、创新型旅游人才培养新模式。密切院校与业界的联系,特别是北京旅游发展委员会、首旅集团、涉外旅行社、涉外宾馆饭店、景区管理机构及相关旅游院校。了解行业最新动态、企业用人需求及市场最新变化,还要加强国际、国内横向合作和交流,优化人才培养模式,这样才能保证为首都旅游企业源源不断地输入理论功底深厚、具有国际视野和创新精神的应用型旅游高级人才,发挥旅游院校的人才培养优势,优化社会资源,推动社会进步。

4.2 明确人才定位,突出专业特色

国际旅游系的前身是英语系和英语旅游文化系,因此它的人才培养目标、专业发展方向和课程设置有着明显的英语专业背景,缺乏应有的培养国际旅游人才的主体特色。

首先,我们应明确的是应用型本科院校培养的是中高级知识应用型旅游人才,它不同于初级技能应用型旅游人才,也不同于重点旅游院校培养的高级创造型旅游人才。其次,国际旅游人才的培养目标要根据现在及未来旅游人才市场的发展趋势、需求容量及需求类型的调查和分析不断地调整,与旅游企业进行深层次合作,按旅游企业的标准和要求开展合作培养。

具体来说,我系培养的国际旅游人才指的是面向涉外旅行社的高级英语和日语导游、国际领队、旅行社计调和旅行社中层管理人员。这样的人才培养目标不但面向市场需求,同时还突出了我系导游加外语的专业特色。当然,这需要我们重新构建相应的人才培养所需的知识、能力和素质结构,加强实践教学,着力培养学生的技术应用能力和综合职业能力。

4.3 根据旅行社人才需求合理安排课程设置

旅游高等教育不仅要培养应用型人才,还要提升学生知识层次和认识高度。随着旅游业的发展,学生不仅要适应现有的工作需要,而且在未来还应承担引领该产业发展的责任,具备较高的文化水平、国际视野和创新思维,才能适应旅游行业在现代社会的高速发展。为此,国际化、应用型旅游人才在知识、能力和素质的培养上要有明确的标准,课程设置要依据标准和培养目标及时调整。

知识结构标准:

① 历史文化、旅游法规、特色理论、哲学等方面的知识。

② 旅游业中的电子商务、外国语言应用等方面的知识。

③ 公共关系、旅游接待礼仪、旅游心理学等方面的知识。

④ 全面掌握旅游基础理论、管理和经济学基础理论,全面掌握旅行社及相关旅游企业运营理论与实务。

⑤ 旅游概论、旅游地理、旅游资源开发与营销等方面的知识。

⑥ 海外主要客源国概况,跨文化交际,英美文学等方面的知识。

⑦ 导游基础、导游实务和英语北京导游等方面的知识。

⑧ 英语语言国家概况、旅游英语、饭店英语、翻译技巧方面的知识。

能力培养标准:

① 掌握较高的导游技能,胜任地陪、全陪和领队。

② 熟悉旅行社基本业务,能适应旅行社中的所有岗位。

③ 具有国际视野,了解本行业在国际上的整体格局、前沿动态和发展趋势;把握国际旅游业发展规律、潮流和最新成果。

④ 具有较强的独立工作能力和特殊问题的处理能力,能分析和处理导游工作,以及其他旅游服务工作中发生的实际问题。

⑤ 具有创新和策划能力,能进行旅行社营销整体策划和公关项目策划。

⑥ 具有良好的交际和沟通能力,能从事旅行社销售和计调等相关工作。

⑦ 能熟练运用外语、计算机、互联网技术从事旅行社的外联、客户管理、出境、接待等相关工作。

⑧ 取得英语等级证、计算机等级证、普通话证、导游资格证或领队证、商务英语证书。

素质教育标准:

① 思想道德素质:遵守涉外法律法规,具有良好的思想品德、行为规范和职业道德,具有自觉学法、懂法、守法意识,具有科学的世界观、人生观和价值观。

② 文化素质:具有良好的文化素养,具有适应职业变化的终身学习的能力。

③ 业务素质:掌握导游业务、旅行社业务和其他旅游服务的基本知识,具有刻苦钻研、一丝不苟的工作作风,具有团结协作以及勇于开拓创新的精神风貌。

④ 身心素质:具有健康的体魄、良好的社会适应能力和吃苦耐劳的精神,具有较好的心理调节能力和心理承受能力。

4.4 加强师资队伍建设,聘请业内专家

应用型人才的实际工作能力的培养、职业素质的养成,需要有实践经验的老师指导。但是,旅游院校的大多数教师还远远未达到“双师型”教师的要求。这一问题的解决需要专业教师尽早确定专业发展方向,寻找各种机会参与企业实践或培训,还需要院校和企业从长远利益出发积极合作,为专业教师搭建企业实践的平台。另外,旅游院校还可以聘请从事实际工作的从业人员和管理者为兼职教师或客座教授。一方面,他们可以弥补专业实践课教师的不足;另一方面,他们可将自己的实际工作经验、企业人才需求情况和旅游业的最新资讯带入课堂,弥补学生实际工作经验的不足。

4.5 改革教学方法,重视实训基地建设

高等旅游教育在进行课程设置改革的基础上、在教学方法上也要进行相应改革,应突出实践性教学环节,以达到在学中练、练中学的效果,可以采用案例分析、现场教学、情景教学、实验教学、模拟操作等教学方法,综合运用多种手段实现教学的灵活性。

旅游应用型人才与理论型人才的最大区别在于其动手能力、操作能力比较强,能够很快适应工作岗位的要求,并将所学理论知识与工作实际结合起来。这就要求旅游院校在培养国际

旅游人才时必须建设校内专业实验室,例如,模拟导游实训室;模拟旅行社实训室;语言实验室等。同时,还要有计划地与旅行社、旅游景区和博物馆进行长期有效的战略合作,建立校外实习基地。旅游院校为企业提供合乎要求的实习生,特别是旅游旺季或重大活动期间。当然,也要对实习内容、安排及实习教学的目标提出具体的要求,并在实习过程中加强对实习生的管理。校外实习基地应为学生提供符合实习教学要求的实习场所,保证在实习期间实行岗位轮换,并为学生提供必要的生活补助及福利条件。学生在实习结束后要做经验总结,提交实习报告。

4.6 加强国际交流,重视旅游科研

要重视与国际旅游业的交流,掌握国际旅游的发展经验和发展趋势。在旅游教育领域与其他国家和地区展开多领域的合作,特别是给专业教师和学生提供跨国进修和学习的平台;还要鼓励教师与国外院校间开展学术交流,通过邀请国外专家讲学、举办国际学术会议等形式来提高旅游专业的教学水平和科研水平。

5 结束语

综上所述,培养国际旅游应用型人才是企业的需要,是旅游行业发展的需要,也是北京建设国际一流城市的需要。旅游高等教育院校及教育者要认清形势,适应这种发展的需要,适时开设急需和紧缺专业,积极投身旅游高等教育改革,努力为培养应用型国际旅游人才做出自己的贡献。

参考文献

[1] 北京市旅游发展委员会.北京市“十二五”时期旅游业发展规划.2010.
[2] 杜江.关于旅游教育改革的几点思考[J].旅游学刊,2008.
[3] 盛正发.我国旅游高等教育的反思[J].湘潭师范学院学报,2006.
[4] 史丹萍.旅游人才现状及国际型旅游人才培养[J].河南广播电视大学学报,2006.
[5] 张洪双.试论旅游专业人才培养模式[J].财经管理,2009.

旅游应用型创新人才分类培养模式探析

——以北京联合大学旅游学院为例[①]

黄建伟[②]

摘　要：本文以北京联合大学旅游学院北京市级旅游应用型创新人才试验区人才培养的实践为例，结合深入的调查，探索新的旅游应用型人才的“分类培养”模式。旅游学院以社会需求为导向，积极构建多样化的人才培养模式，坚持以社会需求和专业特点为依据，不断细化人才内涵，构建分类培养体系，努力为地方经济和社会发展培养多样化的高素质应用型人才。

关键词：旅游应用型创新人才、分类培养、人才培养模式

1　问题提出

一直以来，旅游教育的培养目标都锁定在“应用型人才”。然而，创新是一个民族进步的灵魂，是国家兴旺发达的不竭的动力。旅游业是我国发展最快的产业之一。2009 年，国务院《关于加快发展旅游业的意见》明确提出了对旅游服务创新、旅游机制体制创新和旅游科技创新的要求。因此，全面提升旅游业的创新能力，培养和造就旅游应用型创新人才，是旅游高等教育的重要使命。反观当今旅游界人才供需现状是，一方面，伴随着行业的快速发展，需要大量从业人员尤其是旅游创新人才；另一方面，由于旅游教育的同步快速发展，一般性旅游人才的供求已趋于饱和，但旅游高素质创新人才却无处寻觅。导致这一现象的根本原因之一，是现行旅游本科教育的人才培养模式并未随着知识经济时代特征随旅游业自身发展需要而加以改革，基本上仍沿用传统的教学模式，存在“产学脱离”的现象。一定程度上制约着旅游创新人才的培养。

笔者检索中国期刊网近几年发表的有关旅游人才培养模式的研究论文，在旅游应用型创新人才培养模式方面还没有进行系统研究，相关研究成果较少，如《应用型大学旅游创新人才培养模式探析》(周丽洁，唐跃工)、《本科层次旅游人才培养模式的创新》(李萌)，其余的是相关研究，如《关于旅游人才创新能力培养的思考与实践》(赵阳，张培茵)、《论旅游专业创新人才的培养》(俞继风)等。他们的研究主要集中在旅游应用型人才培养模式改革的基本思路和途径。目前针对“旅游应用型人才”的分类培养的研究主题比较缺乏，只有《生态旅游人才分类培养模式》(陈秋华，刘森茂)1 篇论文涉及到旅游人才分类培养的研究。

本文结合北京联合大学旅游学院旅游创新人才培养的实践，针对社会对不同层次的旅游应用型人才的新需求，重新审视旅游高等教育应用型人才的类型、质量、规格、水平、要求，本文

---

①　本文为北京联合大学旅游学院承担的 2010 年校级应用型人才培养模式改革研究重点课题“旅游应用型创新人才培养模式实证研究”项目结题成果。

②　黄建伟，北京联合大学旅游学院酒店管理系，助理研究员。

拟就旅游应用型创新人才分类培养模式问题做些探讨。

2 旅游应用型创新人才实施分流培养的必要性

2.1 旅游人才培养现状

20世纪70年代末期,以上海旅游高等专科学校的诞生为标志,我国旅游管理人才培养教育开始起步了。近年来,随着全国各地旅游事业的蓬勃发展,旅游管理人才培养教育也逐渐热闹起来,并开始了从无到有、从小到大的发展过程。全国的一些大专院校纷纷在开设其他专业的基础上,先后开设了旅游管理专业,为我国旅游管理人才培养打下了坚实的基础。目前,我国已经形成了以专科和本科为基础,包括硕士生和博士生在内的比较完整的旅游管理人才培养新体系,旅游人才将逐渐成长为我国旅游管理的生力军。旅游管理人才的竞争能力如何,从某种程度上直接反映了我国旅游管理的整体状况。经过调查研究,我们发现,旅游管理人才的竞争能力并没有与我国日益蓬勃发展的旅游产业形成正比。

这是因为,旅游企业通过招聘发现,所招聘来的旅游管理人才在开展工作时眼高手低,根本不符合旅游企业的用人需求,企业还需要对其开展继续教育培训,花费的时间比较多,代价也比较大。另外,一些旅游管理人才在旅游企业内工作一段时间以后,普遍感到不太适应,总认为岗位不能运用自己所学的知识,也不能实现自己的人生价值以及发展目标,因而选择转行的现象极为普遍,导致旅游企业的人才流动极为频繁。实际上,这恰恰反映了我国旅游管理人才培养与旅游产业发展之间的严重错位。长期以来,我国旅游管理人才培养都是立足于理论知识教育,忽视了对能力的培养,使得所培养的旅游管理人才缺乏职业岗位所需的技能与经验,不仅竞争能力弱,而且实践操作能力较差。

2.2 旅游人才多样化的要求

2.2.1 人才层次分类培养的要求

根据社会对人才的需求及独立学院学生间的差异,可以将旅游院校应用型人才培养分成三个层次:基层人才培养、中层人才培养和高层人才培养。基层人才培养主要是技能应用型人才,即培养技术技能比较扎实、能熟练进行技术和技能的操作、比较容易达到岗位要求的人才。中层人才培养主要是知识应用型人才,即培养理论知识比较深厚、技术技能比较扎实,具备一定的科学研究开发能力的人才。高层人才培养主要是创新应用型人才,即培养理论知识比较深厚、技术技能比较扎实,具备创造和创新能力的人才。

2.2.2 学生个性发展的要求

学生个性的发展为分类培养提供了可能性,大学生存在共性的特征,同时个性的现状和发展因学生的来源不同,社会、家庭背景不同,其能力基础、性格特征和内在需求不同,存在多种思维方法,所能达到的质量标准也有差异,这些都要求人才培养走多样化道路。

2.2.3 旅游教学与实践相结合的要求

由于旅游管理知识更新的速度加快,那种学生通过教室里听课、文献中查阅获取知识的人才培养模式无法适应社会发展的要求,而旅游管理是一门实践性相当强的学科,在实践、工作岗位上继续教育、终身教育成为分类培养的重要组成部分。

3 旅游应用型创新人才分类培养模式的基本内涵

北京联合大学旅游学院是我国最早建立并始终位居全国高等旅游教育前列的旅游院校，当前，针对社会对不同层次的旅游人才新的需求，首次提出旅游应用型人才“分类培养”方案。学院以2010级校级实验班博雅班为试点，尝试分类培养，建立适合不同学生特点和需求的分流培养体系，因材施教，在旅游应用型创新人才试验区中采用“三种培养模式”（“基于问题”、“基于项目”和“基于行业和职业”）试点培养三类人才（旅游经营管理人才、创意与咨询策划人才和职业经理人才）。

第一类：拓展和完善“基于问题”的模块化专业教学改革成果，培养综合素质好、善于分析和解决问题的旅游综合经营管理专业人才。

第二类：设计并尝试“基于项目和任务”的专业教学构成体系，培养善于思考与协调的旅游创意、咨询与策划人才。

第三类：实行并探索“基于行业、职业”的专业教学模式，开展产学互动、校企合作教育，培育人文、科学、职业精神，培养适于旅游“高端”发展需要的实践能力强的职业经理人才。

通过分流培养、分级教学等方式，积极推进完全学分制改革试点，稳步试行双学位制，主、辅修制等，满足学生个性化发展需求，突出体现试验区人才“因材施教、分层培养”的特色，努力培养高素质应用型人才，在多样化人才培养上做了一些初步的探索。

4 旅游应用型创新人才分类培养的有效实践

旅游学院积极构建三类人才培养目标的实现途径，利用科研项目、校企合作、学科竞赛等形式培养学生的分析、创新性、实践性能力。主要措施如下：

4.1 改革课程体系 积极推进完全学分制改革

通过分流培养、分级教学等方式，积极推进完全学分制改革试点，改革原有的“统一要求、整齐划一、强调共性培养”的旧教学管理模式，2011版培养方案提供“平台＋模块”的课程体系，课程体系分为通识教育平台、学科大类平台、专业教育平台、实践教学平台和素质拓展核心课程五大模块。当前，通识教育课程要特别引起重视，克服对通识的误解，增强培养“人”的意识，摒弃“公共课”的概念当前，增加反映学科发展潮流的内容，增加优化人的思维的课程，突出人文素养的培育，强调旅游人才的“文化”教育，增加科学素养的内容；专业核心课程强调专业基础性和本科的规格要求，努力拓宽学生的专业面，增强学生毕业后进入社会的适应能力，同时特别注意改革课程的设置，要开发出适合旅游专业的课程；专业方向课程，结合产业人才需求，加大实践和应用的比例，培养学生独立分析和解决问题的能力。强化质量意识，为学生搭建灵活的知识框架，保证创新能力和岗位适应能力的发挥。

4.2 改革实践教学体系 培养学生的创新和实践能力

增加实践课程和活动的分量，是课程体系改革的重点。试验区2011版培养方案中结合产业人才的需求，加大实践和应用的比例，使实践教学环节的学时、学分占到了总学时、学分的

50.2%，重点培养学生实践和创新能力。

深层次的产学研合作教育及实践教学效能提升是实现旅游应用型创新人才培养的重要途径。旅院创新人才试验区依托"首旅集团"校外实践教学基地和基地成员丰富的理论研究及实践教学经验，是保证人才创新能力和实践能力实现的坚实基础。同时，出台创新人才试验区培养的管理保障(包括配套的管理制度和运行措施等)，形成合理、高效的组织架构及运行机制，为实现旅游应用型创新人才培养目标提供重要保障。试验区内实行独立编制、独立运作，成立专家指导小组负责制定和修改专业培养计划，制定和执行相应的配套管理政策、规定，包括试点班学生的选拔机制、学籍管理制度、师资队伍的组建和管理办法，为增强学生的创新能力，学院鼓励学生参加各种竞赛并对获奖的学生实施奖励。管理人员组织试验区学生参加各类竞赛，以竞赛促进学生竞争意识的产生。旅游学院的学生参加行业竞赛，不断在国内各种大赛中获奖。参加竞赛不是个别学生，而是将专业或整个班级学生的课堂设计作业参加比赛，不但有"点"上的获奖同学，更重要的是，"面"上的专业大部分同学的参与，增强了竞争意识和创意意识。

4.3 教学方法的改革

人才分类培养模式中的教学方法和教学手段要突出创新能力的培养、学生个性的发展，要能够培养各类学生的好奇心、求知欲，帮助学生自主学习、独立思考，为学生潜能的充分开发创造一种宽松的环境。教学方法是影响教学质量和教学效果的重要因素之一，教师针对不同的学科、教学内容及不同的学生，采用不同的教学方法，强调学生在教学中的主体地位，做到师生互动、教学相长。教师除了用正确的观点和方法讲清生态旅游专业课程内容体系所涉及到的概念、原理和规律外，还应积极推进研究型和案例型等实用教学方法，培养学生的科学能力和创新能力，培养学生收集处理信息的能力，获得新知识的能力，分析问题和解决问题的能力。

5 旅游应用型创新人才分类培养的效果分析

5.1 学生的创新实践能力得到提高

为增强学生的创新能力，学院鼓励实验区学生参加各种竞赛，并对获奖的学生实施奖励。学生参加各类学业或行业竞赛，不断在国内各种大赛中获奖。参加竞赛不是个别学生，而是将专业或整个班级学生的课堂设计作业参加比赛，因此，不但有"点"上的获奖同学，更重要的是，"面"上的专业大部分同学的参与，增强了竞争意识和创意意识。

5.2 极大地拓宽了学生视野

学院为实验班聘请专家进校上课或讲座，提高了教学水平及实践教学环节在教学中的含量和内涵，为培养创新型人才提供了良好的教学平台。

2011年，学院共聘请了校外20余名学术造诣很高、教学经验丰富、教学效果突出的知名学者、行业专家来学院讲学，共计172学时，其中开设讲座10余场，讲授专业课程8门。

教学名师杨有红、欧阳爱平、马建威、刘成壁等分别走进我院博雅班课堂，分别担任"会计学"、"微观经济学"、"宏观经济学"等课程的教学；聘请徐一平、丁石庆等教授参与教授"日本景区文化"、"语言文化"等课程；我院国际旅游系请港中酒店有限责任公司总经理李永太、外交学院教授武波为学生做了关于旅游文化的讲座；聘请林永和教授为博雅班学生举行“大学生心理健康教育”讲座；聘请北京外企人力资源服务有限公司人力资源部主管温庆山，为学院2012届毕业生面对面地传授“求职经”；旅游经济系邀请黄宗英教授做“The Charm of English language”的英语专业讲座，受到博雅班同学的热烈欢迎和好评。这些讲座极大地拓宽了学生的视野，提高了学生的综合素质。

综上所述，当今世界的竞争实质上是人才的竞争，如何保证并提高人才培养质量是所有高等学校的永恒主题，而切实培养好适应社会需要的高素质应用型人才则是关系地方高校生存与发展的根本性问题。在我国高等教育进入大众化教育发展阶段的情况下，旅游学院应以社会需求为导向，积极构建多样化的人才培养模式，坚持以社会需求和专业特点为依据，不断细化人才内涵，构建分类培养体系，通过多种有效途径，努力为地方经济和社会发展培养多样化的高素质应用型人才。

参考文献

[1] 李萌. 本科层次旅游人才培养模式的创新[J]. 旅游学刊，2008，23(2)：8-9.

[2] 阙海宝，白琴. 创新人才培养思路 探索应用型人才培养模式——四川师范大学成都学院人才培养模式的探索与创新[J]. 中国大学教学，2009(6)：61-62.

[3] 程艳霞，王艳. 独立学院应用型人才分类培养研究[J]. 理工高教研究，2009(10)：141-144.

[4] 唐毅谦，陈琳，等. 构建分类培养体系 培养高素质应用型人才——以成都学院为例[J]. 中国大学教学，2010(1)：34-36.

[5] 王平祥，唐铁军，等. 构建人才培养模式创新试验区的探索[J]. 中国大学教学，2010(5)：50-52.

[6] 陈秋华，刘森茂. 生态旅游人才分类培养模式的研究[J]. 林业经济问题(双月刊)，2004(6)：343-346.

浅析旅游业人才培养中存在的问题与创新途径

刘 捷*

摘 要：旅游业是知识密集和劳动密集的双型行业，旅游业人才培养是提高旅游业核心竞争力的基本途径。本文在分析现代旅游业发展的基础上，阐明旅游业人才培养发展与创新的必要性；与时俱进，探讨旅游业与旅游人才的需求关系；提出旅游创新人才培养服务方法。依据旅游业协调与管理的特点，在旅游发展的时代，培养出具有创新意识和创新能力的复合型人才。

关键词：旅游业、人才培养、问题、创新途径

1 引 言

根据世界旅游组织预测，到2020年，我国将接待国际旅游者1亿人次以上，中国将会成为全世界第一旅游目的地；我国旅游业也制订了建设世界旅游强国的目标，这一切对全国各地的旅游人才培养提出了新的要求。

旅游业是一种经济性的文化产业，对从业人员的素质要求较高。旅游从业人员的一言一行都关系到中国人的形象。无论导游，还是如酒店、宾馆、交通运输等业内从业人员，因为他们要为游客提供“吃、住、行、游、购、娱”等方方面面的服务。因此，对从业人员的要求自然会很高。在国外，许多旅行社的导游都是具有博士、硕士学位或者教授、副教授担当兼职导游。以北京为例，2008年北京成功举办奥运会，对举办国的经济、社会、环境包括旅游业的发展，都具有很强的促进效应，被称为“奥运效应”。2008年至2010年旅游业以10%的速度递增。其中，2008年接待游客数量为14 569万人次。2008年北京市入境旅游者达到379万人次，2009年和2010年仍保持这一水平；2008年外省市来京游客达到8 960万人次，2010年达到16 669.5万人次；北京市民在京游人数2008年为5 220万人次，2010年达到5 816万人次。随着游客数量的激增，北京市旅游从业人员将会随着游客数量的增加，呈现规模明显扩大的趋势。

面临如此众多的国内外游客，为了适应旅游业务多元化、国际化、信息化的发展战略，需要大量高素质的旅游专业人才来满足其需要。

进入21世纪，随着经济社会的发展，旅游从业人员面临着经济全球化、竞争国际化和行业标准统一化等新的挑战，旅游企业对人力资源开发由潜力变成现实，由单一变成全方位。具有旅游电子商务、信息技术、金融知识和管理技能的复合型专业人才以及会展策划和营销人才都是当今的急需人才，旅游人力资源开发日显重要。因此，人才是旅游企业最宝贵的资源，也是旅游业发展的核心资源。

* 刘捷，北京联合大学旅游学院旅游发展研究院，助理研究员。

2 旅游业人才培养存在的问题

根据旅游业从业人员的发展现状，发现旅游业人才培养存在以下几方面的问题：

2.1 旅游从业人员素质偏低，缺乏中高级管理人员和专业技术人员

由于旅游行业是一个开放性强、对外交流非常广泛的行业，因此对从业人员（不论是管理人员还是服务人员）的外语水平要求都比较高，但现在行业内既懂业务又懂外语的中高级管理人才较少，甚至可以说是十分紧缺。以厦门为例，旅游企业 228 家，共有员工 204 39 人，其中，大专以上学历 4 964 人，占总数的 24.29%；研究生以上学历者 124 人，仅占总量的 0.6%；具有中级职称和中级工以上技术等级的骨干人才 610 人，占总量的 2.98%。致使其总体学历偏低且层次分布不均。在高学历者当中，有 94%的高学历人才集中在旅游行政单位、饭店和旅行社，而旅游餐饮、客运等员工受教育的程度普遍偏低，这会给旅游产业整体提升带来影响。其中，97.5%的旅游人才毕业于传统的管理类、金融类以及技术类专业，而在调查对象中，英语专业人才 399 人，小语种专业人才 7 个语种 86 人。另外，有 87.3%的饭店高层管理者所在岗位与所学专业不一致，这也限制了旅游行业总体管理水平的提高。

由此可以看出，在当下的旅游企业中，迫切需要熟悉国际竞争规则、能有效进行资本运作的复合型、外向型、创新型人才。从专业角度分析，目前最缺乏的是旅游产品设计、旅游行业所急需的高级经营管理人员、旅游资源调查评估人员、旅游宣传策划与规划设计人员和旅游金融研究人员等。上述人才素质状况案例，对于要求快速获取信息，准确传播知识的旅游业来说，是远不能满足旅游业发展的需要的。

2.2 人才培养结构不合理，人才开发投入不足

结构与功能息息相关，合理的人才培养结构有利于更好地发挥人力资源在促进旅游业发展中的积极作用。以湖南省为例，目前，旅游从业人员绝大部分集中在旅馆、饭店和旅行社，这些部门的从业人员占旅游从业人员总量的 98.5%。其中，旅馆、饭店和旅行社又主要集中在一线的导游员和服务人员，而一些行业如旅游资源调查评估师、旅游产品设计师是当下旅游行业急需的人才，但却非常缺乏。另外，在人才开发资金的投入方面也缺乏制度约束和规范。在开发资金的筹措上也主要是以政府投入为主，而在鼓励个人、社会、企事业单位参与人才开发投入、调动多方面积极参与等方面均有待提高。

2.3 旅游从业人员缺乏有针对性的培训，培训体系尚未完善

相对而言，旅游业从业人员培训工作做得较好的主要是饭店行业，而景区、景点、旅游交通、餐饮及旅游商品的培训工作在旅游行业中相对薄弱。大多数旅游的在职培训主要侧重于对一线员工技能操作的培训，缺乏系统性。另外，重复培训，把培训当成任务下达，也使员工产生抵触情绪，往往收不到良好的效果。对于决策层和管理层，常常忽视他们在思维拓展、观念更新和创新潜能等方面的综合开发。比如旅游企业中一些旅游职能部门，培训主要集中在基层人员，而对高层管理人员的综合素质训练较少。培训机构主要由学校、企业内部，有些甚至是并不对口的培训机构来完成培训。总之，培训机构的数量和质量远远不能满足培训工作的

需要。

3 旅游人才培养创新途径

3.1 制定切实可行的人才培养计划，建立和完善旅游教育培训管理机构

人才培养计划是根据旅游企业目前的人才培养状况来决定引进、保持、提高、流出人才所作的预测和相关的工作。主要包括战略人才培养计划和战术人才培养计划，其目的是为了满足企业在未来一段时间内的人才培养数量与质量方面的需要。如果人才培养的数量不够，可能要进行招聘和选拔；如果人才培养的质量有问题，就需要制定相应的有针对性的培训计划。各级旅游管理机关还应该建立健全旅游教育培训机构，要以旅游管理部门和行业协会为主，负责全行业的教育培训工作。各企业负责本单位的在岗培训，从而形成一个完整的旅游职业培训体系，以确保在人才培养方面达到企业的目标，使人才培养管理工作有条不紊。企业经理们可以清楚地意识到何人在何时、何地应该干什么，激励员工更好地为实现企业的目标而努力工作，这样可以真正有效地完成人才培养管理工作，进而达到企业的目标。由此，从宏观管理分析，各级政府部门要制定人才培养的规划和政策，以推进人才培养的市场化，使旅游人才培养更好地适应旅游业发展的需要。从微观管理分析，旅游院校、旅游培训机构、旅游企业内部要根据市场的需求，调整教育教学要求和培养要求，大力培养适应市场需要的旅游人才，建立有效的人才开发、培养、储备、激励机制，用好和留住人才。

3.2 实施旅游行业人才培养规范化管理，完善保障与监管机制

完善旅游人才培养的管理政策和法规体系；开展旅游人才培养，实现管理的规范化，应在政策和法规的指导下进行。完善旅游人才培养的管理政策和法规体系；设立旅游人才培养专项基金；用专项基金支持旅游教育、培训和科研；加强旅游行业职业道德教育和职业道德培养，认真执行并继续完善旅游行业岗位规范与任职标准；继续推进并完善相关职业资格证书制度，加强旅游执法队伍建设，开展人力与人才培养监察，加强旅游行业人力与人才培养统计等。建立旅游专业人才信息库，把旅游业所需要的专业人员分类上网，实现人才资源产业化、社会化，为旅游企事业单位选用人才提供便捷条件。成立旅游公司，统一培训、管理、储备导游员。充分发挥政府的职能。政府要认识人才培养在北京市旅游业发展中的重要性，充分发挥好政府的战略管控职能、政策引导职能、市场调控职能、资源整合职能、信息服务职能和环境建设职能，建立面向未来的人才培养与开发机制。

3.3 认真抓好旅游师资队伍建设，重视抓好成人教育、继续教育和终身教育

旅游师资队伍是旅游人力资源开发的重要主体，教师水平的高低在很大程度上决定了旅游人才培养工作和旅游教育培训工作的质量。应以“双师型”教师队伍建设为核心，坚持理论联系实际。第一，要求教师通过在相关实际岗位上挂职锻炼，获得一定实践知识的积累；第二，从旅游企业挑选一些符合条件的高素质人才充实到教学岗位中，增加专业课程的“现场教学”的学时比例；第三，加强专业课的双语教学。由于旅游产业是一种全球性的产业，这就要求旅游从业人员能满足不同国别的、不同文化层次的游客需要。因此，对于专业课的教师不仅要懂专业，而且要求能够用外语传授相关专业课程的知识。旅游企事业单位应鼓励本单位的干部

和职工参加各类成人教育，开展继续教育，提倡“终身教育”，鼓励自学成材。对自学成材的员工，要大胆提拔，量才使用，在企业形成好学上进之风。

3.4 引进和招聘高层次人才，建立旅游专家库，实施高级领导人才及紧缺人才建设工程

采取有力措施，用公开招聘的方法，引进旅游行业所需要的各类人才。如饭店经营管理专家、旅游公关、策划人员、导游人员、旅游景区规划、开发及各类工程技术人员、高级销售人员等。旅游院校也要招聘和引进海内外高级教育研究人才，特别是海外华人旅游专家。聘请国内外旅游及相关学科的专家，各地根据自身旅游在地方建立旅游专家库，定期或不定期地就全省旅游业中的重大问题进行研讨、咨询，提供智力服务。领导人才是旅游事业开拓前进的关键因素，要通过举办高级研讨班、高级论坛、研究生班、境外培训等多种途径建立一支既有管理又有实践经验、既有外语能力又能开拓创新的高级领导人才队伍；同时，要加强短缺人才培养，如旅游电子商务等方面的人才培养。

4 结束语

总之，根据旅游业发展的新态势对人才培养提出了新的要求，人才培养要以改革创新为动力，以高层次和急需人才培养为重点，把人才建设作为旅游业重要的发展战略，充分认识其战略化、自主化、终身化、现代化和社会化的发展趋势，充分体现人才培养是推动旅游业可持续发展的根本动力！

参考文献

[1] 李柏槐. 四川省旅游行政管理部门人力资源开发对策研究[J]. 四川师范大学学报(社会科学版)，2004，3(2).

[2] 湖南省发展计划委员会. 湖南省旅游业“十五”计划. 湖南省旅游局，2001，12.

[3] 国家旅游局. 中国旅游统计年鉴[M]. 北京：中国旅游出版社，1999－2004.

[4] 国家旅游局. 中国旅游统计年鉴(副本)[M]. 北京：中国旅游出版社，1999－2004.

[5] 杨云. 近期国外旅游业人力资源管理研究进展[J]. 旅游科学，2005(12).

台湾旅游高等职业教育人才培养模式特色及启示

——以旅游管理与服务类专业为例①

张丽娟② 朱 莉③

摘 要：本文以旅游管理与服务类专业职业教育为例，针对台湾旅游高等职业教育人才培养模式进行深入的探讨。台湾旅游高等职业教育为台湾旅游经济的发展培养了大批应用型高素质人才，有力地促进了地区旅游经济的发展，其成功经验值得我们学习、借鉴。

关键词：人才培养模式、高等职业教育、旅游高等教育

1 引 言

高等职业教育作为高等教育发展的一种类型，肩负培养面向生产、建设、服务和管理第一线需要的高技能人才的使命，并要求高职院校"要高度重视学生的职业道德教育和法制教育，重视培养学生的诚信品质、敬业精神和责任意识、遵纪守法意识，培养出高素质的技能性人才"[1]。台湾旅游高等职业教育在传承中华传统文化及教育思想的同时，积极吸纳西方现代职业教育的先进经验，为台湾旅游经济的发展培养了大批应用型高素质人才，有力地促进了台湾地区经济的发展。其成功经验值得我们借鉴。

高等职业教育人才培养模式(Higher Vocational Education Personnel Training Mode)是指高等职业院校为实现其培养目标，在现代职业教育理论、教育思想指导下，按照特定的培养目标和人才规格，形成相对稳定的教学内容和课程体系、管理制度和评估方式，实施应用型人才教育的过程的总和。人才培养模式的内容主要包括培养目标和规格，课程体系及教学方式、方法及手段，以及师资管理、教学管理与评估等构成要素。即高职人才培养模式的内涵包括三个层级的内容：第一层级为目标体系，指培养目标及规格；第二层级为内容方式体系，指教学内容、教学方法与手段、培养途径等；第三层级为保障体系，指教师队伍、教学管理和教学评价等[2]。

本文以旅游高等职业教育旅游管理与服务类专业为例，对台湾高等职业教育人才培养模式进行深入分析，发现其独到之处，探讨其成功经验，为旅游高等职业教育的发展提供有益借鉴。

---

① 本研究获得"北京市属高等学校人才强教计划资助项目"(Funding Project for Academic Human Resorce Development in Institutions of Higher Learning under the Juris-diction of Beijing Municipality)资助。

② 张丽娟，北京联合大学旅游学院餐饮管理系，副教授。

③ 朱莉，北京联合大学旅游学院餐饮管理系，教授。

2 人才培养目标——培养高素质全人化素养的旅游应用型人才

高等职业教育人才培养目标是人才培养的总原则和总方向，是开展教育教学的基本依据。以台湾南部地区两所开设有旅游管理与服务类专业的大学为例，其中一所为台湾国立高雄应用科技大学，其观光管理系目前开设有研究所硕士班、日间部四年制、进修推广部二技及硕士在职专班，以培养餐旅、旅行、休闲产业之基层或中、高层主管人员的旅游观光与餐旅管理专业人才为目标，并强化具有观光旅游业、餐旅业相关行销活动或游憩活动之企划与执行的能力。另一所为台湾国立高雄餐旅大学，其餐饮管理专业的人才培养目标为：推动全人教育，培育餐旅优质人才。本科四年制以培育学生成为餐饮业中、高阶层行政与管理人才为目标；二专部教学则着重于餐厅外场服务与内场厨艺之实务训练，培养可从事餐厅服务与厨房生产的一线服务及督导人才。比较两所大学旅游管理与服务类专业人才培养目标发现，其共同点都以高素质、全人化素养和职业能力作为旅游应用型高等职业教育人才培养目标的主要内容和人才培养规格的重要指标。

“先学做人，再做专业人”是台湾高等职业教育在人才培养理念方面的共识。以国立高雄餐旅大学通识教育中心为例，其理念是：旨在实践本校校训“精诚勤朴”，落实本校办学理念，培育具有职业道德、文化素养与终身学习能力之高级技术、经营及服务人才，以服务社会、造福人群。以人为中心，以学习者为中心，以全人教育为基石，通过本土拓深，涵养文化内涵；藉由国际拓展，启迪全球视野。结合专业课程与通识课程，以收横向整合之效；蕴育基础能力，提升博雅素养。其总体目标旨在深化文化内涵，启蒙全球视野；创造“知识统整”与“人格统整”的全人学习环境。以培育具有文化内涵、专业理论、人文素养、圆融互动及终身学习发展的专业人才。

针对旅游高等教育而言，旅游与文化高度相关，旅游与人文素养、人文关怀高度相关。如何培养学生成为未来旅游服务业中有思想、有情感、有良好修养的人？高等职业教育的目标是“育人”而非“制器”，人文教育和专业教育应被视为培养目标不可或缺的两个方面。

3 人才培养课程体系——理论实践并重、结构合理的课程体系

课程体系包括课程内容体系和课程结构体系。以高雄应用科技大学观光管理系大学部为例，课程内容体系融合理论与实务，配合台湾观光与餐旅产业发展设计课程，分为餐旅管理学程和旅游管理学程(学生择一学程修读)。以其四年制本科餐旅管理学程为例，根据培养目标与人才规格设置课程体系，毕业学分为 132 学分。如图 1 所示，其中，通识课程学分占基础必修课程学分的近 30%；语言应用类课程学分占必修课程学分总数的近 30%(注：基础必修+必修课程学分共 86 分，含语言类课程学分 24 学分)，着重提高语言应用能力，以及人际沟通技巧。课程体系全面体现以职业素养为核心的“全人化”素质教育，理论实践并重，课程结构合理，课程内容实用，必修课少，选修课多，突出专业实践课程，既考虑毕业生就业的适应性，又考虑专业(职业岗位群)的针对性，强调课程目标和教学内容满足产业需要，而非学术发展的需求。

- 总学分(132)
  - 基础必修(50)
    - 人文素养通识(16)
    - 专业基础(34)
      - 院共同课程
      - 系基础课程
  - 专业课程(82)
    - 专业必修(36)
    - 专业选修(46)
      - 餐旅管理学程
      - 旅游管理学程

图1 餐旅管理本科专业课程体系

4 人才培养教学方式、方法与手段——注重专业实践教学与产学合作

台湾旅游高等职业教育注重专业实践教学与产学合作，以培养学生职业能力和综合素养为宗旨进行教学方式、方法及手段的设计与选择。专业课教学组织一般由教授主讲专业理论，技术专家传授专业操作技法，学生在“做中学、学中做”中完成教学。专业教学采取活动(项目)教学形式，包括课堂讲授、小组学习讨论、专题研讨、实训等形式，使学生在人际沟通技巧及专业技能方面均获得训练，以培养学生胜任岗位工作所需的各种素养及能力(包括人文素养、专业能力、沟通表达能力、解决问题能力、终身学习能力以及创意开发能力等综合素养)。

企业参与教学，为学校提供先进的实习设备与场地。高雄应用科技大学和高雄餐旅大学两所院校都是台湾地区高等职业教育建教、产学合作绩优单位。以高雄应用科技大学为例，产学合作并不局限于企业提供顶岗实习、专业实习等浅层面的合作，而是企业全方位、全过程地关注并介入专业课程设计及理论教学与实践教学等环节，使学校成为企业发展的人才培养和储备基地。“办成一所最亲产业的大学”是高雄应用科技大学未来发展的愿景。未来学校有一半的功能在教学，培养整合型人才，培养更亲产业的学生；另一半功能为与产业界互动，与业界产学合作，提升教师研发能量，帮产业界解决任何问题[4]。该校已拥有国内外专利60余项，参加国际发明竞赛多次获金奖；产学合作企业高达百家以上，产学结合、科技转化绩效卓著。以观光管理系餐旅学程专业为例，要求学生参与餐旅职场体验至少400学时，并鼓励学生积极参与业界研究。通过建教合作、产学合作营造企业环境与最新生产技术系统，保证教育、实训、应用三者之间的有机结合；实现专业教学资源、校内教学资源及校外社会资源的整合利用，充分发挥资源整合效应，提高人才培养的质量与效率。

5 人才培养教育教学质量保障体系——雄厚师资、设备与科学的教学管理与评估

5.1 雄厚的专业师资与先进的教学设备

旅游业是国际化程度较高的产业，旅游服务的国际化指旅游服务标准与旅游企业管理标准的国际化。台湾旅游高等职业教育注重在人才培养过程中强化学生的“全球意识”与“国际化视野”。以国立高雄餐旅大学为例，“专业化、企业化、国际化、人文化”是该校的治学理念。师资队伍中“双师教师”比例较高，有来自企业的名厨、名调酒师、名西点师和高级旅游管理人员担任教学和管理工作。良好的专业师资是培养高素质人才的关键，以高雄应用科技大学观

光管理系师资为例，8位专职教师中博士学位教师5位，硕士学位教师3位，兼职教师也均具备硕士学位。8名专职教师中有4位留美、留日博士，其中“双师教师”比例也较高。雄厚的专业师资及先进的教学设备为实现人才培养目标提供强有力的保障。高雄应用科技大学观光管理系拥有专业资讯模拟教学与实习中心、餐饮教室、实习与训练教室、视听教室、语言教室、餐旅与观光专业图书室、网际网路系统、电脑订位系统、地理资讯系统和露天咖啡厅等教学设备设施，为学生多渠道获取信息及校内专业实践教学提供了良好的实验、实训环境。

5.2 科学的教学管理与评估

以活动方式进行专业教学，包括课堂讲授、小组学习、研讨会、专题、讨论报告、实训等一系列形式，其教学管理与教学评价注重学生专业实践能力的获得。课程考核方式多样，依据课程学习目标并注重对学生解决实际问题能力的考核，强调学生的自我评估。学生在学习实践获得的操作经验基础上，集完成小组任务和个人研究项目的形式完成课程的学习与考核，以培养人际沟通技巧及专业技能，为胜任旅游服务岗位工作做好充分的准备。多元的课程设计和学制设置以及科学的教学管理与评估保证了旅游高等职业教育的毕业生就业和升学渠道的畅通。

6 启 示

旅游业是现阶段我国发展最快的产业之一，国家“十二五”规划中提出旅游产业加速升级。职业教育与经济社会的联系最密切，服务应最贴切。在《国务院关于加快发展旅游业的意见》(国发〔2009〕41号)中已将“加强旅游从业人员素质建设、整合旅游教育资源、加强学科建设、优化专业设置、深化专业教学改革、大力发展旅游职业教育、提高旅游教育水平”列入加快旅游业健康快速发展的保障措施之一，从而对旅游业人才的培养提出了更新更高的要求。

然而，旅游业界、学界有关我国旅游人才培养供需错位的批评之声不绝于耳，人才培养仍存在总量不足、结构不理想、高端人才缺乏等待解决的问题。导致问题的根本原因是现行旅游教育人才培养模式还不能很好地适应旅游业快速发展的需求，也必然会在某种程度上制约旅游业的发展。

高等职业教育人才培养模式是由多要素组成的系统，诸要素之间相互影响；同时，人才培养模式具有动态性，即人才培养模式需随社会发展不断调整充实新的内涵[5]。目前，我国高等职业教育处于发展的关键期，台湾高等职业教育人才培养模式值得我们借鉴学习。台湾高等职业教育人才培养目标定位明确而具体，职业教育特点与应用型人才培养的特征突出，通过对台湾旅游高等职业教育人才培养模式的分析，得到启示。

6.1 思想观念方面——加快现代旅游高等职业教育理念的转变

首先树立科学管理观念，科学管理师资和科学管理教学。从教师的引进到教学的管理均遵从科学的量化指标进行严格的量化及制度化管理，而对学生和教师的管理又需要人性化的柔性管理，教学以学生为本，通过科学管理为师生创造优质教学资源与工作、学习环境，“环境育人，以人培养人，培养全面发展的专业人才”。

6.2 教学资源保障方面——加强专业师资队伍建设

优秀的师资是优质教育的首要条件，目前国内旅游高职院校急缺在旅游业界具有影响力的旅游服务与管理方面的师资（专家），可以说是一个硬缺口。如何以优厚待遇吸引符合条件的业界优秀人才加入到师资队伍中是关键。

6.3 校企合作办学方面——推进校企多元合作与深度合作，充分整合教学资源

高等职业教育是贴近行业、企业的教育，是学校教育与企业需求的人才“零对接”的教育。校企合作从根本上说是校企合作双方与学生的“多方共赢”，校企合作关系的拓展首先需要增强院校自身的实力与影响力，才能吸引来更多的实力雄厚的合作企业；另一个关键而重要的问题是要创建对合作方均有利的校企合作长效机制，方能充分整合资源和有效利用资源。

7 结束语

通过对旅游高等职业教育人才培养模式的分析，可以得出以下结论：坚持以“产业需求”为导向，把“职业能力培养”作为应用型人才培养的出发点；不断完善和优化课程体系建设，中国传统的人文精神源远流长，内容极为丰富，理应在职业教育中浸润人文精神；人文素质教育是符合现代旅游业职业素质要求必须的内容，融人文素质教育于旅游高等职业教育教学之中，加强人文素养教育，可有效地促进学生知识、技能及态度、情感、价值观的和谐发展。这不仅符合旅游业对高素质应用型人才的要求，也同样符合高等（职业）教育作为一种教育，“应培养人的自我生存能力，促进人的个性全面和谐地发展，并把它作为当代教育的宗旨”（联合国教科文组织）的要求。

参考文献

[1] 教育部.关于全面提高高等职业教育教学质量的若干意见（教高 2006 年 16 号文）.

[2] 曾令奇，张希胜.我国高等职教人才培养模式理论研究综述[J].职教论坛.2006，5（综合版）：26-29.

[3] 台湾高等职业教育发展报告（2010 年 12 月赴台湾考察，大学内部交流资料）.

[4] 李福忠.高雄应科大愿景：最亲产业大学[N].台湾：经济日报，2008-12-30：C8.

旅游餐饮管理人才培养模式浅析
——以北京联合大学旅游学院酒店管理中法项目为例

杨　帆*

摘　要： 本文通过北京作为旅游城市对人才需要的能力入手，从语言能力、跨文化交际能力和职业情商的角度着重分析了目前我校酒店管理（中法项目）学生的培养现状和培养瓶颈，有针对性地提出了相应的改进措施。

关键词： 旅游餐饮管理人才、培养模式、法语语言能力

1　引　言

经过改革开放三十多年来的发展和2008年奥运会的洗礼，今天的北京已经成为了无可争议的国际旅游城市。基础设施和景区建设都已趋于完善，各星级酒店遍布全城，旅游信息中心的服务和网络旅游信息较从前也更易于获取。总之，从旅游硬件设施的角度来看，与国际上知名的旅游城市已不相上下。然而从旅游行业的从业人员或者说旅游服务的角度来看，北京的旅游教育还有许多亟待改进之处。

2　国际化城市旅游餐饮管理人才所需的基本要素

2.1　基本的法语交流能力

在一个国际化城市的旅游行业里，从业人员一定离不开外语。2012年，法国人在华的旅游人数近50万人，而大部分来华的游客都会来北京旅游，再加上长期驻北京的法国及法语国家人数，涉及到旅游行业的法语服务也就更多。这要求旅游行业的法语从业人员能够具备基本的交流能力，应用准确的法语处理游客的服务诉求，比如基本的接待，预定和迎送服务用语、相关餐饮服务的用语。从业人员要能够运用合乎情境的法语表达与客人进行沟通并解决问题。

2.2　跨中法文化交际能力

众所周知，与法语国家游客打交道不仅仅是用外语表达、沟通这样单一的语言行为，其中还涉及诸如价值取向、思维方式、社会习俗、生活方式等体现文化特征的差异。这些差异一方面在语言上体现出来，另一方面还会在礼仪礼节、个人隐私、价值取向上体现出来。这些差异客观上要求从业人员懂得相关知识，具备相应的法语国家文化交际能力。

---

* 杨帆，北京联合大学旅游学院餐饮管理系，讲师。

2.3 旅游餐饮行业专业素养和良好的职业情商

职业素质是从事某种职业应具备的基本素质，包含职业兴趣、职业个性、职业技能和职业情绪几个要素，其中职业情绪就是职业情商。职业情商是从事某种职业应具备的情绪表现，职业情商的高低直接决定和影响着其他职业素质的发展，进而倾向整个职业生涯的发展。由于一线旅游从业者不可回避的与游客接触的客观性，使得旅游从业者的职业情商的培养显得尤为重要。

3 法语旅游餐饮管理培养模式的现存问题

3.1 法语语言文化基础薄弱

旅游学院目前有酒店管理（中法项目）学生三个年级，共计约 50 个学生。从目前来看，学生的法语程度很低，完全达不到旅游行业的基本要求。原因是多方面的：其一是学生的基础薄弱。不仅在中学阶段的英语学习不够，而且综合知识面狭窄，虽然到了大学阶段重新开始学习一门语言，但由于学习语言的能力不强，也不得法，学习效果依然不理想。其二是学生的学习态度不端正，学习积极性不高。许多学生不仅是学习能力不强，还伴随着诸多的心理问题，以及怕吃苦放弃学习的想法。此外，学校对学生的要求并不严格，没有诸如通过某一级别的法语水平考试才能准予毕业的硬性规定，这也间接放松了对学生的要求。

3.2 法国及法语国家相关知识文化的深入教学薄弱

目前，我校使用的法语课本和相应的语言教学方法非常先进，在法语对外教学领域处于领先地位。法语课本用的是原版的法国教材，图文并茂，生动活泼；师资方面，全部的法语教师都接受过良好的对外法语教学培训，并有多年丰富的法语教学经验。在我校该专业目前的课程设置中，虽然有法国文化体验这一课程，但是硬件方面的支持不够以及相应课程的师资力量方面薄弱，使得这一课程不能实现深入的实践教学效果，有些流于形式，因而达不到预期的目标。

3.3 法语相关的旅游餐饮管理专业实训欠缺

该专业学生每年会有半个月赴法国游学的项目，但是游学时间太短，学生只能对法国文化有一些粗浅的认识，还达不到对法国文化的深刻认识从而更好地提供针对法语国家游客的服务。严格来说，应用法语并从事与旅游餐饮管理相关行业的服务工作的从业人员，理论上应该有长期的实习经历，实习时间每年至少三个月以上，并且应定在旅行社、景区、酒店等旅游服务的第一线从事接待工作，经历观察阶段、学徒阶段到从业阶段，然后从间接岗位再逐渐过渡到关键重要岗位。严格的实习制度应该纳入教学计划而不是像目前许多学生的做法那样，只是找一家企业待上一段时间，写一份实习报告，盖个章了事。

4 建立完善的旅游餐饮管理人才培养模式的主要措施

4.1 法语语言实训与实习相结合

针对目前我校学生存在的情况，我们应该尽快建立起实训和实习相结合的模式，严格要求学生参加实习训练、实际操作，开口说法语，实实在在地与法语国家游客打交道、提供服务。要实现这一模式必须保证以下几项工作的完成：

① 学校与企业建立联合培养制度。学生与企业、学校分别签订实习协议，协议内容包括具体的实习的任务，学生实习结束要达到的服务标准及考核指标，并通过考核，撰写实习报告。

② 学校与企业联合任命实习导师制度。学生的实习应该在导师的指导下进行，导师有责任给学生解释和教授从业技能并监督学生的实习任务完成情况，量化考核指标并考核学生的实习效果。

4.2 中法跨文化交际能力培养

针对学生知识面狭窄的现状，本专业设置上应该加入法语国家文化的中文课程，由法语中教来讲述相关课程。课程内容应该包含语言差异、利益差异、时间观念差异、个人隐私差异、价值观念差异等方面的内容，同时辅助以电影、视频、网页、专题讲座等教学手段让学生对这一方面首先有深刻认知再培养相应的交际能力，之后再到实训实习中锻炼强化。

4.3 职业情商教育和养成教育

职业情商主要包括：①职场自我认知能力；②职场自我激励、自我发展的能力；③控制情绪、适应各种职场情况的能力；④协调、保持与他人良好职业人际关系的能力；⑤认知职场他人的情绪的能力。就我校酒店管理（中法项目）学生来说，他们这几个方面的能力都亟待提升。

4.3.1 培养学生提升自我认知的能力

从学生的自我认知入手，引导他们认知自己的价值观、人生方向和目标，认知自己的性格情绪，觉察自我的情绪变化及原因等。高情商的一个重要标志就是能习惯性地觉察自我情绪的变化，并根据环境条件积极主动地调适自己的心理，判断情绪的影响，做出合适的行为反应。低情商和高情商对情绪的自我觉察与认识是大不相同的，情商的高低正是从自我情绪的觉察开始的。

4.3.2 培养学生提高自我激励的技巧

自我激励是指用生活中的哲理或某些明智的思想来鼓励自己与痛苦和逆境进行斗争。自我激励是人们精神活动的动力源泉之一，一个人在痛苦、打击和逆境面前，只要能够有效地进行自我激励，就会感受到力量，就能在痛苦中振作起来。这正是我校该专业学生所欠缺的重要技巧，因为他们在失败和挫折面前往往会一蹶不振。

4.3.3 培养学生调控自我情绪的能力

学生要学会及时调节自己的情绪，转移或解脱自身存在的不良情绪，是每一个职场人士必须具备的技能。寻找低落情绪产生的原因，当人们将内心的焦虑明确说出来，便发现事情并没有那么糟糕，找出问题症结后，不仅可以消除内心的焦虑，还可以集中精力从事工作。高情商者善于控制自己的情绪，任何时候都能做到头脑冷静、行为理智，能抑制感情的冲动、克制急切的欲望,及时化解和排除不良情绪,使自己始终保持良好的心境。我校学生在学习专业时就应该被带入培养这种能力,从而可以增强走上工作岗位遇到障碍时的自我调控能力。

4.3.4 培养学生提高人际交往技巧

高情商者善于洞察并理解别人的心态,能控制自己的情绪,设身处地为别人着想,领悟对方的感受,尊重他人的意见。因此,他们更善于与人沟通、合作,在复杂的人际关系中,与人和谐相处,被人推崇,常常可以成为领导者,成功的机会总是比较大。

4.3.5 培养学生认知他人的情绪

提高认知他人情绪的能力,从而提高情商,主要是对人与人之间情绪、情感的共性的东西进行研究和实践。人是非常复杂的,人的情绪也是稳定性与变化多端性并存的,每个人的情绪表现也是有个体差异的,人会在不同的场合显示出不同的情绪,而这种情绪往往与内心情感有差距,甚至是相反的。学生通过学习,培养认知他人的能力,就能更好地认知游客的心理,从而提供更恰当的服务。

5 结束语

对于培养旅游涉外人才,语言能力和专业技术能力的培养是第一位的,但是法语水平的高低不仅仅取决于语言,对于语言背后所承载的文化的深入认知有时会给交际能力的提升带来意想不到的助力,真正实现跨文化交际。此外,通过职业情商的培养也能对跨文化能力的培养产生相当积极的作用,因此,这也是我们不能忽略的一个重要的能力培养部分。

参考文献

[1] 张广瑞.作为一个国际旅游城市,北京还缺点什么[J].城市问题,1989(10).

[2] 宁宁.试论旅游法语人才跨文化交际能力培养[J].太原大学学报,2010(12).

[3] 郝慧青.论成功职场人情商和职业情商的修炼[J].社会人文,2011(3).

[4] 张琳.职业情商修炼 ABC[J].中国大学生就业,2008(4).

实践教学改革与创新篇

旅游管理专业实践教学新思路及其构建

——以北京联合大学旅游学院为例

石美玉[①] 昌慧敏[②]

摘　要：随着时代的发展，科技的进步，人民生活水平的提高，社会对旅游管理专业的人才需求越来越大。旅游管理专业是一个理论与实践结合非常紧密的专业，因此，旅游管理专业的实践教学就显得尤为重要。本文通过总结目前高校旅游管理专业实践教学的现状及存在的问题，结合我校旅游管理专业的背景和实践教学现状和优势，提出满足现代旅游行业人才需求的实践教学的新思路。

关键词：旅游管理专业、实践教学、新思路

旅游管理本科教学的目标是为旅游行业的企事业单位培养熟悉理论知识和业务操作的中高级管理人才。近几年，我国的高等旅游院校和高职院校数目以及毕业生人数都处在一个相对较高的水平，但旅游行业高素质、高学历的管理人才匮乏。这一供不应求的矛盾，加快了各高校旅游管理专业实践教学改革的步伐。

1　旅游管理专业实践教学文献综述

由于古老中国的政治制度、人民的富裕程度、文化水平等因素的影响，我国的旅游行业出现较晚。改革开放以来，旅游管理专业经历了从无到有，从小到大的发展过程。旅游管理作为一个独立的专业出现在大学的时间也比较晚。北京联合大学旅游学院是我国最早设立的院校之一，其开展旅游管理教育源于 1978 年，而旅游管理专业的实践教学出现就更晚。

在国内，对旅游管理专业实践教学展开研究的时间并不长。本文在对"世界上最大的连续动态更新的中国学术期刊全文数据库"中国学术文献网络出版总库中对"关键词"是"旅游管理专业"并含"实践教学"的论文进行了"精确"检索后，共获得论文 332 篇(截止到 2012 年 12 月 31 日)。从文献资料看，旅游管理专业的实践教学也只是从 1998 年开始的。对于 1998—2012 年有关实践教学的论文数目有一个较明显的变化趋势(见图 1)。

从折线图中不难看出，近五年的研究论文数目比较多，这与近几年旅游行业的市场变化有密不可分的联系。伴随着 2012 年教育部本科专业的调整和 2013 年我国第一部"旅游法"的公布，旅游管理专业的教学改革面临更大的理论创新和实践。

纵观近几年旅游管理专业的教学改革，看到各位学者对旅游行业的人才培养目标众说纷纭。如中国海洋大学的董志文、董效臣认为，旅游管理专业主要为旅游企事业单位和政府部门

① 石美玉，北京联合大学旅游学院副院长，教授。
② 昌慧敏，北京联合大学旅游学院 2013 级旅游管理专业硕士研究生。

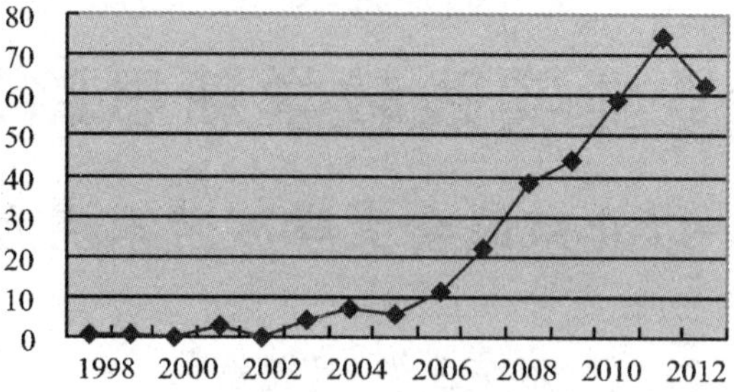

图1 1998—2012年有关论文数量分布折线图

培养具有扎实理论基础和较强实务操作能力的经营和管理人才[1]。石河子大学政法学院的吴淑琴认为，应面向21世纪中国旅游业的发展，培养德、智、体全面发展的厚基础、宽口径、重实践、高素质、有创新精神的复合型旅游管理人才[2]。总的来说，学者们一贯沿用的是比较传统的人才培养目标：培养具有经济学、管理学的基本知识，掌握现代旅游管理基本原理、方法和手段，熟悉旅游政策、法规与国际旅游惯例，具有较强的旅游经济分析和经营管理能力，能在各级旅游行政管理部门、旅游企事业单位从事旅游经营与管理的高级复合型人才[3]。鉴于近几年出现的一些导游不文明、不道德现象，也有学者把人才培养目标定位为“知识文化＋技能＋诚信”[4]。所以，本文采用的定位目标是在教书育人、服务社会的前提下，为旅游行业培养综合型、复合型、管理型人才，以及理论联系实际的高素质人才。

旅游管理专业的人才培养目标有些笼统，加之我国大部分高校教育经费、实验室建设、校企合作、软硬件设施建设落后等原因，目前的实践教学改革还只是停留在理论建设阶段，没有落到实处。实践教学也只是在培养一线服务人员，教育机构和企业并没有为学生提供观察、体验整个企业服务流程，学生更没有机会接触企业的管理岗位的相关工作。

而在国外，情况就大不相同。特别是发达国家，旅游行业起步早，旅游业已经是一个很成熟的行业，无论对于国家的就业率还是经济收入都占据一个很稳定的比例。以英国为例，英国作为世界近代旅游业的发源地，210万人从事相关行业，解决了7%的就业率；另外，还有19%的就业人口从事与旅游相关的工种。旅游业年产值700多亿英镑，旅游收入占世界旅游总收入的5%左右。这些数字足以见得英国的旅游业是多么发达[5]。发达的旅游业对应成熟的旅游教育模式。实践教学贯穿于学生的整个学习过程中，英国大学里都拥有一流的电化教学设备，教师可以在课堂上通过多媒体教学扩大讲课信息量，增强趣味性与直观性，提高教学效果。注重学生的参与性学习，如外出考察学习、课堂讨论、案例分析、视听教学、分组作业等灵活的教学方法；注重培养学生的团队精神，强调团队工作，分组讨论、分组作业等，以培养学生团队精神[5]。团队工作有序、高效，既培养了学生的管理能力和团队合作能力，又便于教师管理指导[5]。学生为期4～8周的实习则会安排在大学三年级的假期。

2 旅游管理专业实践教学的现状与存在的问题

近几年，我国旅游管理专业高校和高职院校数量都处在一个比较高的水平(见表1)[6]。

表 1 近几年我国旅游管理专业高校数目、在校生数目及在职人员培训情况

年份＼项目	普通高等院校(所)	中等职业院校(所)	旅游院校总数(所)	在校学生总数(万)	在职人员培训总数(万人次)
2012	1 097	1 139	2 236	107.34	446.84
2011	1 115	1 093	2 208	108.33	435.65
2010	967	1 001	1 968	108.64	426.65
2009	852	881	1 733	95.24	397.11
2008	810	965	1 755	84.46	338.28

从表 1 中不难看出，近几年，我国旅游管理专业的人才培养基地有着很好的基础和优势，在校生人数一直都维持在一个较高的水平。各办学机构成为旅游行业培养各种人才的摇篮，而旅游行业的市场需求也给我们提出了新的目标定位和培养人才的新导向。我们要认清现状，积极响应市场带给我们的新讯，积极发现自身教学的问题和不足，为今后的教学改革提供新思路。

2.1 目标定位不明确

过去，受以往高职院校的影响，社会普遍认为旅游管理专业就是培养导游和一线服务员，形成了一种惯常的思维模式。目前，绝大多数高校将其培养目标描述为：本专业培养德、智、体全面发展，具有扎实的旅游管理基础理论知识和较强的专业技能，能在各级旅游行政管理部门、各类旅游企业、旅游景区及相关行业从事经营管理工作的应用型高级专门人才。显然，对旅游管理专业的目标定位是比较笼统、空泛、缺乏特色的。纵观近几年旅游行业的发展，高校旅游管理专业应为我国旅游行业储备综合型、复合型、管理型人才。旅游管理专业永远不会摆脱综合性、实践性强的特点，这就更强调了学校要培养出理论与实践相结合的能力型人才。然而许多高校对这一目标定位不准确，导致专业培养目标与教学内容脱节，出现了当今旅游市场上高素质人才供给不能满足需求的状况。

2.2 课程设置滞后于市场需求

旅游管理专业的课程分为理论课程和实践课程。理论课程的学习一般都会集中在前三个学年，而且教学大纲和培养方案在短时间内很难变动。目前，很多高校的实践课程都安排在最后一个学年的第一个学期。理论课程不能及时变更以适应日新月异的市场需求，如旅游电子商务需要学生深入了解旅游信息系统的知识，目前很少高校开设有这门课程；学生的实践课程不是“轮岗制”，而是实习期内不能调换工作岗位。无论是理论课程还是实践课程弹性都很小，无法激发学生的学习热情和激情，更不能让学生熟悉整个企业的运营状况。学生在学习过程中，不知道需要掌握哪些技能和素质，无法满足市场需求。

2.3 实践教学方法单调，考核方式单一

一些实验室设备较齐全的学校，在理论课程的学习中有一些实践教学。但教师的教学一般是普通的口头传授过程，既不生动，也不形象，学生缺乏动手能力，并且养成了一种被动接受

"死"知识的习惯,大大降低了学生的创造性和积极主动性,进而会影响到学生接受知识、发现问题的能力。学生实践课程的成绩往往被一张试卷或者实习证明牵制着,大学的创新教育又演化成了应试教育。那些喜欢思考探究的学生并没有成为成绩单上的受益者,老师也区分不出学生对知识掌握的深度和广度,成绩单不能全面反映出学生综合运用理论知识及分析解决实际问题的能力,无法为今后的教学提供更有益的经验。

2.4 实践教学、师资队伍素质有待提高

高校教师拥有雄厚的理论知识,但往往缺乏实践经验。许多教师没有旅游或者饭店管理专业教育背景和从业经验,专业功底不深,没有实际工作经验;还有部分教师是从高校毕业后直接回高校任教,没有过多的旅游业阅历和企业工作经验,缺乏行业工作经历和业务背景,在短期内难以承担实践教学环节的教学工作。旅游管理专业不仅要求教师具有丰富的理论知识,而且还应具有完整的知识结构、开阔的知识视野、丰富的旅游业阅历以及实践经验。专业教师缺乏实践经验,在实践过程中因书施教,既不能生动形象地传达专业技能,也不能顺利完成教学目标和达到预定的教学水平,进而影响到学生能力的培养。

2.5 实践课程结构安排不甚合理

高校旅游管理专业的实践大部分是在旅行社的前台任接待,以及被安排在导游和饭店业的前厅部门、餐饮部门、客房部门等劳动密集型的地方。这些导致了实习生实践层次较低,实习层面较单一的问题,直接导致学到的东西对学生以后的职业规划起不到很好的促进作用。这些技能远远不能给学生的毕业就业提供导向作用。由于这些部门都是劳动密集型的工作,基本上没有涉及旅游行业的中高层管理工作,学生会对此产生厌恶、恐惧等消极情绪,所以很有可能给学生的毕业择业产生消极影响。学生会避开旅行社或者酒店行业选择其他行业,因此加剧了旅游行业人才的供不应求状况。

2.6 实习基地建设滞后

一方面,很多高校缺乏校内实训基地。模拟导游实验室、模拟餐厅、模拟客房、模拟酒吧是旅游管理专业必不可少的室内实践教学设施,但有些学校室内实践教学的软、硬件设施几乎是空白,不能开展一些基本训练,严重制约了教学质量的提高。另外,校外实训基地也不完善。虽经多方努力,校企的共同建设取得了一定成效,但因为旅游行业起步较晚,合作仍处于初级阶段,还有很多方面的问题需要进一步完善和加强,达到和企业建立起长期的、相对固定的、结构合理的、较为全面的适于学生训练的实训基地的目标。

3 北京联合大学旅游管理专业实践教学现状

北京联合大学旅游管理专业创办于1978年,是我国首个旅游管理本科专业。2008年,旅游管理专业课程PBL(Problem－based Learning)教学团队被评为北京市教学团队,2009年被批准为教育部第四批高等学校特色专业建设点。2008年旅游管理学科被确定为北京市重点建设学科,2011年取得旅游管理硕士学位授予权。以旅游管理专业教育教学改革成果为重要支撑,我校旅游学院被北京市教委评为"北京市旅游应用型人才培养模式创新试验区",主要服

务于该专业的首旅集团校外人才培养基地被评为北京市校外人才培养基地。我校旅游学院打造了一支在国内同类院校中最具实力的教师队伍。现有专任教师 138 人,其中教授 18 人,副教授 43 人,拥有博士学位的教师 49 人,占专任教师队伍的 35.5%。学院还从国内外聘请了 20 名知名人士担任客座教授和兼职教授,19 名业界高管担任企业导师。

3.1 旅游管理专业实践教学现状

首先,在理论教学中加强实践教学部分,如 PBL 模块教学中,以任务或现实中的真实题目为导向,理论结合实际完成课程任务。其次,有专门的实践教学部分,如期末的实践周课程、实验室课程、毕业实习等。理论与实践充分结合,让学生能从一个感性认识层面飞跃到理性认识的高度,充分挖掘学生的学习兴趣,结合毕业前的大实习,提高学生的应用能力、与人沟通交流的能力和掌握各种基本的操作技能。根据学生理论学习过程中的实践经验的不足,充分把握理论课程的学习,最后结合毕业实习,整合实践经验,以达到高校旅游管理专业毕业生应具备的素质和能力。

加大"政、产、学、研、用"的合作力度,借助政府、企业和社会力量建立健全学生实践学习与实习的实践教学体系,逐步形成教学相长、内外互补的实践教学体系(详见图 2),全面提高学生的综合实践能力。

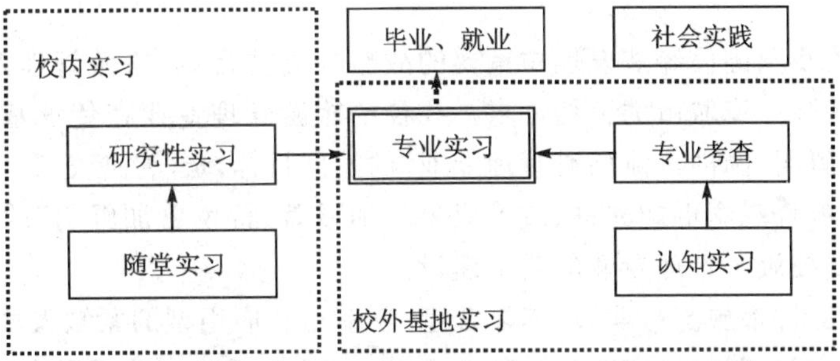

图 2 实践教学的 M 型体系示意图

我们将学生实习分为两部分:校内实习主要是随堂实习和研究性实习;校外实习主要包括认知实习、专业考查和专业实习。其中专业实习是整个实习体系的核心。

围绕这些内容,我校旅游管理专业将在 2013 年完成旅游管理专业课程管理信息系统一期的基础上,进一步推动该课程管理信息系统的后续建设,建立旅游管理专业课程管理的全体系化。同时,将学生的实践活动按照校内实习和校外实习两个部分展开。

3.2 实践教学目标

深入了解旅游行业的新发展与新动向,解决旅游行业实践和科学研究中急迫的现实问题和重大理论问题,培养旅游行业的高层次应用性人才,形成一支理论和实践融通的高水平师资队伍。继续建设旅游管理专业基础核心课程群、旅游管理专业实践课程,开拓京内外新的实践基地,建设并完善视频公开课程群和优质教学资源库,进行以行业实践能力提升为导向、以学生发展为中心的教学方式方法改革;建设完善校内外实践教学一体化实践教学模式和教学平台,建立教师潜心育人、学生自主学习的良性管理模式。为此,启动以行业实践能力提升为导向、以学生发展为中心的教学方式方法改革,完成旅游管理专业五个专业实验室的硬件工程建设与软件安装，拟新建2～5个京外实践基地，满足教师教学、科研、学生顶岗实习的要求，形成认知学习、专业实习、毕业实习等完整的实践教学体系。

3.3 实验室建设日趋完善

目前，我院旅游管理专业拥有旅游信息管理实验室、智慧旅游实验室、旅游产品创意实验室、旅游资源规划设计实验室、旅游市场投资分析实验室等专业实验室。专业实验室的硬件设施与软件均处于国内同等院校前列，为本专业理论教学与实践教学提供了优越条件。完善软件建设和实验教学仪器设备，充分发挥每个实验室相应的实践教学功能，提升学生的动手能力和实战能力。

3.4 "双师型"实践教学队伍建设

采用请进来、走出去的方式，如请业界导师到课堂，专业教师到业界挂职，或聘请国外知名学者来校访学、讲座；加强与旅游业界人士、学界人士以及政府主管者的交流与互动，聘请旅游企业老总、知名学者、主管部门专家定期讲座。从而全面提高教师队伍的实践教学能力。

4 旅游管理专业实践教学改革思考

旅游行业作为我国国民经济发展中重要的战略性支柱行业，旅游管理人才培养成为国家战略和北京建设国际一流城市的迫切需求。我校的旅游管理专业在传承基础上亟待创新，结合我校"创建特色鲜明、国内一流旅游管理专业"的发展目标，走"专业交叉、多专业融合和专业综合"之路，形成"教育观念更加先进、改革成果更加显著、特色更加鲜明"的专业特点，引领示范我校乃至其他院校旅游管理专业的改革建设。

为此，面向服务首都旅游产业，培养复合型、创新型和应用型的紧缺人才，重点进行旅游管理实践教学改革、实验室建设、实践教学基地建设，构建创新型旅游管理人才培养实践教学体系，形成特色鲜明的旅游多面型专业人才培养模式，打造国际有影响、国内一流的旅游管理专业。

4.1 目标定位

从毕业实习的一岗制、一线岗向多岗制、管理岗转化，为此，从大学一年级开始，不间断地开展认知学习、专业实习，毕业实习，并且在稳定的旅游企业开展不同阶段的实习，到大学四年级的时候，能在一家旅游企业的不同岗位轮岗，毕业后能做到在一定的管理岗位上工作。

4.2 建立稳定的旅游实践教学基地

从地域上扩大基地，即从原先的北京城区和郊区实践教学基地，逐渐向国内、国外等地建立实践教学基地。从业态上扩大基地，即从传统的旅行社、酒店，逐渐向景区、会展、房车、邮轮等领域扩大。

4.3 建设实践特色鲜明的专业课程群和优质实践教学资源

通过教学资源优化，网络化视频资料建设，形成包括教材、辅助教材、网络音像、电子图书为一体的突出专业特色的旅游管理专业实践教学体系。

4.4 建设实践教学师资团队,完善实践教学管理制度

通过专业实验室建设、教师挂职、指导学生实习等环节,为政府、企业等完成旅游行业调研和企业战略制定,建立实践教学师资团队。利用京内外高校实践基地考察、企业学习等环节,建立并完善实践教学管理制度。健全实践教学团队运行和管理机制,推行实践教学过程管理。

组织业界、学界和政界的相关专家,对旅游管理专业的实践教学管理体系进行论证,继续推行旅游应用型人才培养模式创新试验区改革试点工作,提升专业教师的实践教学能力。

参考文献

[1] 董志文,董效臣.高校旅游管理专业实践教学改革探讨[J].山东省青年干部管理学院学报,2005,1:99-101.

[2] 吴淑琴.加强旅游管理专业实践教学的基本思路[J].兵团教育学院学报,2007,17(3):46-49.

[3] 尹华光,尹美菊.独立学院旅游管理专业实践教学体系与模式探究[J],教育学论坛,2010,9:117-120.

[4] 蒋旭梅,唐子蛟.探索旅游管理专业人才培养的新模式[J].南昌教育学院学报,2011,26(8):58-60.

[5] 舒慧芳,石强.英国旅游管理职业教育的特点及其启示[J].职业技术教育,2007(5):91-93.

[6] 中华人民共和国国家旅游局[EB/OL].http://www.cnta.gov.cn/html/zh/index.html.

旅游院校校外人才培养基地建设的探索与实践

龙润湘*

摘　要：校外人才培养基地是高校开展实践教学的重要场所，也是校企合作的主要平台。北京联合大学旅游学院在基地建设中坚持“产教共生、校企双赢”的原则，以培养高素质、应用型旅游人才为目标，大力推动基地建设的改革与实践，并取得了显著成效。

关键词：产教共生、校企双赢、校外基地

校外人才培养基地是培养学生实践能力和创新精神的重要场所，是学生接触社会、了解社会的纽带。建立高质量、稳定的校外人才培养基地为学生迅速将专业知识转化为实际的操作能力提供了重要保障。但高校建设校外人才培养基地存在一些困难，一是企业出于自身经济效益、生产安全等考虑，不愿接受学生来企业实践；二是企业缺乏积极性，校企合作的内容和功能不多。为了改变这种现状，北京联合大学旅游学院积极开拓思路，创新机制，找到了一条“产教共生、校企双赢”的校外人才培养基地建设之路，并取得了一定的成效。

1　“产教共生、校企双赢”的校外人才培养基地建设途径

近年来，旅游学院在全面落实学校“三个应用”办学定位的背景下，逐步与首旅集团在教学计划、教学改革、培训、科研等方面展开全面深度合作，建设校外人才培养基地，共同培养“适用”人才，共同解决企业问题，共同承担培训课程。

第一，制定校外人才培养基地的总体规划和建设目标，加强组织合作建设，发挥“产学研合作指导委员会”的作用，明确管理体制与职责，加强指导、监督、检查，推进基地的建设与改革；巩固完善校企双方负责人对基地建设有关问题的研究和协商会议制度。

第二，校企双方教学人员共同研究并编写实践教学大纲、实习指导书、实践教学教材，在人才培养模式、教学内容、课程设置等方面利用首旅集团的技术条件与环境支持，将首旅集团管理流程与方法改革、重大活动接待的成功经验和全聚德、建国饭店、康辉旅行社等品牌企业的典型案例尽可能多地引入到学校教学内容、方法改革之中；校企双方大力开展行业质量标准制定、旅游规划、企业管理等科学研究，将其成果引入到企业的经营管理之中，并及时转化成学校的教学内容。

第三，校企双方共同设计与制定具体的实习、实践环节的计划，结合本科生课程实践、综合实习、毕业论文等实践环节，确定在企业现场实践的时间、内容、形式、方法和考核评定要求，制定具有可操作性的措施。

第四，校企双方共同制定师资培养的长远规划和配套政策，有计划、有步骤地落实学校中

* 龙润湘，北京联合大学旅游学院人事处副处长，助理研究员。

青年教师到企业挂职锻炼,提高其实践能力与实践教学水平;另一方面,通过对企业高管人员的培训,使之更加了解旅游高等教育的学科体系、改革热点和人才培养目标,从而更好地指导学生的实践教学活动。

第五,校企双方共同进行人才培养基地建设的定期检查、学年评估;对项目的进展情况和经费使用情况进行评估和检查,对资金投入提出意见;每学年定期对毕业生走访,了解毕业生在企业的工作情况,不断调整学生的知识、能力、素质结构,不断提升基地在旅游人才培养中的重要作用。

2 “产教共生、校企双赢”的校外人才培养基地建设取得的成效

校企双方通过一系列的举措,实现了在教学、科研、培训等多方位的紧密合作,加强了学院教师队伍和企业骨干队伍的建设,企业改革促进了教学改革,教学、科研成果推动了企业发展,形成了互利互动的良好合作局面。校外人才培养基地建设取得的具体成效表现在以下几个方面。

2.1 树立了旅游产业与旅游教育“产教共生”的合作理念

为适应旅游产业快速发展对旅游应用型人才的需求,在长期的实践教学建设与改革过程中,提出了“产教共生”的合作理念,概括出旅游教育是“为了旅游、通过旅游、服务旅游”的教育理念。具体讲:“为了旅游”即强调旅游产业应用是旅游教育的出发点,应根据旅游产业发展对人才知识结构、职业能力和职业素养的需求,加强实践教学,提升旅游人才培养品质;“通过旅游”强调旅游教育应通过学院教育与企业实践双重途径和环节,实现旅游教育与旅游实践相融合;“服务旅游”强调旅游教育的落脚点是旅游教育为旅游产业服务,旅游教育与旅游产业又共同服务于“将旅游建设成为国民经济的战略性支柱产业和人民群众更加满意的现代服务业”的发展目标。

2.2 建立了以制度为保障的长期稳定的校外实践教学基地

北京联合大学旅游学院与首旅集团在合作过程中,形成了长期稳定的校外实践教学基地,签署了长期合作的协议;形成了双方组织保障体系和各自工作规范,在管理机构上,企业由集团人力资源部组织协调,一线相关部门具体组织落实,专人负责组织协调和督导检查实习等工作。学院在产、学、研合作指导委员会的组织、协调下,完成学生的实践活动(见图 1)。

校企双方合作的形式,主要包括全程管理与指导,全方位参与实践教学及相关工作;邀请集团高层领导和部门经理、技术骨干兼任学院副院长和客座教授,共同培养旅游应用型人才;学院高层领导和骨干教授受聘集团各企业,共同研究企业发展中出现的问题。

校企双方共同制定了《校外实践基地建设规划》、《校外实践教学基地管理办法》等有关实践教学的一系列管理制度,使实践教学工作更加规范化,保障实践教学活动顺利进行,提高了教学的效果。在实践活动中,企业参与教学和管理,使校外实践教学质量得到保障。尤其是制定了一些激励机制,如实践教学与理论教学并重,实践教师与理论教师在职称评定、授课酬金、项目申报、教学成果认定等方面同等对待,极大地提高了教师从事实践教学的积极性。

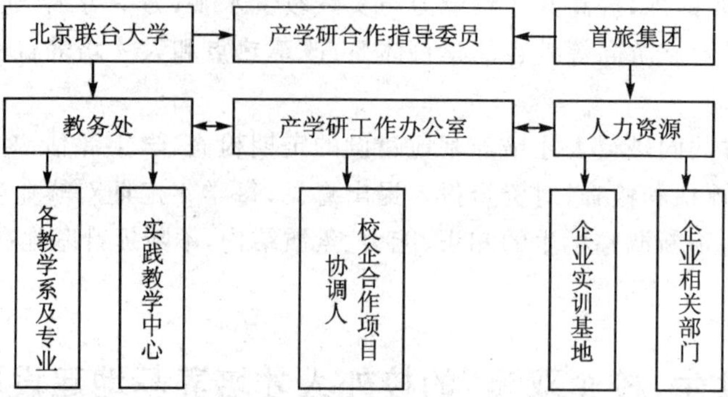

图1 校外实践基地组织结构图

2.3 获得了学校与企业同步发展的“校企共赢”的良好效益

2.3.1 基地提供了强有力的实践阵地，成为大学生“准就业”的训练场

双方依托校外实践基地，形成校企合作教育的人才培养机制，以培养学生的专业素质、综合能力和就业竞争力为重点，以校企合作为途径，充分利用企业和学院的不同教育环境和教育资源，使学生在思想观念、专业理论、专业技能方面真正受到职业化的、全方位的培养和锻炼。学生到企业实践，了解企业需求与存在的问题，并以实际问题为导向，开展应用型研究与实践，撰写毕业论文，如《亮马河大厦的人员流失问题及对策分析》、《论北京诺富特和平宾馆内部营销的问题与对策》、《论酒店员工服务意识与顾客满意度关系——以北京喜来登长城饭店为例》等。通过企业实践，不仅使毕业论文应用研究性的选题比例逐年提高，而且学生也为企业献计献策，在一定程度上促进了企业的发展。

2.3.2 基地的建立为学院教师到企业挂职锻炼提供了平台

近年来，学院陆续派教师到企业挂职，教师的实践能力得到加强，实践教学水平得到提高。而且，学院通过基地平台，聘集团一线企业高管人员和专业技术骨干作为兼职教师和技术指导。在课程设置、实习实践等多方面开展了深入的合作，收到了良好的效果。

2.2.3 基地的建设成为提升企业高级管理人员理论水平的培训场所

多年来，学院为旅游行业培训了各类人员两万余人，他们中有企业的老总、经理、技术骨干，这些人已经成为旅游行业的中流砥柱。

2.4 共同设计了旅游应用型创新人才培养方案

通过与基地的长期合作，适应产业应用，校企双方探索出旅游应用型创新人才培养模式，即“3344”人才培养模式(见图2。)

第一个“3”是指人才培养的三类别：旅游咨询策划、旅游职业经理及旅游综合管理。

第二个“3”是指人才培养过程的三个阶段：

① 大类培养博识基础，行业认知；

② 分类培养，专业模块，职场体验；

③ 能力拓展、实战训练，职业定向。

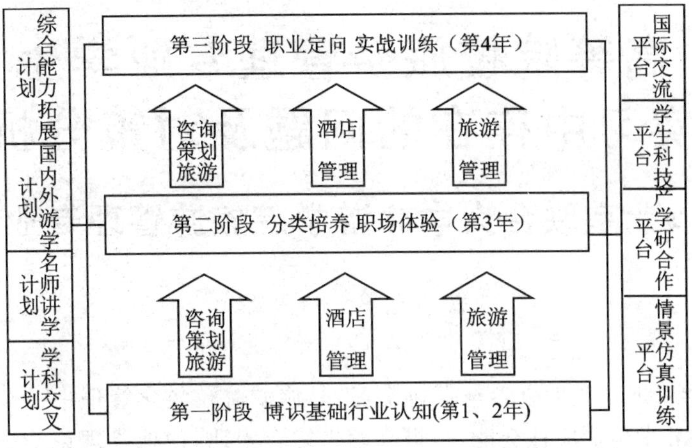

图 2 “3344”应用型人才培养模式框架图

第三位的“4”是指人才培养模式借助情景仿真训练、产学研合作、学生科技、国际交流等 4 个平台。

最后一个“4”是指为实现人才培养的配套计划，即：综合能力拓展、国内外学游、名师讲学及学科交叉计划。

2.5 形成了“实践贯彻始终”的实践性教学体系

在基地双方负责人的带领下，修订了教学计划，形成了学生 1～4 年级实践活动贯彻始终的“实践性”教学体系。实践教学内容含有基础层、综合层和创新层次；实践教学环节涵盖实验、实习、实践、毕业设计和科技创新等多个相对独立又彼此相关的教学环节；实践教学结构涵盖理论与实践相结合的不同教学模块。从而使实践教学形成了校内、企业等不同环境的“全程化、多层次、多环节、多模块”的实践教学特色。突破了传统的“实践教学”作为单纯教学环节的模式，实现了实践活动由环节转向过程的人才培养的应用型与创新型要求。

旅游学院校外人才培养基地在培养学生创新精神和职业能力上起到了重要作用，为旅游行业输送了很多人才。校企双方将进一步创新合作机制，整合教育资源，建立稳定的合作组织形式，全面推进产学研合作事业的发展。

参考文献

[1] 赵鹏. 关于我国旅游高等教育的感言[J]. 旅游学刊，2008(2).

[2] 王美萍，等. 旅游应用型人才培养模式创新试验区汇报[R]. 2009，11.

高等院校旅游管理专业学生实习中存在的问题及对策分析
——以北京联合大学旅游学院旅游管理专业为例①

赵小丽② 刘志华③

摘 要：旅游管理专业学生参与企业实习，是旅游院校教学管理中一个不可或缺的重要组成部分，也是培养学生适应社会能力，提高学生综合素质，使课堂理论知识与实际相结合的重要手段。然而，实习工作的实际情况与实习生实习前的期望往往有一段或长或短的差异，实习管理体制不健全，实习过程中缺少严格的监督机制，企业追求的主要目标与学生实习目标的错位等一系列因素的影响，导致实习效果不佳。实习的效果好坏，肯定会对旅游管理专业学生以后的职业生涯产生莫大的影响。本文在调查研究的基础上，对实习效果不佳的原因进行了分析，并提出了一些解决措施，希望这些建议对旅游管理专业实习效果的提升，起到一定的帮助作用，以达到保证和提高旅游管理专业实习质量的目的。

关键词：旅游管理专业学生、实习管理、实习效果

1 引 言

"实习"是大学生不可回避的话题之一。一份合适的实习可能会带来一份适合自己的工作，进而在几百万毕业生中脱颖而出。实习工作是新时期人才培养工作的迫切要求，新的教育质量观念强调培养学生的实践能力和创新精神，强调知识、能力、素质协调发展，实习是实现这一目标的重要途径。知识要转化为生产力必须通过实践，知识要内化为素质也必须通过实践，培养创新精神更离不开实践[1]。因此，实践应该成为教育过程的重要环节和检验旅游教育成效的唯一标准[2]。高校旅游管理专业只有加大实习投入力度，不断完善实习计划，加强旅游管理专业实习管理，加强学生思想指导教育工作，建立实习信息反馈系统，建立与实习单位合作的长效机制，才能提高人才培养质量，最终使旅游管理专业学生的实习"期望"与"成效"尽可能地趋同，差异尽可能地缩小。

2 旅游管理专业学生实习概述

旅游管理专业学生参与企业实习，是旅游院校教学管理中一个不可或缺的重要组成部分，也是培养学生适应社会能力，提高学生综合素质，使课堂理论知识与实际相结合的重要手段。

---

① 本文系北京联合大学教育教学研究与改革项目"'酒店管理信息系统'课程实践教学改革研究"成果。

② 赵小丽，北京联合大学旅游学院旅游管理系，副教授。

③ 刘志华，北京联合大学旅游学院旅游管理系，讲师。

然而,实习工作的实际情况与实习生实习前的期望往往有一段或长或短的差异;实习管理体制不健全,实习过程中缺少严格的监督机制;企业追求的主要目标与学生实习目标的错位等一系列因素的影响,导致实习效果不佳。实习的效果好坏,肯定会对旅游管理专业学生以后的职业生涯产生莫大的影响。通过调查研究,本文试图通过对实习效果不佳的原因进行分析,并提出了一些相应的解决措施,希望此次对旅游管理专业实习效果的调查研究能对今后高校旅游管理专业实习效果的提升,起到一定的帮助作用,以达到保证和提高旅游管理专业实习质量的目的。

3 本文研究的角度和主要内容

"实习"是有效提高旅游管理专业学生素质的教育手段。一份适合旅游管理专业学生的实习可能会带来一份适合自己的工作。同时,实习的过程也是职业规划中很重要的"尝试"环节,直接影响个人的发展方向。为了深入了解旅游管理专业学生的实习需要,能更好地提高实习效果,进而为即将踏上社会的旅游管理专业学生提供指引,特此进行调研。通过资料的收集与相关数据的分析,对所需资料进行了研究,并以此为基础,分析和研究高等院校旅游管理专业学生实习中存在的问题,试图对实习效果不佳的原因进行分析,最后提出相应的解决措施。

国内专家对旅游管理专业实习效果的研究论述较少,抓住旅游管理专业的特点,研究旅游管理专业实习效果具有多层意义,随着旅游业的蓬勃发展研究价值在不断加深。本文在借鉴国内专家对旅游管理专业实习教育的研究论述的基础上,着重探讨如何提升旅游管理专业实习效果的问题,是本论文的创新之处。

4 研究方法

4.1 研究样本概述

研究采用调查问卷的方法,研究样本为北京联合大学旅游学院旅游管理专业的已完成校外实习的学生,面向这些学生共发放调查问卷 130 份,回收得到有效问卷共计 107 份,接受调查的学生均认真填写了问卷,有效问卷回收率达到 82.3%。

4.2 研究方法

研究采用问卷方法收集有关学生实习与满意度方面的数据情况。调查中采用的是自编的"实习因素与实习满意度调查问卷"。根据研究构思,调查问卷中所要测量的主要是学生实习各因素与学生实习满意度之间的关系。

问卷的效度拟以建构效度为主,根据文献探讨及分析的结果,并经相关专家学者审议,保证了编制的严谨性。量表建立后,经由北京联合大学旅游学院人力资源管理专家及实习单位人力资源专家之评断:结果显示量表各题(项)能让受试者接受,提高作答动机与合作意愿,具有"表面效度";而且,各题项对人力资源危机具有高度代表性,并能切实地涵盖各衡量维度内涵,具有"内容效度"。

问卷中的问题项目参考了以往研究中的有关调查问卷,并与有经验的实习老师共同进行了分析探讨。在问卷初测的基础上进一步分析删改,逐项审定形成了 20 条问题项目。选取实习薪水、招聘机制、胜任能力要求、实习管理模式、对待态度和学校实习要求等6项进行测量。

5 实习中存在的问题

调查问卷结果显示，实习的前期、中期、后期都存在诸多的问题。

5.1 实习前期

5.1.1 学生缺乏对《实习大纲》的了解

对旅游管理专业实习前期的调查研究显示，35.51%的学生不了解《实习大纲》(见图1)。由于学生没能全面了解《实习大纲》的内容，不清楚实习的性质、目的及任务，不知道实习教学的基本要求，学生对实习有抵触心理，应付事儿的心态较重，往往为了完成实习任务而去实习；缺少责任感和主动性，缺乏对实习高度的认识，没有抓住实习机会增强理论学习效果的主动性、积极性，实习目的难以实现。这是实习效果不好的原因之一。

5.1.2 学生对实习的认识存在偏差

30.84%的学生认为实习是毕业的必须要件之一，是学校的硬性规定，以完成任务为导向，没有认识到实习对自身能力提升的重要意义。1.87%的学生认为可以随心所欲，不再受学校的约束和管理(见图2)。

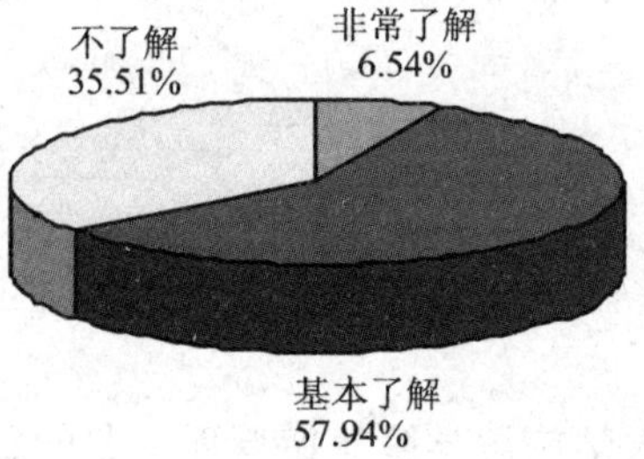

图1 学生对《实习大纲》的了解程度

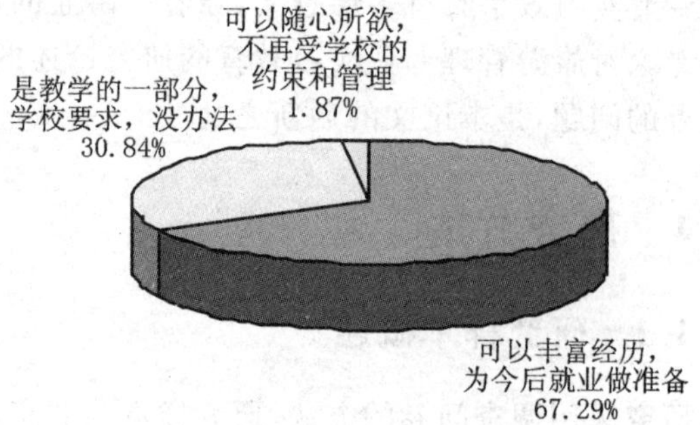

图2 学生对实习的认识

由于部分学生对实习缺乏整体认识，在实习前，学校没有系统地对即将实习的学生进行实习的基本知识、实习心态、实习素质及目标岗位的专业技能培训。一部分学生对实习工作的实际情况与实习生实习前的期望往往存在着或多或少的差异，实习生到旅游企业实习毕竟要从基层做起，心理落差很大，有些学生认为，实习是去学知识，不应该让他们做普通员工做的工作；在他们看来，让他们做一些企业中最底层的工作，是把他们当廉价的劳动力使用，因此对实习失去了兴趣和热情，最终导致以一种消极的态度来完成实习任务。

5.1.3 学生缺乏对实习单位的深入了解

24.30%的学生在实习前对实习单位一点都不了解(见图3)。由于学生在实习前没能去实习单位参观，学校也没有深入了解实习单位的情况，没有严格审核实习单位的资质，学生不能对实习单位的真实情况有一个较为全面的了

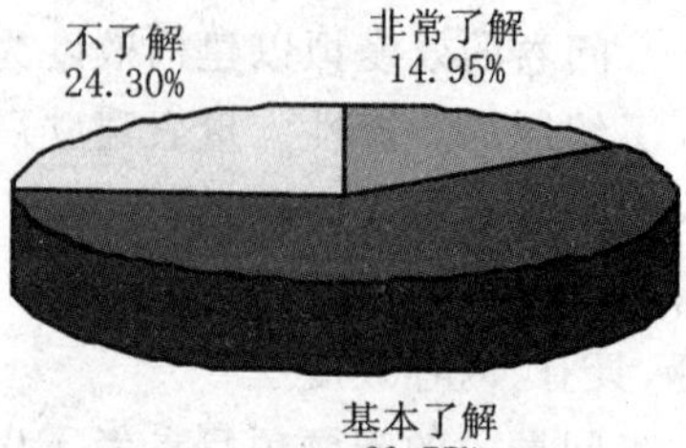

图3 学生对实习单位的了解程度

解,学生到实习单位实习后,在对实习单位的认识方面与自己的想象差距较大,学生对实习工作难以产生激情,实习热情不高,从而实习质量也很难保证。

由此看来,实习前,学生对《实习大纲》了解不到位,对实习的认识不全面。对实习单位的不了解,这些都是影响实习效果不佳的原因。

5.2 实习中期

5.2.1 教师缺乏对实习的监管

在调查结果中显示,相当部分的学生在实习期间与班主任联系、谈心较少(见图4)。有些同学反映实习期间遇到问题打电话给教师,教师总是不接学生的电话,让学生感到遇到问题时不知所措、呼救无援,逐渐开始愈发以消极、被动的态度对待实习。

可以说,班主任在实习期间的作用不能忽视,如果班主任可以定期联系学生并与其进行有效沟通,了解学生近期的实习状况,帮助学生调整心态,做好角色的转换,尽快拉近理想与现实的差距,慢慢消除学生对实习工作不适应而产生的抵触情绪,那么可使学生更好、更早地融入到实习中去。同时,班主任可以给予学生一定的指导和启发,鼓励学生从实习中发现问题,提出各种自己的建议和假设,为毕业论文做好准备。

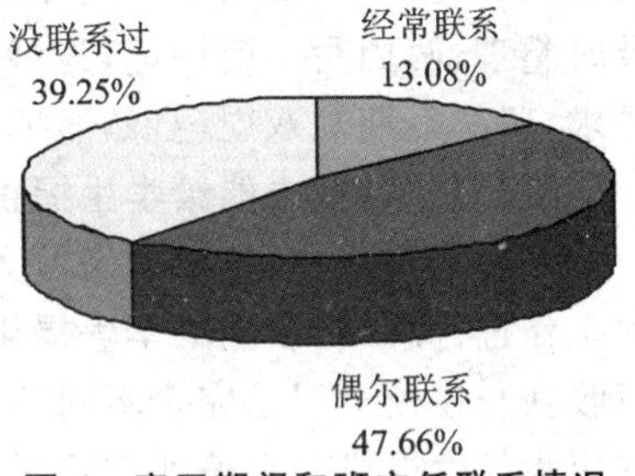

图4 实习期间和班主任联系情况

5.2.2 企业追求的目标与学生实习的目标错位

只有18.69%的实习单位严格按照协议要求安排实习时间及实习内容(见图5)。由于企业追求的主要目标与学生实习目标的错位,实习单位并没有严格按照与学校签订的《实习协议》安排实习时间及实习内容,往往是把学生当成廉价的劳动力来使用,让学生心理上产生了被剥削的感觉。而学生通常认为自己是接受过高等教育的,去实习是想多学些实际操作能力,但最终收益不多,更多的是在实习单位做打杂的工作。

5.2.3 实习单位对实习生的热情不高

只有21.50%的学生对实习单位非常满意(见图6)。为了达到利润最大化,虽然大多数旅游企业都愿意招聘实习生,但只对实习生进行简单的岗位技能培训,大多是给实习生安排一些打杂的工作。大多是固定的岗位,而且不会轮换工作岗位,更不愿对学生进行管理能力的开发。旅游企业往往也会担心实习生会打乱正常的工作秩序,进而对实习生热情不高,态度一般,没有针对实习生的管理模式,把对实习生的管理寄托于学校。

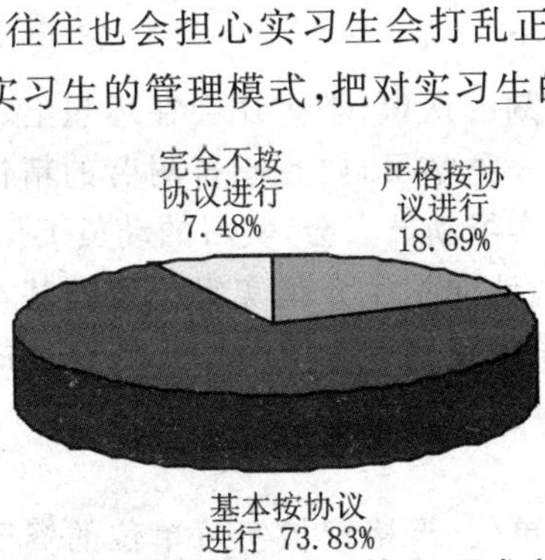

图5 实习单位是否按照《实习协议》要求安排实习时间及实习内容

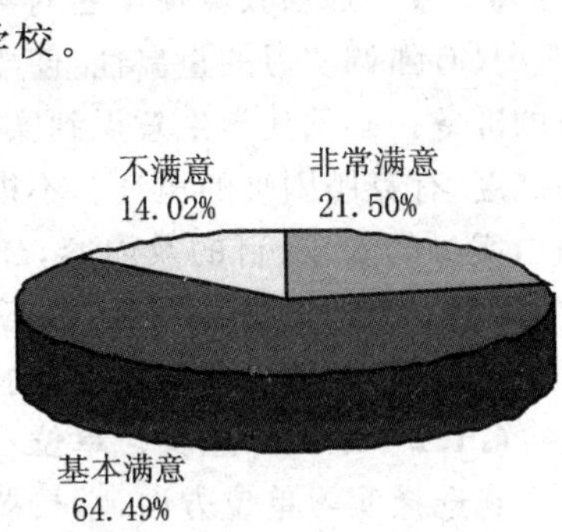

图6 对实习单位的满意程度

5.3 实习后期

5.3.1 实习成绩考核方式不全面

学生普遍认为成绩的考核方式基本合理,但是不全面,尚待改进。面对一群形态各异的未来旅游工作者,学校的考核方式应该与时俱进,不断思索如何采用不同的方法。

例如,实习单位要写实习鉴定,往往实习单位对实习生表现的实习鉴定意见都不够全面,不够规范,学校很难成为考核依据。完善的实习成绩考核方式是专业实习教学的重要组成部分之一,实习成绩反映了每个学生实习效果的好坏。

5.3.2 学生一次性递交实习双周记存在弊端

实习双周记是用来督促学生在实习期间更好地完成实习任务,把实习中遇到的困难、获得的收获,以及实习期间心理的变化记录在周记里。在实习过程中,学生必须做好实习笔记,并及时整理,两周写一篇周记,为撰写实习报告积累素材。许多同学往往不能按照实习双周记的要求,坚持定期写双周记,然而把实习双周记攒到实习结束后补写,"双周记"几乎流于形式。

5.3.3 学校未能给学生提供实习后的交流平台

实习结束后,学校根据实习大纲组织召开实习总结会,但是在这类会上,仅仅由学校对实习工作进行总结,没能给学生提供实习交流的机会。学生在实习中的学习环境、学习过程、学习收获与在校学习是完全不同的,每个学生的实习心得和收获都有所不同。在实习结束后,学校应为学生提供一个彼此进行交流的平台,以实习总结、报告座谈会的形式将实习的过程进行总结,让每个学生都谈谈自己的实习感想,充分利用实习成果,达到相互学习的目的。

5.3.4 学校缺少对实习单位的考核评估

学校缺少实习后对实习单位的考核评估。从某种意义上说,学生是学校的财富,学生实习后,对实习单位的了解程度,实习单位需要什么样的旅游人才,学生会比学校更了解。学校根据和企业签订的《实习协议》,考核其履行合同的能力,综合实地考察、实习报告、学生反应,乃至学生家长意见,对实习单位作出评估。对实习单位的考核评估是学校选择实习单位的重要参考依据之一,考核结果反映了各个实习单位受实习生欢迎的程度及该单位的综合管理水平。

6 提高实习效果的建议措施

6.1 实习前期

6.1.1 加强教育使学生对实习有深刻的认识

只有强调实习的重要性,使学生对实习有深刻的认识,学生才会在思想上、心理上做好充分的准备。必须让学生意识到实习是一种锻炼、一种学习,要有吃苦耐劳的精神,有虚心学习的态度,有克服困难的勇气。不能只依赖开一次实习动员大会,实习的动员工作不仅要使学生明白实习的要求、目的及内容,还要详细地、客观地向学生介绍实习单位的基本情况、实习条件,让学生深入了解实习单位的实际情况,帮助学生正确预见实习中可能存在的各种困难,做好角色调整,降低心理落差,调动学生的实习积极性。

6.1.2 认真筛选实习单位

在选择实习单位方面,学校要深入了解实习单位,严格审核实习单位的资质,实习前组织学生去实习单位参观,让学生了解实习单位的真实情况。学校还要做好和实习单位的沟通工作,选择具有先进设备、科学管理经验、优质服务、良好信誉、企业氛围浓厚的实习单位。要选择那些可以为学生提供临时项目(例如:营销方案、公关策划等)和那些可以按照《实习协议》要求安排实习,愿意开发学生管理能力,愿意实行岗位轮换的实习单位。

6.2 实习中期

6.2.1 建立实习的信息反馈系统

目前,存在着实习管理体制不健全,实习过程中缺少严格监督机制的情形。实习的教学工作要根据用人单位对人才需要的变化不断调整,建立一个由学生、实习单位学生实习指导人员、校内实习指导教师组成的信息反馈渠道,采用网上与实习生信息交流、远程监控的实习管理模式。学生接触社会后,便分散于各个实习单位,学校随时了解实习生的情况非常困难。通过电子邮件、MSN、QQ 等将学校的相关情况及时告知实习生,并要求实习生、实习单位也采取上述网络手段及时反馈,使学校及时了解学生实习工作和日常生活,保持与实习单位学生指导人员的定期沟通,及时了解学生在实习单位的工作情况,加强校企合作与沟通。

6.2.2 加强教师队伍建设

实习是学生从学校走向社会的过渡阶段,由于所在的实习单位与学校的管理模式完全不同,学生的心态会十分复杂和矛盾,比如,在实习中可能会出现人际交往不适应,遇到问题不知如何处理,等等。因此,紧张、厌恶情绪可能会不断加剧,心理失衡导致产生挫折感。从某种程度上可以说,学生对实习的兴趣丧失在于教师未能及时发现和正确引导学生的思想问题,没有及时给予学生心理上的有效辅导。教师应帮助学生从心理上做好角色的转换。这是一项十分重要的心理辅导任务,通过有效的心理辅导使学生以良好的心态投入实习,提升学生对旅游相关工作的热情和信心,使学生通过实习来印证已学的理论,以“学以致用”为目标在实习的实践中检验自己的知识水平、工作能力,得到实现自身价值的一种体验。

6.2.3 加强对实习双周记的检查

针对大量存在的突击完成实习“双周记”情形。班主任一方面应加强正确引导,提高学生的认识,使学生端正撰写“双周记”的态度;另一方面,可以要求学生定期通过电子邮件发送,及时递交实习“双周记”,予以督促检查,定期给出成绩。由此,教师既可以及时了解学生实习情况,又可以杜绝有些同学等到实习结束后才赶忙补写实习“双周记”,使其流于形式的现象。同时,要求实习单位学生指导人员利用“双周记”给实习生以及时的评价,教师保持与实习单位学生指导人员定期沟通,及时了解学生在实习单位的工作情况。这样学生在实习中遇到的问题就可以及时得到指导、解决,从而最终达到提高实习效果的目的。

6.3 实习后期

6.3.1 建立完善的考核评定标准

采用各种各样的考核方式对学生实习效果进行综合评定,使考核评定标准更科学更规范,调动学生积极性,鼓励学生在实习过程中提出问题、分析问题、解决问题,提高实习报告和实习“双周记”的质量。通过综合测评,最终评选出优秀实习报告、优秀实习“双周记”、优秀实习生。

根据旅游管理专业的特点,完善专业《实习大纲》,更好地指导学生进行更高层次的实习,制定切实可行的学生实习管理手册,加强实习的全过程管理和反馈,采用灵活、科学的考核评定标准,对实习活动的全过程进行综合考评。量化考核也是非常必要的,对实现专业培养目标有着积极的意义。

(1) 实习单位对学生实习成绩考核方式

实习单位的实习鉴定，可以采取评语加实习表现打分的考核方式，按实习考核的标准把实习表现规范成若干个子项目。考核时，企业主管人员只需在"实习单位对实习生实习表现考核表"(见表1)的每个子项目相应的分数上打"√"，然后把各子项目的分数汇总，结合评语最终得到实习鉴定的成绩。

表1 实习单位对实习生实习表现考核表

序号	考核项目	序号	考核项目
1	出勤情况	8	判断力与适应能力
2	工作主动性及积极性	9	协调沟通能力
3	工作责任心	10	合作性
4	工作质量	11	创造力与进取能力
5	工作效率	12	品德言行，礼仪礼貌
6	业务知识与技能	13	单位对实习生的满意程度
7	解决问题的能力		

"实习单位对实习生实习表现考核表"是研究者研读了人力资源管理方面的有关员工绩效考核评价方法的专著，参考了现代企业管理中人力资源管理的相关员工评价体系、评价指标，深入分析实习生在实习单位的"准员工"的特殊身份特点，设计、编制的。该考核表，按100分设置，由13个考核的子项目组成，分别按5或10的分数级差设定评价，可以比较全面、较精细地量化考核实习生的职业道德、工作态度、能力水平等。其考核结果可以给出一定的量化反映。

(2) 学生对实习单位的考核方式

本人认为，学生对实习单位的考核方式可采用分等级分项的方式，让学生填写"学生对实习单位考核表"(见表2)，实习生只需在"学生对实习单位考核表"的每个子项目相应的分数上"√"，然后把各子项目的分数汇总，并以此作为学校是否将其列为实习基地，建立长期合作关系的主要依据。

表2 学生对实习单位考核表

序 号	考核项目	序 号	考核项目
1	实习单位名称(请写出)	7	严格按照《实习协议》安排实习时间及内容
2	实习部门及岗位(请写出)	8	实习单位对实习生态度好
3	管理严格正规	9	实习单位对实习生的管理模式满意程度
4	客源充足、稳定	10	能够全面锻炼专业技能
5	工作环境好	11	锻炼了解决问题的能力
6	企业文化氛围浓	12	你对实习单位的满意程度

"学生对实习单位考核表"是研究者研读了现代企业管理方面的有关企业评价方法的专著，参考了现代企业、集团企业对所辖企业评价体系、评价指标，以及有关如何选择实习单位相关文章等，特别是在广泛地与实习生座谈、沟通，广泛了解实习生的想法、意见，深入分析众多学生在不同实习单位的实习效果的基础上设计、编制的。该考核表，按100分设置，由10个考核的子项目组成，分别按10的分数级差设定评价，可以比较全面、精细地量化考核实习单位的

管理水平、工作环境、企业文化、对待实习生的态度等。其考核结果可以以分数的形式予以量化反映。

6.3.2 实习后的交流是实习总结的重要环节

实习结束后,应引导学生及时做好实习总结工作,以班为单位,组织学生开展实习交流座谈,让学生各自介绍实习的情况,交流对实习的心得体会,介绍实习单位的经营管理情况,以及在实习期间遇到的问题及解决问题的途径。通过上述总结活动,学校可以从中归集出一些典型的实习成功案例,同时,通过对学生实习中表现、反映出来的各种问题进行分析,为今后的实习指导提供可靠的依据。通过总结交流座谈会,学生也可以了解到其他企业及其他工作岗位的情况,使学生达到互相学习、彼此分享实习成果的目的,使实习效果进一步提升。

6.3.3 建立与实习单位合作的长效机制

加大实习投入,建立与实习单位合作的长效机制。实习单位往往处于市场经济的最前沿,对社会发展所需的人才素质、规格要求反映最直接、最灵敏,可以为教育提供最直接的信息资源。学习可以与实习单位合作,共同培养实习单位所需要的人才,为实习单位提供带来效益的实习生。鼓励实习生结合实习单位经营管理模式进行实习,将所学理论运用到实习单位的实践中去,从服务实习向管理实习发展,培养学生管理意识,锻炼其管理能力。

7 结 论

总之,旅游专业实习教学的研究还在发展阶段,实习效果存在着许多不如人意的地方。在旅游业日趋激烈的竞争中,旅游行业需要的是具有充实的旅游专业知识及高水平管理能力的人才。

因此,旅游教育应注重培养学生的综合能力、协调沟通能力、实践操作能力。在办学方针上,注重理论学习与实际操作的有机结合;在师资方面,寻求学术水平与商业经历的真正融通;从而,培养出具有旅游管理基本理论、基本知识和基本技能的复合型专门人才。

本文尝试为实习前期、中期、后期的每一个环节提供有效的控制管理措施,旨在达到合理提升实习效果的目的,为今后的旅游管理专业实习教学的研究,起到理论支持与帮助的作用,为旅游管理专业实习教学的进一步改革提供有价值的参考。

参考文献

[1] 钟秉林. 全社会都关心大学生实习[N]. 中国教育报,2001-08-17.
[2] 邓爱民. 关于"三结合"旅游教育体系研究[J]. 桂林旅游高等专科学校学报,1999,10(2):66-70.
[3] 黄绍平. 近十年来国内酒店实习问题研究述评[J]. 桂林旅游高等专科学校学报,2007,2.
[4] 古壁慎,刘怡君,黄向. 台湾旅游专业大学生实习的期望与评估研究[J]. 旅游学刊,2006,4.
[5] 陈卫东. 在生活中培养儿童的良好习惯——陶行知论习惯[EB/OL]. http://www.cycnet.com/cycrc/goodcus/06.htm.
[6] 侯国林. 高校旅游管理专业实习模式反思与创新[J]. 旅游学刊,2004.
[7] 刘平. 从顶岗实习谈学生综合素质的培养[J]. 职教论坛,2004(2):52.

借鉴国外经验强化应用型本科教育实践教学改革
——以旅游学科酒店管理专业为例

李春颖*

摘　要：应用型本科教育是我国本科教育的重要类别和发展方向，应用型人才培养的关键是实践教学环节。本文探讨了应用型本科教育实践教学的主要内涵，在借鉴爱尔兰香侬酒店管理学院实践教学经验的基础上，针对当前酒店管理专业应用型本科教育实践教学中存在的突出问题，提出一些改革思路与建议。

关键词：应用型本科教育、实践教学、酒店管理、比较研究

我国从1992年起就正式开始了教学体制上的重大改革，高等教育经历了十几年的高速发展已经跨入了国际公认的大众化发展阶段，能不能在量的扩张同时提高人才培养的质量已经成为衡量教学改革成败的关键。实践教学作为高等教育不可缺少的一个组成部分，在高校的人才培养过程中起到了不可替代的作用。实践教学方式、方法是否合理在一定程度上关系到人才培养工作的成败。酒店行业是实践性和操作性很强的行业，它对学生的专业技能要求非常高，既要求从业人员有一定的理论基础，又要有实际操作和实施科学管理的能力；因此，酒店管理专业实践教学是使学生掌握专业技能不容替代的环节，也是应用型酒店管理本科教育的重要目标，在整个教学体系中占有十分重要的地位和作用。

1　应用型本科教育实践教学的主要内涵

1.1　应用型本科教育的含义

应用型本科教育，从字面来看，即为培养高层次应用型人才的本科教育。首先，应用型本科教育培养的是应用型人才。应用型大学的人才培养模式应以就业为导向，融学术、技术和职业为一体，以培养“复合型、应用型人才”[1]为出发点，培养在知识、能力、素质结构上体现“基础扎实、知识面宽、应用能力强、综合素质高、具有较强的创新精神”[2]的人才。培养的学生在毕业后主要到生产、建设、管理、服务的一线岗位工作，并能尽快适应工作要求，体现学校与就业的无缝衔接。

其次，应用型本科教育的教育层次是本科教育。在我国，高职高专最早把培养目标指向应用型人才，但培养应用型人才的本科教育与专科教育是存在区别的。在教学计划的专业智能难度上，应用型人才的本科教育比专科教育的要求更难。我国高等教育法规定，专科教育应当

* 李春颖，北京联合大学旅游学院酒店管理系，讲师。

使学生掌握本专业必备的基础理论、专门知识，具有从事本专业实际工作的基本技能和初步能力；本科教育应当使学生比较系统地掌握本学科、专业必需的基础理论、基本知识，掌握本专业必要的基本技能、方法和相关知识，具有从事本专业实际工作和研究工作的初步能力。在教育计划的专业智能复杂程度上，应用型人才的本科教育比专科教育的要求更复杂。[3]

1.2 实践教学的内涵

实践教学是根据认识的本质和规律、实践的特点和作用以及教学的目的和要求而开展的实践活动。实践教学的主体是教师和学生，客体是教学内容和对象，包括自然对象、社会对象和精神对象。实践教学的主要形式有科学实验、模拟、观摩、考察、访问、讨沦、演讲、作业、练习等。实践教学有狭义和广义之分。狭义的实践教学是教学中的一个特定环节，围绕某一专题、利用一定手段组织的一次实践活动。广义的实践教学，应该是贯穿于整个教学过程中的、由教学主体主动参与，为传承知识、发展能力、探索创新而开展的一切实践活动，即按照实践活动特性规律组织教学就是实践教学[3]。目前，应用型酒店管理本科的实践教学体系主要由实践课程、集中实践教学、毕业实习、毕业设计（论文）、社会实践、社会调查及课外科技活动等环节组成。

1.3 实践教学在应用型本科教育中的重要作用

1.3.1 实践教学是应用型本科教育的重要组成部分

教学活动根据特点分为两类：理论教学和实践教学。理论教学侧重传授前人研究的概念、理论、规律等，实践教学则侧重将理论付诸实践、进行实地调查研究或学习实操技能等。实践教学与理论教学共同构成高等教育的有机体，二者互为补充、相互促进，共同完成高等教育的培养目标。酒店管理专业不仅要求学生学习管理思想和方法，同时也要求学生掌握酒店服务的基本技能，因此，实践教学是酒店管理专业本科课程体系的重要组成部分。

1.3.2 实践教学是激发学生创造力的源泉

创新能力的基础是实践能力。学生通过实地调查研究、实际工作经验而发现问题，并结合理论知识来思考问题、解决问题。这既是一个推陈出新的过程，也是学生创新精神得以实现并为社会创造价值的过程。

1.3.3 实践教学是学生由学校进入社会的桥梁

学以致用，学习最终的目的在于实践，教育的目的之一也是培养合格的社会劳动者。避免教育与社会、与学生就业脱节是当前社会关注的重要问题。而良好的实践教学设计可以帮助学生完成好由学生到员工角色的转换，为学生进入社会创造条件。酒店行业有特殊性，酒店的员工一般要从一线做起，掌握服务基本技能的员工能够更好地胜任管理者的角色，因此与服务技能相关的实践教学对于酒店管理专业教学来说就更为重要。

2 当前应用型本科教育实践教学存在的主要问题

2.1 实践教学与理论教学缺乏良好配合

传统的教学体系以理论学习为导向，实践教学环节是为理论教学服务的，理论课程和实践课程没有得到很好的整合，而是各成体系，相互独立，基本上都是先上理论课，再上实践课。由于学生缺乏感性认识，容易造成理论知识的空泛，无法使学生真正地掌握专业知识，不能通过实践过程将其内化为能力。

2.2 实践教学体系不完善

实践教学设计缺乏系统性、整体性和连续性。前期课程实践和集中实践多以简单参观、讲解和试做为主，与毕业实习差距较大，导致很多学生难以接受酒店实习的劳动强度而不愿在酒店行业择业。实践教学的规划、管理、评价等方面也还不够完善。

2.3 应用型本科教育实践教学定位不清

应用型本科教育实践教学定位不清主要表现在两方面：对本科实践教育和高职高专实践教育的区别界定比较模糊；对培养应用型人才和研究型人才的实践教学的划分不够清晰。具体体现在应用型本科教育与高职高专和研究型本科教育的实践教学在实践教学内容、实践教学在教学计划中所占比例、实践教学形式、毕业实习时间和岗位等方面有何差异，定位是否明确且有科学依据。

2.4 实践教学内容不全面

一个合格的劳动者不仅是具备技能的劳动者，同时也应是具备高素质的劳动者。目前，教学计划中一般都有素质教育课程，但工作实践才是学生职业素质、人格素养的养成关键期。因此，不能将实践教学等同于技能训练，必须重视实践教学中学生职业素质培养的问题。

此外，实践教学的师资、评价及设施设备等方面也还存在各种问题。实践教学改革任重道远。

3 国外应用型本科教育实践教学成功经验介绍

2013 年，笔者前往爱尔兰香侬酒店管理学院进行考察，全面了解香侬酒店管理学院在实践教学方面的努力及其所形成的完善的实践教学体系。爱尔兰香侬酒店管理学院以应用型本科教育为主，其酒店管理专业在世界上名列前茅。

香侬酒店管理学院遵循独特的教育方式，认为优秀的酒店管理专业毕业生应同时具备现场操作、现场指导以及培训管理等几方面的能力，同时也强调学生应对产品知识、商业沟通技巧以及外国语言等几个方面熟练掌握。这一教育思路与世界上其他一流酒店管理学院的思路不谋而合。香侬酒店管理学院实践教学体系的特殊之处主要体现在实习时间、课程设置、师资要求和设施支持四个方面。

3.1 实习时间

香侬酒店管理学院最为闻名的就是其对实践教学的重视。一般酒店管理本科学制为四年，欧洲有些酒店管理学院学制为三年，而香侬酒店管理学院的学制是五年。其中，香侬酒店管理学院有完整的两年时间为酒店实践，且大学一年级还有很多校内的实操课程，如此多的实习时间保证了学生对实际操作技能的熟悉。

香侬将学生的培养目标定位在酒店的经营者和管理者，但他们同时也坚信，没有经过基层锻炼、不能够熟练掌握一线服务技能的人是不了解酒店行业的，自然也无法成为一名优秀的管理者。因此，香侬酒店管理学院的学生都能够熟练地进行客房服务、餐饮服务，甚至还对厨房了如指掌，能做出美味的菜品。例如，为酒店管理专业学生开设专业的烹饪实操课程，这在一般酒店管理院校中较为少见。香侬的这一做法同样来源于他们的理念，即学生学习厨房知识和烹饪技术并不是要成为厨师，而是为成为一名优秀的餐厅经理做准备。香侬学生的实习时间与国内高校的另一点不同是，学生在大二即进行校外酒店工作实践，让学生尽早了解酒店工作过程中实际需要的知识，以便更有针对性地进行后续课程的学习。

3.2 课程设置

香侬酒店管理学院的课程设置围绕其教学理念展开，突出实践教学，主要特点可以概括为实用、全面、有特点，主要课程可以分为基础类课程、实践类课程和理论类课程。

一年级开设的基础课程包括信息系统、语言、会计、管理学原理、商务沟通和经济学。除这些课程之外，一年级学生还有一项重要的学习任务，就是带有实操学时的酒店基础课程，包括客房服务、餐饮服务和烹饪。以客房服务为例，香侬酒店管理学院毗邻香侬国际机场，学院附近就有一家机场饭店 Park Inn，学生在上“客房服务”课程时，一方面老师会在课堂上讲授大量与酒店客房服务关系密切的知识，另一方面会带学生到 Park Inn 酒店进行真实场景的训练，同时学生在这门课上还须承担教室和部分公共区域卫生清洁工作，就像酒店客房部的 PA 工作。这样学生通过客房服务课程就基本掌握了酒店客房工作的流程、技术和要领，为大二到酒店工作打下良好基础。

有了一年级基础课和实操课的训练，二年级时学生就要到酒店从事真正的工作。这样的课程安排有四个好处：第一，因为第二年有应用知识的实际需要，所以学生会用心学习第一年的课程；第二，学生学到知识后就能应用于实际，既加深印象，又在实践中检验了所学知识；第三，在实践后学生会了解自身对所学知识的欠缺之处，激发学习兴趣，在三年级回到学校之后有针对性地进行学习，也保证了学生对三、四年级课程的兴趣；第四，实习之后，学生通常会更加成熟，明白学习机会的难得，学习态度更加端正，同时，学生获得实际工作经验后，对高年级课程更容易理解，使知识的传授更有效率。

香侬酒店管理学院在三、四年级时设置难度较高的酒店管理理论课程，如战略管理、市场营销、人力资源管理、财务管理、接待业及商业法规、服务营销原理、研究方法等。让学生受到系统、全面的酒店管理专业课程培训，同时也为培养酒店高级管理者奠定知识基础。在香侬酒店管理学院的最后一年，学生可以选择实习（视为工作经验），也可选择申请读研究生。纵观香侬的课程设置，可以得出这样的结论，课堂教学与实践教学相辅相成、互相促进，使学生可在学习过程中获得更大收获。

3.3 师资要求

香侬酒店管理学院的专业教师都来自酒店业界，有着十几年的酒店管理经验或曾担任酒店经理等高级管理职位。他们了解酒店行业，既懂得一线工作技能，又具有良好的管理经验。因此，香侬酒店管理学院的教师在上课时能够和学生进行良性互动，以自己的专业知识吸引学生。

3.4 设施支持

香依酒店管理学院虽然规模较小，但用于实践教学的客房、餐厅、厨房、茶歇区、公共区等硬件设施设备齐全。特别是学院的厨房设施设备齐全、清洁卫生、管理有序、原材料供应有保障。在香依酒店管理学院，实习客房本身就是实际运营的酒店，实习厨房可以为全校一百多学生提供餐饮，实习餐厅可以对外营业。用于实践教学的设施设备不仅齐全，而且教学用设施设备接近真实酒店经营情况，实战程度高，学生通过实践教学能更好地了解行业的真实情况。

香依酒店管理学院的毕业生具有更好的竞争力。从 1990 年至 1995 年毕业的所有的毕业生，现在 100％都已经做到了经理职位。进一步的调查显示，香依酒店管理学院的毕业生能够比其他同类学院的毕业生得到更高的薪水，从而使得该学院跻入全球最佳酒店管理学院的行列。这些在很大程度上都得益于其良好的实践教学体系。

4 应用型本科教育实践教学改革思路

传统实践教学内容在长期的教育实践过程中，曾发挥了非常重要的作用，但长期以来，在“高等学校应以理论教学为主，实践教学为辅；理论教学体现了学术性，实践教学是理论教学的一个环节、一个补充”等思想观念的指导下，实践教学未能摆到应有的位置。随着社会进步和高等教育的发展，改革传统的教育内容已是大势所趋。

4.1 实践教学课程建设思路

应用型本科教育既不能以纯操作技能训练为主，轻视理论知识的传授而降低本科教育要求，也不能过于理论化、学术化，避免使学生因缺乏基本操作技能的学习而难以深入服务一线。在均衡理论课与实践课程设置的同时还应增强理论课程与实践课程的关联度，调整课程设置和结构，突出应用、实用的特点，根据学生认识规律安排课程，理论学习与实践教学交替进行，达到理论不空洞、实践有指导的目的。理顺实践教学体系，将实践教学贯穿于整个本科教学过程，使之具有系统性、连贯性和衔接性。

4.2 实践教学师资建设思路

无论是香依酒店管理学院还是洛桑酒店管理学院，在师资队伍方面普遍重视聘用来自酒店的教师。洛桑酒店管理学院有条文规定，学校聘请教师的必备条件是要有经营酒店的经历，有丰富的行业经验，不少人甚至担任过总经理等高级职务。为了使教师教学结合实际，学校一方面鼓励教师一专多能，允许教师在企业担任一定的职务，甚至学校还主动向企业推荐他们担任兼职顾问。学校还规定，教师不能持续几年一直留校，每隔三五年，要回到企业里去，以不断丰富自己的经营信息，从而不断更新学校的教学内容，提高教学质量。这样周而复始，教师不脱离经营管理实践，教学始终与行业接轨，保证了“洛桑模式”的生命力。[5]我国目前教师聘任方面的一些规定限制了行业人员流入教师队伍，但是，对没有酒店行业从业经验的教师也可在入职后加强酒店行业培训，制定系统接触行业计划，使教师能够深入酒店一线，了解业内最新发展动态，充实教学内容，向学生传授最新、最有价值的专业知识。

4.3 实践教学设施建设思路

实践教学设施建设包括校内外实践教学基地。校内实践教学基地主要指模拟实验室，以酒店行业科技和社会发展的先进技术为依托，以实践教学实际需要为依据，形成仿真职业环境，完成不同实践教学任务。除模拟实验室外，为使实践教学在更真实的环境下进行，充分调动学生的兴趣和积极性，还可利用学校公用设施，如食堂、办公楼等场地，以其他同学或老师为服务对象进行实践教学。校外实践教学基地主要指通过校企合作建立的产、学、研基地。在使用校外实践基地过程中，应注意避免学生成为廉价劳动力的无教学目标性实践，应充分利用产、学、研资源，使学生熟悉酒店工作，培养职业道德，在实践中应用、检验所学知识，并获得新的学习动力。

应用型本科教育的培养目标是，培养既掌握一定理论知识又具有较强实践动手能力的应用型人才。实践教学在应用型本科教学体系中的地位日益重要，如何使实践教学改革实现学校、学生、行业、社会等各方利益的共赢是需要继续研究的重要议题。

参考文献

[1] 泰宣文.质量立校　人才强校　科研兴校[N].中国教育报，2004-06-22.

[2] 陈世魁.根植沃土　新芽绽放[N].中国教育报，2004-06-22.

[3] 司淑梅.应用型本科教育实践教学体系研究[D].长春：东北师范大学，2006:3,5.

[4] 刘伏英."洛桑模式"对我国高校酒店管理专业教学的启示[J].中国高教研究，2005(8).

旅游管理专业毕业实习:现状、问题与对策

——基于旅游学院旅游管理系 2013 届毕业生实习的调查分析[①]

李海英[②]

摘　要: 教学实习一直是毕业实习时学生理论联系实际、培养职业能力的重要阶段。为了提升高等职业旅游教育与能力,搭建教学与就业的平台,加强对实习生的管理,提高毕业实习效果,我们对 2013 届结束实习的学生进行了问卷调查。通过描述统计、相关分析、因子分析,结果显示:56.7%的学生对实习单位表示满意;52.0%的学生对学校的实习管理工作表示满意;79.8%的学生表示实习对就业有帮助。实习中存在的问题主要是:课堂教学与企业实际有一定差距;指导课程应加强专业知识与专业技能在工作中的相关运用;增加实操课、就业指导和实习单位的选择范围等。通过调查,认识到工作中的成绩和存在的问题,为今后做好实习管理工作以及学校的教学、教改提供了可靠的依据。研究结果对旅游高等院校的学生专业教育指导具有积极的理论意义。

关键词: 旅游管理专业、毕业生实习、调查分析

1　问题提出

作为旅游类院校旅游管理专业,实习是学生理论联系实际、培养独立工作能力的重要阶段,也是培养技能型、创新型人才的关键环节。随着旅游事业的蓬勃发展,旅游类学校的招生规模逐年扩大,这给学校带来了良好的发展机遇,同时也给教学、管理及毕业实习带来了巨大的压力。为全面了解我校实习生对实习管理工作的评价、在校期间所学理论和操作技能在实习中的运用情况及实习中存在的问题,我们运用自己设计的"2013 届毕业实习生调查问卷"对已完成了毕业实习的学生进行问卷调查,旨在为今后的毕业实习工作及教学工作提供必要的参考依据。

为了提升高等职业旅游教育与能力,搭建教学与就业的平台,教学实习一直是重要但容易被忽视的一项主要课程。本研究力图通过调查问卷的形式,广泛收集已经上过教学实习课和经历过实习的应届毕业生的意见和建议,深入分析和探讨怎样搭建教学平台,并通过实习使学生尽快进入旅游行业,找到理想工作、融入社会,提炼旅游教育改革创新与实践经验,全面提升旅游教育水平。

从 2004 年统计的近十年的就业情况分析可知,毕业生的去向是多样的,到旅游相关行业就业的毕业生占就业总人数近三成,所占比重还是最大的(详见表 1)。

---

① 本文系北京联合大学 2013 年教育教学研究与改革项目"基于校企合作的旅游管理专业实践教学分段式考核评价模式研究"的阶段性成果。

② 李海英,北京联合大学旅游学院国际旅游系,实习研究员。

表 1 2004—2013 年就业情况

序 号	年 份	毕业生总数	旅游相关行业合计/%	其他/%	深造/%	就业率/%
1	2004	425	60	35	5	92
2	2005	418	39	57	4	98
3	2006	490	38	56	6	97
4	2007	536	31	64	5	99
5	2008	546	37	57	6	99
6	2009	496	26	68	6	99
7	2010	627	22	71	7	91
8	2011	735	33	56	11	92
9	2012	725	19	69	12	99
10	2013	669	23	66	11	99

2 研究方法

旅游管理系 2013 届结束实习的学生总数为 171 人，本次共发出问卷 164 份，收回有效问卷 104 份，占实习生总数的 60.8%。这些学生是由学校安排到实习单位实习，还有一些为自主实习或赴外地实习。本文只分析由学校安排的学生的实习情况。问卷包括选择题和问答题，只要有选项即视为有效问卷；采用不署名的方式进行调查，调查结果真实、可靠。

3 调查结果分析

有效调查问卷基本情况如下：女生占 76%，男生占 24%；本科占 55.8%，专科占 44.2%；北京生源占 85.6%，外阜占 14.4%。实习单位类别：旅行社 51.0%，酒店 10.6%，FESCO12.5%，其他公司 16.3%，留在学校实习 7.7%，缺失 1.9%。

具体统计结果如表 2 所列。

表 2 调查问卷及结果

题 号	题 目	选 项	总人数	n	选择情况/%
1	你对实习单位是否满意?	很满意	104	20	19.2
		满意		39	37.5
		一般		36	34.6
		较不满意		4	3.8
		不满意		5	4.8

续表 2

题号	题目	选项	总人数	n	选择情况/%
2	通过实习，你对专业技能的掌握程度是	熟练掌握	104	19	18.3
		较熟练掌握		38	36.5
		基本掌握		41	39.4
		不太掌握		5	4.8
		没有掌握		1	1.0
3	实习中你最希望与哪些教师沟通？(可多选)	班主任	104	35	33.7
		学校指定的实习指导教师		51	49.0
		就业指导教师		34	34.6
		专业任课教师		15	14.4
		其他		3	2.9
4	你对学校的实习管理工作是否满意？	很满意	104	7	6.7
		满意		45	43.3
		一般		41	39.4
		较不满意		8	7.7
		不满意		3	2.9
5	你认为实习单位对实习生的管理是否严格？	很严格	104	15	14.4
		较严格		48	46.2
		一般		37	35.6
		较不严格		2	1.9
		不严格		2	1.9
6	你认为在实习中的主要收获是(可多选)	人际沟通	104	64	61.5
		团队协作		62	59.6
		运用专业知识		35	33.7
		开阔视野		45	43.3
		掌握实用技能		40	38.5
		其他		3	2.9
7	你认为在你实习中存在的主要问题是(可多选)	课堂教学内容与实际工作脱节	104	40	38.5
		工作太劳累		28	26.9
		专业知识运用不上		37	35.6
		上班路远		19	18.3
		经常加班，回家晚		32	30.8
		工资低		39	37.5
		其他		2	1.9

续表 2

题 号	题 目	选 项	总人数	n	选择情况/%
8	在校所学的专业知识在实际中的运用情况	完全实用	103	3	2.9
		大部分能用上		19	18.4
		能用上一半		25	24.3
		少数能用上		42	40.8
		基本用不上		14	13.6
9	你的实习时间为	六个月	100	59	59.0
		四个月		41	41.0
10	你认为半年的实习时间是否合适?	太短	102	1	1.0
		较短		11	10.8
		合适		51	50.0
		较长		25	24.5
		太长		14	13.7
11	你认为以下实习指导课程哪个对实习有指导意义?(可多选)	企业高级管理层系列讲座	101	34	33.7
		已经毕业的学长介绍入行经验		62	61.4
		旅游学界教授的学术报告		17	16.8
12	你现在的工作单位是你的实习单位吗?	是	99	27	27.3
		否		72	72.7
13	如果没有实习,你觉得能找到就业单位吗?	不能	104	2	1.9
		可能有点帮助		37	35.6
		有帮助		29	27.9
		有较大帮助		15	14.4
		不用实习,能直接找到单位		21	20.2
14	你认为学校的实习管理工作哪些方面需要改进?(可多选)	实习指导课程设置	104	27	26.0
		实习单位的选择范围		70	67.3
		实习时间的长度		19	18.3
		实习指导教师的指导内容		19	18.3
		实习成绩的评定过程		9	8.7

3.1 学生与实习单位相互的评价

3.1.1 学生对实习单位的评价

学生对实习单位很满意的占 19.2%;满意的占 37.5%;认为一般的占 34.6%;较不满意及不满意的占 8.6%。也就是说,超过半数(56.7%)的学生对实习单位表示满意。

3.1.2 实习单位对学生的评价

从毕业生实习成绩(实习单位评分 60%,实习指导教师评分 40%)发现,实习单位考评成绩的最高分为 100 分,最低分为 50 分,平均数±标准差(M±SD)为 92.3±12.0 分;学校实习指导老师考评成绩最高分为 100 分,最低分为 30 分,M±SD 为 81.8±15.0 分。由结果可以看出，实习单位对实习生的评价为“优”的比例明显高于评价为“良”、“中”的比例。实习单位评分与毕业生实习成绩总评呈显著的正相关，Pearson 相关系数＝0.907**（**表示在.01 水平（双侧）上显著相关）。实习单位评价较高的原因主要有两方面：一是学生本身优秀，实习单位评价高；二是有一部分学生虽然表现一般，但实习单位或实习指导教师为不影响学生今后的就业和升学，在他们的实习鉴定中评价较高。

3.2 学生对实习管理工作的评价

3.2.1 学生对学校实习管理工作的评价

从本问卷 19 道选择题中筛选 7 道五点态度题进行因子分析适合度的检验结果中，KMO＝0.722。Bartlett 球形检验达到极其显著的水平，解析度为 57.35％，说明原变量之间具有明显的结构性和相关关系。根据 Kaiser 给出的 KMO 度量标准，这些变量可以进行因素分析。这一载荷矩阵比较好地反应出公共因子与原始变量之间的对应关系，详见表 3。对实习满意度使用主成分分析法，可以分出两组有效的因子：实习因子和就业因子。实习因子四个，依重要程度排序分别为：对实习管理工作是否满意、对实习单位是否满意、单位对实习生的管理严格程度、技能掌握程度。四个变量在实习因子上载荷比较高，分别为 0.838、0.757、0.748、0.735。就业因子两个，依重要程度排序分别为：没有实习能否找到就业单位和实习时间是否合适。前一个变量在就业因子上载荷比较高，为 0.801；后一个变量在就业因子上载荷为中等水平，为0.593。

表 3 对实习满意度的因子分析

实习项目满意度	实习因子	就业因子
对实习管理工作是否满意	0.838	
对实习单位是否满意	0.757	
单位对实习生的管理严格程度	0.748	
技能掌握程度	0.735	
在校所学专业知识的运用情况	0.485	0.179
没有实习能否找到就业单位		0.801
实习时间是否合适		0.593

分析结果说明，影响实习满意的主要成分是实习因素和就业因素，实习占主要地位。学生对实习满意度关乎到学校对实习的管理、学生对实习单位的满意度、单位对实习生的管理严格程度和自身技能的掌握程度。其中通过使用交叉列联分析表“对实习单位是否满意”与“对实习管理工作是否满意”的相关性研究，发现 phi 系数的值为 0.968，$p<0.01$。二者的相关性较高，但不能代表有一个好的实习单位就对实习管理非常满意，每个学生都会在学校、实习单位和自身学习情况上给出全面的评价。就业因素也会影响实习满意度，其中最重要的是如果“没有实习能否找到就业单位”。七项题目中只有“在校所学专业知识的运用情况”没有被提取到主成分中（变量“在校所学专业知识的运用情况”的实习因子载荷为 0.485，属中等以下；就业因子载荷为 0.179，载荷较低，不能对两个因子做出很好的解释）。说明在校所学专业知识在实习中没有被充分利用。从表 2 的分析中可以发现，54.4％的学生反映在校所学专业知识在实习中很少或基本用不上。详细分析参见本文 3.3.2 小节。

选择对学校实习管理工作满意的占 50.0％；认为学校实习管理工作一般的占 39.4％；对实习工作不满意和较不满意的占 10.6％。

学校的实习工作是由系领导分管教学的领导、系党总支书记、系分管实习分配的老师及指定的实习指导老师共同负责的。实习前为学生召开实习动员会，讲清了实习管理制度及各种管理条例，每个实习单位由 1 位实习指导老师负责，定期检查、了解实习生的情况并记录。对实习中存在的问题定期开会、及时上报并尽快解决,多数实习单位也有专人负责实习生的管理工作。从理论上讲,这样的管理和安排是合理的、可行的,但实际情况却存在不尽如人意的地方。由于实习指导老师指导的学生较多,一位老师至少负责10名学生,最多达30余名。这些专业课老师教学任务很重,加之每个实习单位的学生是由不同专业、不同班级的学生组成的,同一个班的学生也被分在不同的部门,即使在一个实习单位,要到每个部门去了解每名学生的实习情况也是不现实的。部分教师只能通过电话、网络、短信向学生了解情况。因此,在实习过程中,学生觉得总是见不到实习指导教师,凸显出学校对这方面的管理力度不够。

各专业的实习单位多由学校统一联系安排,由学校安排实习最多的是旅行社、酒店和外企服务公司。但随着旅游教育的发展,逐年扩大招生,京外的学生越来越多,2013届毕业生就有20多人在外埠自主实习。这些学生的实习情况如何,给实习管理工作带来一定的难度。

调查中还发现,学生在实习期间最想见到并与之沟通的人是实习指导教师(占49.0%),其次是就业指导教师(占34.6%)和班主任(占33.7%),然后是专业任课教师和其他教师(17.3%)。由此可以看到,有超过一半的学生想与实习指导教师以外的其他老师沟通。这一现象在一定程度上反映了教学实习不仅仅是实习指导教师的任务,而且也是全体教师的责任。实习是关乎教学课程设置、教学效果、社会环境的适应,乃至就业准备等相衔接的一项综合试验场。

学生想与班主任沟通是情理之中的事情,可以理解,但几乎有同样多的学生想与就业指导教师沟通,这是我们不曾预料到的。原本班主任就应该兼有就业指导教师的职能,既然学生没有得到这方面的指导,说明学校在这方面的工作做得还不够,教师的观念没有转变过来。以往班主任工作的重点主要是学生在校期间的日常行为规范管理,而没有注意对学生到实习单位的极大变化,也就是进入了社会后的心理、行为指导,没有及早地将就业意识和技能灌输给学生。当学生到达实习单位后才发现,学校和实习单位是两个天地,一时很不适应。但实习单位才是学生今后工作、生活的社会环境,他们应该对实习单位多了解。

尽管学生在学校时都上过就业指导课,但是,一方面学生在课堂上听老师讲就业,而身在校园,没有切身体会,从而难以体会老师所讲内容的真正含义;另一方面,任课教师大多是从校园毕业到校园工作,缺乏企业经历,难免照本宣科。因此,学校的教育和管理应该随社会环境的变化而改变,组织就业指导课教师到企业挂职。把实习分散在各学年进行,或把就业指导课安排在就业指导同时进行。尽管系里在实习前组织了若干次实习指导课,但还是存在不足。

3.2.2 学生对实习单位管理工作的评价

学生对实习单位管理工作严格与否关乎到实习满意程度,说明大部分学生还是认为管理严格是衡量企业好坏、学校实习管理好坏的主要因素。有60.6%的学生认为实习单位对实习生的管理是严格的,有35.5%的学生认为管理一般,有3.8%的学生认为管理不严格或放任不管,这可能与用人单位的管理及管理人员或称带教教师的带教经验有关。

3.3 对学校教学情况的反馈

3.3.1 对专业技能的掌握程度

通过实习,认为自己熟练和较熟练掌握专业技能的学生占54.8%;认为自己基本掌握的学生占39.4%;还有5.8%的学生认为自己基本没有掌握专业技能。可见,对专业技能的培养是学校的一项主要任务。

3.3.2　理论知识在实习中的运用情况

被调查学生中，认为在校所学的专业理论知识在实习中完全能用上和大部分能用上的学生占21.4%，认为能用上一半的学生占24.3%，认为少数知识能用上的学生占40.8%，认为基本用不上的学生占13.6%。这样的结果在一定程度上说明了我校专业在理论教学上存在些许脱离实际的现象。另一方面，在校的旅游管理分旅游管理、财务管理、市场营销等专业方向，但得到的实习单位的具体岗位可能是：导游、计调、票务、前台、文秘、市场、客房服务、餐厅服务、接线员、收银、库房、人事文员等各种基础岗位，每个岗位是学生与用人单位双向选择确定的。能做到学有所用，完全对口是十分困难的。因此，扩大单位的选择面在学生中的呼声较大。此外，教会学生们在市场的选择中主动学习也是十分必要的。

3.3.3　实习指导课程对实习有指导意义

通过实践可以检验实习指导课对实习有指导价值。61.4%的学生最喜爱已经毕业的学长介绍入行经验，33.7%的学生认为企业高级管理层系列讲座有价值，只有16.8%的学生认为旅游学界教授的学术报告有意义。从"你认为在实习中的主要收获"中不难发现，学生在实习中最大的收获和他们最想获得的经验：人际沟通61.5%，团队协作59.6%，开阔视野43.3%，掌握实用技能38.5%，其他2.9%。让学生自述"最需要什么实习指导课"时，有34%的人做了回答。除上述问题外，内容主要集中在：专业知识与专业技能在工作中相关运用、增加实操课、基本工作能力的培训、对具体工作岗位进行介绍、去企业实习应该注意哪些事项、工作中可能遇到的挫折、面试培训、就业指导等非常有实际运用价值的问题上。

可见，请已经毕业的优秀毕业生来介绍入行经验，特别是专业知识如何运用到工作中，以及职场的行为指导，是今后可以加强的实习指导课程。

3.4　通过实习反映出的其他热点问题

通过对"实习中存在的主要问题"、"实习时间是否合适"、"实习管理工作哪些方面需要改进"等问题可以看出实习学生关心的热点问题，如：实习单位的选择范围、工作时间、路途远近、薪酬待遇、实习过程中的管理，以及入职培训、生活条件、伤病处理、实习生激励与考核机制、学生实习保险的投保问题等应在实习劳动协议中澄清的内容。

通过问卷不难发现，经过4～6个月的实习锤炼，毕业生基本已经在毕业时找到了工作。其中有27.3%的人留在了实习单位，并且大部分人在毕业前半年就已经确定留下，甚至在学校统计就业前就已经签订了三方协议。这部分学生就业目标明确、社会适应良好、备受用人单位的好评。尽管有72.7%的学生最终找到的就业单位不是实习单位，但还是有79.8%的人表示学校安排的教学实习或多或少对就业有帮助。

4　对策及展望

4.1　聘请往届优秀毕业生回校发挥"反哺"作用

从本调查中已经得知，学长的实习经验分享入职经验介绍是广受同学们喜爱的授课群体，而许多旅游学院毕业的学生也早已成为行业内的佼佼者。系部或学校应该专门派人负责校友的联络、跟踪，促进学生旅游相关行业实习就业以及稳定从业，需要向学生灌输在任何职业上个体都可以取得事业成功的职业成功理念，并请旅行社、酒店业等成功毕业生与同学生进行交流，以他们的成功激励学生对这一职业的真实认知，树立职业榜样，防止人才流失，促进其职业定向以及未来在旅游业的稳定发展。这种举措不论是对实习还是就业都是双赢的。

4.2 增加专业技能和实际操作课程

针对旅游专业的特点，减少理论教学，加大实际操作的比重。在平时或实习前的课程中适当加入实际操作的课程，聘请企业的在职工作人员或企业中层管理人员，详细讲解在旅游企业管理流程中涉及到岗位工作实际操作知识和技能。如分岗位进行实习岗位实践活动，使学生们在进入到企业之前就可以真切地体会实际工作岗位对专业技能的要求，并通过学习自信地走入实习单位，迅速转换职场角色，缩短职业适应的过程。

4.3 增加毕业前的社会实践环节，加强大学生职业生涯规划教育，培养自主意识

职业生涯规划教育实质上是一个从知到行的内化过程，所以大学生职业生涯规划教育，不应该只是说教的过程，而必须紧密结合实践，解决知行统一的问题。高校只有遵循大学生成长规律和教育规律，通过见习基地等载体和志愿服务、专业实习、社会调查、挂职锻炼等方式引导大学生走出校门在实践中受教育、长才干、做贡献，使大学生在社会实践中体验职场，锻炼意志，升华认识，实现其由“校园人”向“社会人“的转型。学生在反复的社会实践中更具有自主性，体现为没有依赖心理、适时补充知识不足、投身市场、竞争取胜、有创造意识，最终达到高等教育培养优秀人才的目的。

4.4 重视学生实习期间的特色培训

学生在实习过程中，往往感觉自己是廉价劳动力，这一问题的解决需要学校与企业多联系，共同合作开发培训课程，使学生在实习过程中除了进行一般的岗位技能培训外，还能接受有特色的培训，有意识地引导学生向高端发展，比如让旅游企业的中高层管理人员、成功人士向实习生进行经验介绍，畅谈人生，指导学生制定职业规划等，让学生感觉到本行业将来有发展的空间和潜力，实习仅仅是人生职业规划的第一步。

4.5 尝试“合作教育”模式

这一模式与我国目前的校企合作模式是比较接近的，同样是学校处于主导地位，企业处于附属地位，负责配合学校的工作，相比较而言这一模式更侧重学生实践。学生会有很多的时间在企业中度过，这样学生就会通过在企业的实践获得一定的实践技能。学生在学校学习了基本的理论知识之后，集中安排到合作企业中去实践，在企业人员的指导下学习实践技能。学生在企业学习了一定的实践技能后再返回到学校来，进一步加深理论知识的学习，完成相关考核等内容。经过多次交替转化，学生在不断学习和实践的摸索中得到提高，这一模式可以说是更深层次的校企合作。

4.6 提升授课教师队伍中“双师型”教师的比重

教师的专业教学水平与实际指导能力是开展教学的重要保证。由于旅游专业的实践性较强，所以要求该专业的授课教师必须具有行业实践背景，把该行业最前沿的知识传授给学生们。这就要求加强专职和兼职结合的专业教学团队建设，增加专业教师中具有旅游企业工作

经验的比例。例如，可以安排专业教师到企业挂职锻炼，积累实际工作经历，进而提高实践教学能力；还可以大量聘请旅游企业的专业人才到学院担任兼职教师，逐步形成实践技能课程由具有相应高技能水平的兼职教师讲授的机制。

4.7 将就业指导课融入辅导课程

使用例证法、案例法、实践法，利用多媒体教学方式、现场模拟教学方式，通过就业形势分析、面试指导(简历、面试、笔试)、实习就业程序、职场心理辅导等课程，教会学生如何面谈，熟悉社交、礼仪、服饰等求职技巧，如何获取工作机会和信息，怎样签约等，让学生意识到实习是步入职场的预演、模拟，在老师的指导下，逐渐学会自己能识别各色企业，踏上自我谋生之路。

4.8 增强实习过程中的全员化思想政治教育

辅导员和班主任要千方百计地引导学生在其职业生涯规划中掌握和自觉运用可持续发展观，懂得综合、全面的发展，包括精神世界的丰富和发展，才是自己个人生命价值的完美体现。就业指导教师一是要主动为大学生就业提供具体服务，如收集就业需求信息、安排供需见面会等，侧重通过软件测评等技术手段引导大学生分析个人事业志向，做到知己知彼，从而确定职业范围，锁定职业目标。二是要主动深入到毕业生中，以小组讨论、主题班会、QQ平台及开设就业视频讲堂等形式使大学生通过虚拟方式进行沟通并受到教育。实习指导教师要积极配合用人单位，做好学生日常管理，随时了解学生的思想动态，建立飞信、微信沟通平台，给予及时的鼓励和专业指导。专业课老师应积极与学生交往，多参与学生的活动。专业课老师应该做好表率，做学生的楷模。在教学过程中显示专业精神和职业道德。

综上所述，旅游管理教学实习在整个旅游教育中起着非常重要的作用，无论是对实习生、学校还是对旅行社、酒店、企业，都有着非常重要的意义。只有充分利用企业伙伴、校友资源、专业课教师、就业指导教师和高素质的教学管理人员加强学校的教育和完善实习期间的管理，密切学校和旅游相关企业以及实习生的联系，不断完善实习环节，才能使实习就业工作顺利完成，才能真正提高旅游管理专业实践教学水平，才能为旅游行业输送合格的高技能实用型的专业人才。

参考文献

[1] 徐峰.旅游专业大学生就业能力研究[D].上海：华东师范大学，2011.
[2] 唐治东.酒店管理专业学生顶岗实习管理的对策研究[J].经营管理者，2012(6).
[3] 秦炳贞.高职旅游管理专业酒店实习管理存在的问题及对策[J].山东省青年管理干部学院学报，2010(3).
[4] 曾磊，谷冠鹏，张健英，田靖娅.旅游专业学生酒店职业认知与就业意愿研究[J].河北农业大学学报(农林教育版)，2011(3).
[5] 万四平.大学生职业生涯规划中的思想政治教育研究[J].长沙：湖南师范大学，2011.
[6] 艾静超.就业导向下的旅游专业校企合作人才培养模式探讨[J].经济研究导刊，2012(14).

创新型"酒店管理信息系统"课程实践教学体系构建[①]

刘志华[②] 陈文力[③] 李京颐[④] 刘 铮[⑤]

摘 要：本文首先分析了目前高等院校"酒店管理信息系统"课程教学中存在的问题，提出必须改革传统的教学方法，以适应酒店信息化不断发展变革的人才需求。在此基础上，提出从教学内容体系和考核体系两个方面构建创新型"酒店管理信息系统"课程实践教学体系。对于教学内容体系，提出构建课内实践教学、校内实践教学和校外实践教学三个层次的体系，以适应目前酒店业对人才的知识和能力需求。

关键词：酒店管理信息系统、实践教学、教学体系

1 引 言

"酒店管理信息系统"是一门集酒店管理、计算机技术、系统科学为一体的综合性、系统性的课程。当前国内各旅游高等院校的酒店管理专业普遍开设"管理信息系统"这门课程，但是这门课程的综合性、理论性非常强，而酒店管理专业的教学对象和培养目标多是应用性人才，因此建议酒店管理专业开设"酒店管理信息系统"这门行业性更强、与酒店业务联系更为紧密的课程，以适应该专业应用型人才培养的需求。

2 "酒店管理信息系统"课程教学过程中存在的问题

2.1 缺乏与行业的沟通，导致实践教学内容与旅游企业需求脱节

目前，由于"酒店管理信息系统"的教师与酒店缺乏沟通，因此该课程的实践教学的内容和实践教学的理念跟不上酒店业信息技术发展的脚步，与酒店的人才需求存在着明显的差距。教师在进行实践教学设计时，往往从学校自身的基础设施、师资力量等出发，而忽视了酒店的人才需求，这就容易造成实践教学设计与实际工作岗位需求脱节，使实践教学缺乏针对性，最终导致学生难以在实践教学中获得行业最新的专业知识，难以达到实践教学的最终目标。

2.2 实践教学体系缺乏创新性，导致学生能力培养受限

酒店行业的从业人员需要具备三方面的能力，即社会活动能力、专业技术能力和综合分析

---

① 本文系北京联合大学教育教学研究与改革项目"'酒店管理信息系统'课程实践教学改革研究"成果。

② 刘志华，北京联合大学旅游学院旅游管理系，讲师。
③ 陈文力，北京联合大学旅游学院旅游管理系，教授。
④ 李京颐，北京联合大学旅游学院旅游管理系，副教授。
⑤ 刘铮，北京联合大学旅游学院旅游管理系，讲师。

能力。“酒店管理信息系统”这门课程可以全面训练学生这三方面的能力。该课程的实践教学应集中在两方面：一方面是培养学生实际操作酒店信息系统的能力，另一方面是培养学生理论结合实践，将所学知识转化为自身的创新能力。但是目前，“酒店管理信息系统”课程实践教学的设计忽略了酒店业人才需求的实际情况，实践教学体系不合理，导致学生创新能力培养受阻。

2.3 缺乏“双师型”师资

在应用型本科院校中，“双师型”师资队伍的建设是提高应用型本科教育教学质量的关键因素。尤其是“酒店管理信息系统”课程的任课教师，不但要掌握扎实的理论知识，而且还要有丰富的行业经验。但由于受到我国高校体质的制约，高校中的教师基本上是从校门步入校门，没有行业的实践经验，因此在讲授“酒店管理信息系统”这门课程的时候，偏向于理论知识的讲解，而忽略实践技能的应用，最终导致学生很难真正理解该课程所蕴涵的管理思想，对酒店信息系统的应用缺乏感性的认识和深层次的理解。

2.4 考核方式设计不合理

学科的考核方式与内容客观上能对学生的学习起到一种导向作用。我国高等学校大部分课程的考核基本上是以期末试卷上的成绩为主，平时成绩和实践成绩只占很小的比例，这客观上导致了学生只注重掌握知识情况的考核，而忽视了知识运用和技能的考评。期末考试变成了“记忆力考试”，在这种考核方式下培养出来的人才，既不是知识型的，也不是技术型的，而是“记忆型”的。

2.5 实践教学形式单一，学生缺乏学习的积极性，实践教学效果不理想

多数酒店管理专业课程的实践教学是由课内实践和顶岗实习两部分组成。一方面，由于经费有限，会导致课内实践的设施和设备不齐全，学生很难在课内掌握到酒店行业先进的管理知识，因此学生会缺乏学习的热诚和积极性，导致课内实践教学效果不理想。另一方面，校外实习基地资源有限，因此一般课程的顶岗实习都会与学生的毕业实习一起安排。这样做会使实习缺乏针对性。另外，一般毕业实习安排在大四进行，实习期通常只有3～5个月，在此期间，学生还要进行毕业设计或毕业论文，还要找工作，因此无法专心实习。如果学校再监管不力的话，就会使毕业实习流于形式，学生不能通过毕业实习获得行业知识。

随着我国酒店管理专业高等教育规模不断扩大，层次不断提升，酒店管理专业人才的就业也面临着严峻的考验。本科生和研究生毕业后，很难在酒店找到合适的岗位，而博士生毕业后则大多进入高等院校或研究机构，但是高职学生却获得酒店的青睐，就业率高于本科生甚至是研究生。在对用人单位进行调查后发现，之所以造成这种现象，主要原因是酒店认为本科生和研究生眼高手低，理论知识掌握较多，但缺乏实践技能，不了解酒店的基本业务，因此很难满足企业的人才需求。酒店当前急需的是大批高素质的具有创新能力和专业技能的从业人员，这对酒店管理专业的高等教育提出了新的挑战。

为了满足对复合型人才的需求，高等院校必须要对现有的实践教学体系进行改革，将学生实践能力培养的重点放在“善于解决问题的实践能力”方面，这样才能培养出“创新型、实用型、复合型”的人才，以满足旅游企业对人才的需求。本文正是从“酒店管理信息系统”这一门课的

实践教学体系出发，构建创新型课程实践教学体系。

3 构建创新型“酒店管理信息系统”实践教学体系

对于学习“酒店管理信息系统”课程的学生而言，他们日后主要是使用信息系统来管理酒店各个部门的业务，因此通过该课程的学习，不光要使学生掌握信息系统使用的方法，更重要的是要让学生掌握酒店各部门的业务，进而灵活使用信息系统管理各部门的业务。因此，在设计实践教学体系时应从如下几个层次去进行，见图1。

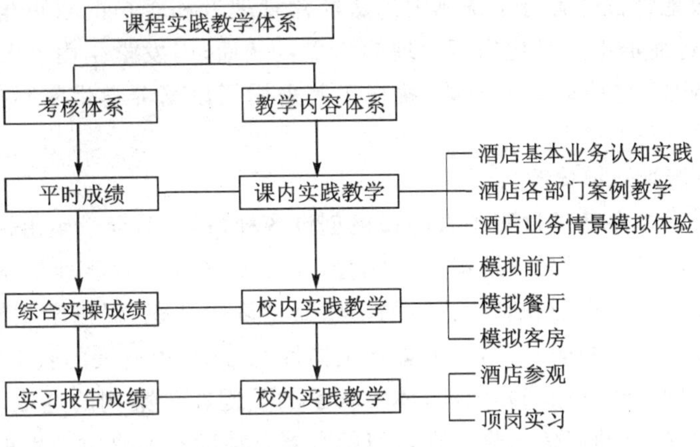

图1 “酒店管理信息系统”课程实践教学体系

3.1 教学内容体系

实践教学是高等院校根据专业培养目标的要求，有计划地组织学生以获取感性知识，进行技能训练，提高综合素质，培养创新精神及实践能力的各种教学形式的统称。作为培养应用性人才的酒店管理专业，培养目标是以社会职业岗位的实际需要为依据，强调应用性，突出综合实践能力的培养。

因此为了提升实践教学的效果，将该课程的教学内容体系分为三个层次——课内实践教学、校内实践教学和校外实践教学。

3.1.1 课内实践教学

课堂是教师向学生传道、授业、解惑的基本场所。作为一名大学生，大部分的知识都是通过课堂教学获取的。通过多种形式的课堂教学，可以让学生有效地掌握课程的精髓，加快获取知识的速度。作为课内的实践教学有多种形式，如案例教学、情景模拟等。

在课内教学的过程中涉及的实践教学内容主要有如下三方面：

(1) 酒店基本业务认知实践

通过该部分实践，让学生对酒店各部门的业务有一定的认知，在此基础上才能掌握如何使用信息系统对酒店各部门的业务进行管理。

(2) 酒店各部门案例教学

案例研究起源于美国的工商管理教学，距今已有一百多年的历史了。案例教学将酒店在实际经营过程中遇到的典型案例引入到课堂教学环节中，以达到提高教学质量和激发学生学习兴趣的目的。

案例教学的关键环节在于总结、选取酒店经营过程中经典、有代表性的案例。酒店案例不是杜撰的事例，而是在实地调查的基础上对实践经验和典型事例的概括总结。目前，国内酒店管理专业的教学案例多采用国外集团酒店的经典案例，本土化较差，在这方面还有待于进一步完善。

在"酒店管理信息系统"课程中我们选择的案例是实际运营的酒店中的真实案例，这些案例中包含了一些重要的概念，为学生解决前台对客服务过程中可能发生的问题提供了使用酒店计算机系统解决的方案。案例所展示的生动具体、具有典型意义的对客服务过程能让学生有机会身临其境般地将自己置身于案例中。从经营管理者和客户的双重角度认真思考，总结经验，分析其症结进而悟出信息化运营管理的真谛。从而，引发学生由此及彼、触类旁通的深层思考。哈佛的 MBA 之所以享誉全球，就在于其采用了以培养学生实际操作能力为目的的案例教学法。

(3) 酒店业务情景模拟体验

体验教学实质是指在教学过程中教师积极创设各种情境，引导学生由被动到主动，由依赖到自主，由接受性到创造性对教学情境进行体验，并且在体验中学会避免、战胜和转化消极的情感与错误的认识，发展、享受和利用积极的情感与正确的认识，促进学生充分感受蕴藏于这种教学活动的欢乐与幸福的同时，达到促进其主体性充分、自由发展的教学实践活动。

体验教学与案例教学是相辅相成的，体验教学的关键在于案例的选取。经典的案例情景重现，模拟演练是学生对酒店信息化管理学习的利器。体验教学是对学生更高层次的要求，就是要让学生在学习知识点的过程中，不断体验它们，使学生加深对知识的理解，要让学生既"知其然"，又要"知其所以然"。体验式教学注重的是学生学习的过程，让学生在整个学习过程中将所学与实际相结合，提高理论联系实践的能力。

3.1.2 校内实践教学

目前，很多旅游院校为了提高学生的实践能力和创新能力，在校内设置实践教学基地，用来加强学生对课内所学知识的理解和应用。对于酒店管理专业而言，模拟前厅、模拟客房、模拟餐厅等都是很好的校内实践教学的形式。这些校内实践，可以让学生有效地掌握使用信息化手段对酒店的客户进行服务与管理的基础理论知识和基本技能。

由于"酒店管理信息系统"管理的是酒店前台各部门的物业，故在校内实践教学过程中，会安排学生在校内模拟酒店担任前厅部、客房部、预定部和餐饮部的相关工作岗位。各部门设部门经理一位（由教师担任，负责考核学生的学习效果），领班两位（由学生自行推举），部门员工若干（由其余学生担任）。同时按照酒店实际运营管理的岗位职责，确定各部门领班和员工的岗位职责及考评办法。

3.1.3 校外实践教学

校外实践教学是培养应用型人才必不可少的实践环节，是学生对所学知识综合运用的很好的锻炼机会。通过参观酒店，可以让学生对酒店日常的整体运作有一个感性的认识；通过酒店的顶岗实习，可以培养学生语言表达能力、沟通能力和人际交往能力，学会情绪管理，使学生具有良好的礼貌、礼仪形象，为缩短学生从学校到企业的适应期打下良好的基础。同时校外顶岗实习，对于培养学生的职业道德素质，形成爱岗敬业、踏实肯干的专业素养也是十分有益的。

3.2 考核体系

学科的考核方式与内容客观上能对学生的学习起到一种导向作用。我国高等学校大部分课程的考核基本上是以期末试卷上的成绩为主，平时成绩和实践成绩只占很小的比例，这客观上导致学生忽视实践锻炼和平时表现而只重视考前一周理论知识的突击复习。在这种考核方式下，教育质量难以得到保证和控制。因此，作为实践性强的“酒店管理信息系统”课程，我们开始实施新的考核方法。

3.2.1 平时成绩

平时成绩主要是针对课内实践教学设计的。设计这部分成绩的目的在于通过教师的评价来考察每个学生的差异。由于每周进行的教学模块不同，可以按照学生在不同模块中的表现，来考察学生适合在酒店哪个部门工作，以及适合什么岗位。教师评价成绩可以作为综合实操时为学生分配部门及岗位的基础，同时，也便于激发学生个性化学习的积极性。

3.2.2 综合实操成绩

综合实操成绩主要是针对校内实践教学设计的。这部分成绩由以下两部分组成：

(1) 岗位绩效考核

对每位同学在课程体验过程中的表现按照酒店对相应岗位的绩效考核标准进行考核，打出分数。

(2) 同学互评

由同一部门的同学进行互相评价，打出分数。

3.2.3 体验报告

体验报告是针对校外实践教学环节设计的，要求学生总结参观酒店的心得体会和进行顶岗实习的收获。主要内容为定岗实习过程中对自己所在部门和岗位工作的实践总结；提出在校外实践教学过程中存在的问题和建议，并提交完整的实践资料。教师对学生提交的实践资料和体验报告，给予客观公正的评价，给出成绩。

这样的考核方式既能促使学生平时注意理论知识的学习又注意能力的培养。

4 结 论

总之，“酒店管理信息系统”这门课程的教学，要以实用性为基本原则，侧重学生应用性能力的培养，注重学生理论联系实践的能力。这对于调动学生学习的积极性、提高学生的动手能力和解决实际问题的能力都是非常有帮助的。全方位、多角度的创新型课程实践教学体系的应用旨在激发学生学习的动力、提高教师的综合教学水平，是教学改革发展的一个新的方向。但是该实践教学体系在实际运作的过程中还存在着很多的困难，这还需要我们总结经验教训，在不断的探索和创新中不断提高。从课程改革和考试改革的效果，特别是从学生的反馈看，“酒店管理信息系统”这门课程取得了良好的成效。一方面，通过教改激发了学生的学习兴趣和热情，培养了学生的实践能力和与人沟通的能力；另一方面，从就业而言，酒店对学习过该课程的学生更为青睐，因为他们到酒店后只需进行简单的业务培训即可直接上岗工作，大大减轻了酒店培训新人的负担，这正是我们积极进行教学改革的出发点和最终目的。

参考文献

[1] 李忠学.情景模拟教学法在酒店管理实践教学中的应用[J].教育教学,2012(12).
[2] 马小玲.基于工学结合教学模式的酒店管理实践教学方式的创新——以武夷学院校企合作为例[J].高等职业教育(天津职业大学学报),2013(4).
[3] 谭欣.高职院校酒店管理专业与酒店企业合作的思考[J].当代职业教育,2013(4).
[4] 赖克勤,张劲松."管理信息系统"课程项目引领与任务驱动实践教学模式研究[J].中国科教创新导刊,2012(11).
[5] 李晓冬.酒店管理专业实践教学现状及存在的问题分析[J].现代营销(学苑版),2013(2).
[6] 史焰青,李莉,巴晓峰.星级酒店人才需求状况与校企合作模式探究——关于《高职酒店管理专业实践教学探究》的研究报告[J].河北企业,2013(5).

基于校企合作的旅游管理专业实践教学分段式考核评价模式初探①

王　恒②　靳建明③

摘　要：实践教学是旅游管理本科专业教育教学的重要组成部分和环节。本文在分析实践教学内涵及模式的基础上，对校企实践教学合作与分段式考核评价这两个基本问题进行了阐释。进而，结合旅游管理专业实践教学的特点，尝试提出构建实践教学分段式考核评估模式的一些基本构想，即建立实践教学考核评价目标体系、改进实践教学考核评价标准体系以及拓宽实践教学考核评价构成体系。

关键词：分段式考核评价、校企合作、实践教学

实践教学，与理论教学一样，是大学教育教学的重要组成部分，是提高学生实际操作技能，检验理论理解和运用水平的有效方式。旅游管理专业旨在培养高素质的应用型人才，实践教学的水平、质量和效果直接关系着人才培养的水平和质量。

1　实践教学的内涵及模式

1.1　实践教学的内涵

实践教学并非仅指职业技能培训，它的内涵至少应该包括以下三方面的内容[1]：

第一，实践教学的目标不仅在于学生动手技能的训练，还包括学生应用与转化知识的能力、人格的塑造，体现了知识、能力、素质相结合的教育思想。

第二，实践教学拥有独立的体系。实践教学与理论教学一样拥有自身完整的教学体系，包括实践教学的目标、课程设置、考核与评价，这些环节的合理衔接和相互配合才能使实践教学的整体效能得到充分发挥。

第三，实践教学关注学生主体地位的发挥，强调通过真实或仿真的职业情境来激发学生的学习兴趣，鼓励学生通过自主学习，理解知识，获取技能，为了达成教学目标，教师必须成为学生学习的引导者。

1.2　实践教学的模式

实践教学的模式，从不同的划分标准来看，有不同的分类。这里选取两种代表性的划分方

---

①　本文系北京联合大学 2013 年教育教学研究与改革项目“基于校企合作的旅游管理专业实践教学分段式考核评价模式研究”的阶段性成果。

②　王恒，北京联合大学旅游学院旅游管理系系，讲师。

③　靳建明，北京联合大学旅游学院旅游管理系系，讲师。

法进行介绍(见表1和表2)。

表1 按操作方法划分的实践教学基本模式表[2]

模式类型	主要措施与内容
“项目化”模式	针对学生未来工作中要面临的工作任务,把如教师检查、实践能力等实训对象抽象为一个“项目”,学生担任项目负责人的角色。在教师的指导下,通过由易到难的若干环节的训练,让学生受到反复、螺旋式的训练,他们的实践能力可得到提高
“目标分解”模式	该教学模式是指将一个任务或一个大型的作业进行分解,变成一个个具体的单项任务,然后逐一完成
“理论实践一体化”模式	让学生在实验室或实习现场进行讲练结合,手脑并用,达到教学目标,利用教师自制的CAI课件,边讲边练,生动直观,提高实验、实训效果
“问题解决法”模式	通过融理论与实践一体的方法,让学生有的放矢地去学习,思考训练,寻求解决问题的方法
“模拟教学”模式	利用多媒体手段制作教学课件,如三维动画课件应用于实践教学,课堂气氛活跃,实训教学效果较好

表2 分国别的实践教学模式比较[2]

模式类型	主要措施与内容
德国FH“企业主导型”实践教学模式	FH是德国应用科技大学的简称,企业的主导地位是这种实践教学模式最显著的特点,主要表现为企业是实践教学经费的主要来源;企业主导着FH的整个实践教学过程;企业视接受和指导FH的学生实习培训为己任,并把这种校企合作看做企业人力资源开发的重要途径;企业是评价、考核实践教学成果的主体;FH实践教学中科研的选题全部源自企业需求和为企业服务
加拿大“能力基础型”实践教学模式	该模式的特点表现为以综合职业能力为实践教学的培养目标和评价标准,突出能力,而不是突出学历或学术知识体系,强调学生对自我实践学习和自我评价能力的培养;以DUCUM(是Developing a curriculum的缩写)分析课程开发为途径设计实践教学计划,其具体做法是由一个专门委员会对某一个职业目标进行工作职责和工作任务两个层次的分析,分别得出若干综合能力和专项能力。实践教学则把这些综合能力和专项能力作为确定教学模块或单元的依据
美国社区学院“多元开放型”实践教学模式	采取一至两年短学制、为社区经济和发展服务的办学原则,教学计划中,实验、实习、设计、制图等项目的学时数占总学时数的42%~46%,讲课与实践之比接近1:1。多元开放的特点主要表现为实践教学对象的开放性、实践教学管理的开放性、实践教学目标的社区开放性、实践教学形式的开放性
英国“资格推动型”实践教学模式	以资格证书为中心的实践教学模式具有以下特点:以能力为基础;强调“做中学”;建立以实际工作效果评定学习成效的考核制度

2 基于校企合作的实践教学分段式考核评价模式基本问题阐释

2.1 校企双方进行实践教学合作的内涵解读

实践教学合作是校企合作的一个重要形式,合作的效果如何,能够真正实现“双赢”,建立长期的合作关系,需要构建一种“二元双制”合作模式。

“二元双制”模式具体表现为两种体制、两个场所、两套师资、两重身份、两类课程、两套评价、两种成效的高度融合。[3]两种体制是指学校的事业单位体制和企业经营单位体制;两个场所是指学生学习的两个不同地点——教室与“车间”;两套师资是指学校教师与行业企业指导教师;两重身份是指学生的角色既是学校学生也是企业学徒;两类课程是指学校设置的实验实训课程与企业开设的专业实训实践课程；两套评价是指最终考核不仅包括学生所形成的“作品”，还包括作为企业学徒所形成的“产品”；两种成效是指招生与招工、育人与增效的结合。

由此可知，在“二元双制”合作模式下，需要进一步改进现有的实践教学考核评价制度，形成新的模式与运行机制。

2.2 分段式考核评价多维解读

如何理解和把握“分段式”是本文构建考核评价模式的基本和核心问题，笔者认为，“分段式”应从以下一些维度和层面加以理解和把握：

第一，根据实践教学的不同类型进行分段考核评价，如课程实验阶段、综合实习阶段、专业见习阶段、社会实践阶段等。

第二，根据实践教学的过程进行分段式考核评价，如基本的实践教学过程应包括准备阶段、实施阶段和完成阶段三个部分。

第三，根据实践教学的主体进行分段式考核评价。准备阶段以教师作为考核评估主体，实施阶段以实习单位作为考核评估主体，完成阶段采取多主体评估方式进行。

第四，根据实践教学的内容进行分段式考核评价。以职业技能、知识运用与转化能力提升为主要内容的实践教学，采取以量化指标考核为主的方式进行；以行业认知、人格塑造、专业素养提升为主要内容的实践教学，采取以定性考核为主的方式进行。

3 基于校企合作的实践教学分段式考核评价模式的基本构想

根据以上对分段式考核评价和校企双方进行实践教学合作内涵的多层面解读，我们发现：分段式考核评价模式的构建实质上就是要打破对实践教学培养目标、考核标准、考核方法、考核主体的传统思维和做法。结合旅游管理专业教育教学的设置和实践教学的开展情况，构建基于校企合作的实践教学分段式考核评价模式应主要从以下几个方面进行调整：

3.1 建立实践教学考核评价目标体系

分段式考核评估的前提，是要设置体现分段式内涵的多元化的培养目标体系，实践教学不应只以实践技能的提升作为核心和主要评价指标。旅游管理专业高素质应用型人才的培养，其应用型的内涵与表现与理工科应用型人才有着明显的区别，不能用标准化和实体化的标准进行考核评价，而且作为现代服务业的重要组成部分的旅游业，其行业特点也决定了培养的人才需要具备较好的综合素质，不仅应具有专业的职业技能，还要具备较强的服务意识和现代的服务理念。因此，在实践教学过程中，就需要建立完备的考核评估目标体系以提升旅游管理专业学生的综合素质。

分段式考核评估体系，应对以下一些教学和培养目标进行多方面的综合评价[4]：①学生基础专业理论知识；②文化素养；③学习生活习惯、自觉性；④生活知识、环境适应能力；⑤工作态度与能力；⑥专业知识的应用、动手技能；⑦身体状况。

3.2 改进实践教学考核评价标准体系

如前所述，分段式考核评估应根据实践教学的内容设定区别性的标准进行考核与评估。

一般而言，常用的评价标准可分为定量标准与定性标准。定量标准，就是用数量作为 的标准，如 和工作成果一般用分数作为标度；而定性标准，就是用评语或字符作为 的标准，如对员工性格的描述。

在旅游管理专业实践教学考核评估中，上述两种评价标准也是最为常见的形式。然而，如果为了更好地提升实践教学效能，实现上述多元化的教学目标，就应该进一步改进和拓展相应的考核评估标准体系。

根据绩效考评的相关理论，评价标准还有以下划分方法和类型[5]（见表3、表4和表5），而由此构成的标准体系应成为指导旅游管理专业实践教学考核评价指标体系和考核细则的重要参照。

表3 按评价尺度划分的评价标准体系

标准名称	标准内涵
类别标准	用类别尺度作为 的标准，它实质上同定性标准中的数字符号为标度的标准相同
等级标准	是用等级尺度作为 的标准
等距标准	用等距尺度作为 的标准。与等级标准不同的是，用等距标准测得的分数可以相加，而等级标准测得的分数不能相加
比值标准	用比值作为 的标准。这类标准所指的对象通常是工作的数量与质量、出勤率等
隶属度标准	用模糊数学中隶属系数作为 的标准。这类标准基本上适用于所有评价内容，能回答经典 无法解决的问题，因而被广泛使用

表4 按标准的形态划分的评价标准体系

标准类型	标准子类	标准内涵
静态标准	分段式标准	将每个要素（评价因子）分为若干个等级，然后将指派给各个要素的分数（已赋予权重）分为相应的等级，再将每个等级的分值分成若干个小档（幅度）
	评语式标准	运用文字描述每个要素的不同等级。这是运用最广泛的一种
	量表式标准	利用刻度量表的形式，直观地划分等级，在评价了每个要素之后，就可以在量表上形成一条曲线
	对比式标准	将各个要素的最好的一端与最差的一端作为两级，中间分为若干个等级
	隶属度标准	以隶属函数作为标度的标准，它一般通过相当于某一等级的“多大程度”来评定
动态标准	行为特征标准	通过观察分析，选择一例关键行为作为评价的标准
	目标管理标准	以目标管理为基础的评价标准，目标管理是一种以绩效为目标、以开发能力为重点的评价方法，目标管理评价准则是把它们具体化和规范化
	情景评价标准	对领导人员进行评价的标准。它是从领导者与被领导者和环境的相互关系出发来设计问卷调查表，由下级对上级进行评价，然后按一定的标准转化为分数
	工作模拟标准	通过操作表演、文字处理和角色扮演等工作模拟，将测试行为同标准行为进行比较，从中作出评定

可见，按照这些标准体系类型及形式进行实践教学考核评估标准体系的改进，进而在此进程上改进和拓展评价方法，是今后分段式考核评估模式构建的核心和关键环节。

表 5　按标准的属性划分的评价标准体系

标准名称	标准内涵
绝对标准	建立员工工作的行为特质标准，然后将达到该项标准列入评估范围内，而不是在员工间相互作比较。绝对标准的评估重点，在于以固定标准衡量员工，而不是与其他员工的表现作比较
相对标准	将员工间的绩效表现相互比较，也就是以相互比较来评定个人工作的好坏，将被评估者按某种向度作顺序排名，或将被评估者归入先前决定的等级内，再加以排名
客观标准	评估者在判断员工所具有的特质，以及其执行工作的绩效时，对每项特质或绩效表现，在评定量表上每一点的相对基准上予以定位，以帮助评估者作评价

3.3　拓宽实践教学考核评价构成体系

3.3.1　拓宽考核评价主体

在传统实践教学，特别是综合实习中，实习鉴定和评价中，总评成绩一般都是由实习单位和实习指导老师的评分加权计算得出，不管各自所占比重如何，都存在一些疏漏。建议今后可以增加评价主体，设置学生互评一项，由同在一家实习单位的同学进行打分。这样，总评成绩就由两项加权变为三项加权，得分的客观性也得以提升。

3.3.2　拓宽考核评价对象

除扩大考核主体范围外，在实践教学考核评价体系中也应该拓宽考核的对象，不仅应对学生进行考核，也应该对学校和企业双方的指导教师进行考核。这显然是目前旅游管理专业实践教学，特别是综合实习阶段的一个制度设计的缺陷，也是影响实践教学效果的一个不可无视的制约因素。

4　结束语

旅游管理专业实践教学考核评价模式的改革与创新依然是一个长期且繁琐的任务，本文从分段式考核评估视角进行的模式构想还只是一种初步的不成熟的探讨。今后，如何根据学生特点，特别是毕业生的就业特点和行业特征，在充分利用旅游学院校企合作现有资源和运行机制的基础上，探索性地构建分段式考核评价模式，完善和改进考核细则、评价标准、评价指标和评价体系，依然是旅游管理学科专业教师进行教学研究的一个重要议题。

参考文献

[1] 樊海波. 旅游管理专业实践教学模式研究[D]. 大连：辽宁师范大学，2008:10-12.
[2] 施国荣. 论高职院校实验实训模式的改革与创新[J]. 现代商贸工业，2008(7):249.
[3] 沈雕，唐玉林. 试论职业教育“二元双制”校企合作模式[J]. 中国职业技术教育，2011(21).
[4] 曹征，张江城. 基于分段式教学模式的高职教育学生综合素质[J]. 湖北三峡职业技术学院学报，2011(1).
[5] 百度百科. 绩效考评标准[EB/OL]. [2013-11-15]. http://baike. baidu. com/link?url = zZ0G5mzx0-CfRI2NLg2xRa1FTLBoKutx03iIGDb000DJyXMu7atBQoIUy Yh-NaMyPB01_8OuPrTn2K-mVdd_VOq.

教学模式与课程改革篇

旅游管理专业课堂教学模式与学生实践能力培养探析

耿玉环[①] 张建军[②]

摘 要：课堂教学是知识传播的最重要的方式，有效的课堂教学模式是培养大学生实践能力的重要措施，并且非常有助于提高学生的学习积极性，促进学生的参与与实践。本文以旅游管理专业为例，分析了本专业的课程设置特点，并结合学科的各类课程，归纳总结出存在的“课本主导”、“理论主导”和“教师主导”三个方面的问题。另外，又分别从课程的内容、难度、方式、气氛等方面探讨了旅游管理类课程课堂教学模式的优化，以及对培养大学生实践能力的作用。

关键词：旅游管理、课堂教学模式、实践能力

旅游管理专业是随着我国旅游经济的发展、旅游产业的发育而建立的一个新型、新兴学科。在我国，这门学科的产生虽然只有二十年的时间，但随着我国旅游业的繁荣和对外交往的不断扩大，已经呈现出很好的发展潜力。旅游管理专业是旅游学、管理学、文化学等学科交叉的综合性专业。其目标是培养具有旅游管理专业知识，能在各级旅游行政管理部门、旅游企事业单位及各类企业从事旅游事业管理与现代企业管理的应用型人才。在进入经济全球化、社会信息化、教育大众化的时代，社会对人才的需求提出了更高的要求，旅游管理专业也是如此。因此，旅游管理专业的特点要求大学教育必须能够顺应国内外形势的发展和社会需求，及时调整课堂教学的内容和方式，积极引导学生进入学习和实践状态，并注重师生双方在教和学过程中的角色。然后，现在的高校教育模式偏于理论化，教学内容与行业实际脱节现象严重，缺乏与产业界的联系，这与用人单位的要求有一定差距。此外，旅游管理专业的课程设置结构在一定程度上对提高学生学习积极性略显薄弱，课堂教学也或多或少地存在被动教育等问题，忽视了学生的参与和实践。我们的大学课堂肩负着强化学生的专业知识、培养学生执业能力、树立学生学习研究的责任。因此，本文结合我国旅游管理专业教学特点和北京旅游学院旅游管理特色专业建设的经验，分析课堂教学模式与学生实践能力培养的关系。

1 旅游管理特色专业的课堂设置特点

旅游管理专业是一个应用性较强的专业，它集理论性与实践性于一体，对学生的知识面的掌握要求较高。不仅要求学生掌握相关的专业知识，而且对一些边缘、交叉性学科的掌握也有一定要求，比如，对基础的美学、心理学、营销学、管理学等都有要求，甚至要求学生具有一定的

---

① 耿玉环，北京联合大学旅游学院旅游管理系副主任，讲师。
② 张建军，中国地质大学（北京），副教授。

社会学、经济学、地理学的知识修养。因此,与之相对应的课程分为三个部分:基础理论课程、交叉学科课程和实践课程。以北京旅游学院旅游管理特色专业的课程设置为例,三大块课程的学科分类,如图1所示。

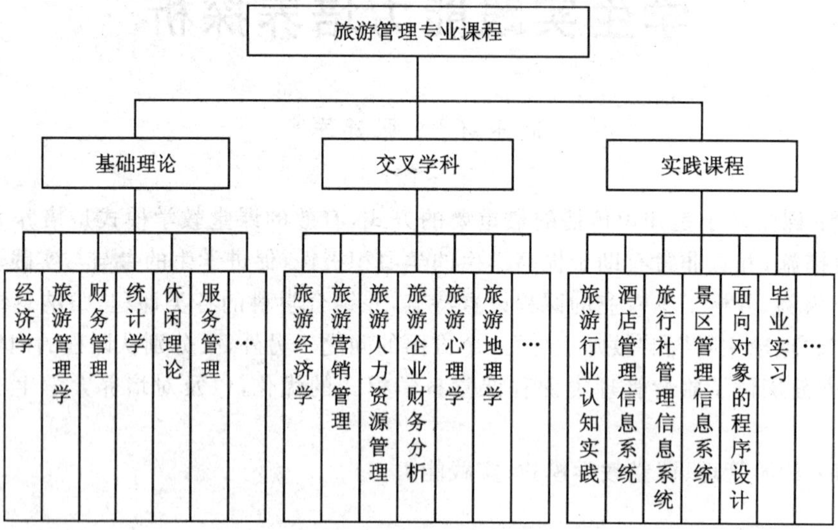

图1 旅游管理专业课程设置的结构划分

基础理论课程涉及管理、法规、经济、财务等方面,课程特点是培养学生对旅游管理的基础理论、社会经济和政策法规的认知、理解和应用。这些有利于培养学生高尚的道德情操、刻苦学习的精神和科学的学习方法,以便学生能更好地树立专业观念、热爱所学的专业并进行后面的实践学习。交叉类课程则涉及两类学科的知识,这类课程的特点是培养学生从其他学科的角度来研究旅游活动及其发展规律的能力,如在管理的基础上考虑财务、统计、心理等因素的影响,或在理论的基础上加上信息技术的理论和方法。实践课程是旅游管理专业必不可少的环节,让学生能够到旅游行业得到切实的体验;同时,计算机模拟教育也是旅游管理专业重要的实践环节,室内编程教学和行业实习是这类课程的主要教学方式。因此,旅游管理专业的课程特点表现为多元化的发展方式,兼顾基础理论和实践教育的双重特点。

2 旅游管理专业课堂教学中存在的问题

当前,旅游管理专业的实践教学日趋成熟,已经成为该专业为旅游业培养人才的重要内容。尽管,旅游管理专业是一个"理论+实践"的专业,但是作为高校教育,有别于其他单位的专业培训,课堂教育毕竟仍然是学生专业知识培养的核心力量。因此,教师和学生都是决定课堂教学效果的关键,而课堂教学模式改革的关键也在于教师的教学效果和学生的学习成果。在我国,传统的课程教育主要以教师为主题,教师在课堂上的绝对垄断性一定程度上制约了学生学习积极性和实践能力的培养。在这种生硬的教学模式下,当前旅游管理专业课堂教学中可能存在的问题主要有以下三种外在表现形式。

(1) 教材内容——"课本主导"式的课堂教学

"课本主导"式的课堂教学是指教师在课程讲授过程中照本宣科。授课教师容易受到教材的制约，教学思维、机构和内容无法脱离课本框架，而听课学生则会对教师讲授的内容感到枯燥和乏味，从而导致课堂出勤率、听课效果、课堂纪律等方面降低，直接影响学生对课堂讲授知识的掌握程度。在旅游管理专业中，偏重于理论和方法的课程易导致这种情况的发生。

(2) 知识体系——“理论主导”式的课堂教学

这种课堂教学主要是指教师在课程讲授过程中注重理论知识的灌输，而无实际案例的穿插，理论讲授和案例讲解就会相脱离。特别是旅游管理学这种经典理论的讲解，就更加明显，讲授过程更加抽象，学生对课本知识的认识只停留在文字认知阶段而非本质上的理解。这类课程主要包括旅游管理专业的旅游管理学、宏观经济学、微观经济学、统计学等课程。

(3) 课堂气氛——“教师主导”式的课堂教学

旅游管理专业是一个脱离不了实践的应用型专业，但无论是自然科学类课程还是人文社会科学类的课程，都可能存在“教师主导”式的课堂教学，要么教师一味地江湖搜索理论和案例，要么教师一味地讲授方法和步骤，缺乏与学生的互动。这些都会影响对学生实践能力、执业能力的培养。

以上三种问题同旅游管理专业相关课程进行划分和比较，结果见表 1。比较结果表明：偏重于基础理论和方法方面的课程，容易发生“理论主导”式的课堂教学问题；而偏重于方法和应用的课程则主要存在“课本主导”式的课堂教学问题，集中体现在一些与计算机相关的课程。这种课程已经趋于程序化。“教师主导”式几乎存在于所有课程教学中，关键在于教师如何控制和协调课堂教学。

表 1　旅游管理专业不同课程教学中可能存在问题的划分和比较

课程类	课堂特点	主要课堂教学问题	课程举例
管理类	偏重于基础理论	“理论主导”“教师主导”	旅游管理学等
法规类	偏重于政策法规	“课本主导”“教师主导”	经济法等
经济类	偏重于基础理论和方法	“理论主导”“课本主导”“教师主导”	旅游经济学等
资源类	偏重于基础理论和方法	“理论主导”“课本主导”“教师主导”	旅游资源学等
信息技术类	偏重于方法和应用	“课本主导”“理论主导”“教师主导”	旅游信息系统等

3　旅游管理类课程课堂教学模式的探索与推广

注重实践能力培养的课堂教学强调教学内容的呈现方式要全面、形象，要将学科概念、基本原理等以产生的起因和过程及其应用都展示给学生，让学生全方位、多角度地了解问题及其处理方法，激发学生对专业的学习兴趣和学习积极性，提高学生实践能力。同时，在整个教学过程中，应培养学生的实践能力。实践能力的培养要立足于培养学生逻辑性独立思考方式。教师和学生的接触主要在课堂时间，因此，在课堂教学中培养大学生的实践能力是旅游管理专业教师在授课过程中的重点。结合旅游管理专业课程教学中存在的问题，在整个教学过程中更应该强调“以学生为主体，教师为辅”的方式，创造性地教授知识，让学生获得探索、尝试、创新、思考和练习的机会，把创新的机会留给学生，把思考的机会留给学生，使学生的智慧得到发展。

3.1 课程内容——学生思维的牵动性

教师在课程教学中越能够创造性地教授知识，那么就越能够激发学生学习的愿望、动手的能力。知识的创造性教授除了应用现代化的多媒体演示技术以外，课程内容设置也应该新颖。因此，高校教师对所教授的课程内容进行更新和改革，从课程的科学问题、应用情景、学习意义等内容引导出课程的内涵，让学生始终保持较强的好奇心，激发学生的学习积极性。例如，在“旅游管理学”课程中，教师可通过打比方的形式，让学生理解“旅游”的含义；通过实际案例，让学生理解“旅游管理”的内涵。再如，在“旅游项目管理”课程中，可以通过播放视频或者案例分析，来了解为什么要进行旅游项目管理课程的学习。教师授课时应尽量创设问题情境，让学生多问为什么，并且在老师的讲授中寻找解决思路，引导学生的思维从封闭走向开放，达到学生积极思考的目的。

课堂讲授内容基于课本知识体系，但是不能局限于课本，要将课本知识转化为形象的语言，并且教学方法要不断革新。比如，在“旅游信息系统”课程中，教师可以通过几个常用的酒店、景区等信息系统的展示，介绍信息系统在旅游景区、酒店管理中的应用，从基础应用到前沿应用，逐步形成思维的连续性。在旅游管理专业中，实践性课程的讲授更容易牵动学生的思维，而对于理论性的课程，讲师则应该以当前国内外发展热点为切入点，将社会现象或者问题反演到理论知识的层面。此外，在课程结构的设置方面要根据不同的问题来训练学生不同的创造性思维形式[1]。

3.2 课程难度——学习目标的可达性

课程的设置要考虑适应应用型学习的开发和实践能力的培养。教师在课程教学中应准确把握课程的难易程度。课程内容过难或者过于简单均不利于学生研究能力的培养。若课程内容过难，会迫使学生对所授课程产生抵触心理，或对自己的学习能力产生质疑，进而放弃求知。即使学懂课程内容也多数为表面上的一知半解，进一步深入学习的可能性较低。若课程内容过于简单，学生也会觉得很容易掌握而放弃思考，同时，课程如果易于掌握也会降低学生对课程内容学习的兴趣。

例如，在“生态旅游”的实习课程中，教师可将考查区范围缩小化和简易化，但前期的理论学习、方法应用等实践环节不可缺漏，目的在于使学生通过自身的努力，完成既定区域的考查，并形成相应的报告，掌握整个生态旅游区域的调查流程。因此，课程难易程度的确定应该以中等难度为好，并在知识结构上进行难易程度的区别把握，做到主次分明，差别化对待，但其最终目的就是要将课程内容转化成学生可达到的学习目标，并在这一过程中促使学生思考。再如“旅游经济学”中的旅游需求弹性与弹性系数理论，应注意知识的迁移性和演绎性，将难以理解和枯燥乏味的知识通过实例、类比等方式转变为学生容易接受的内容，引导学生从知识本质上进行理解。

3.3 授课方式——师生角色的转变性

大学生的好奇心强，有很强的被认可的愿望，希望在同学中出类拔萃，或者是标新立异。教师在设计教学中，要寻找“发散点”，为学生发散思维提供情景、条件和机会[2]。应尝试在教学过程中将自身和学生走出传统意义上的课堂教学模式，实现教师学生角色的转变。教师应该带着疑问去给学生讲课，从学生不同的教育背景、文化背景等方面汲取知识，扩充课堂的多元化教学。如“旅游资源学”的课程中，教师可以安排学生收集家乡的旅游资源等相关资料，并在课堂上进行介绍。再如“旅游规划”课程中，教师也可以采用同样的方式安排学生收集奖项的有关旅游规划的案例，学生对自己的家乡最为了解，结合收集到的旅游规划资料，能够更好地对旅游规划课程进行学习。这种授课方式被学生接纳之后，学生便会树立信心，增强兴趣，会在课外自觉地学习、实践，并在这一过程中不断地自我完善和自我提高，从而逐渐完善自己的知识体系，增强自己的实践能力。同时，在学生介绍的过程中，教师可以从一个求知者的身份去仔细听取学生对课程的认识，并提出疑问，以加深学生对课程的理解。

3.4 课堂气氛——学生求知的参与性

教师在课程教学中要充分调动学生学习的积极性，摆脱对课本内容的过分依赖，改变“传递—接受”式的教育模式，促进学生的发现式学习。在教学过程中，教师可以根据课程需要，直接创造或提出与教材有关的、需要解决的问题，或者创建具体情境，让学生对案例情景进行分析和模拟，激发学生的课堂参与能力，使他们在案例模拟的过程中学懂课本知识。例如“旅游营销管理”课程中，教师可以设置旅游营销案例情景，让学生模拟高级旅游管理人员，对可能出现的情况进行剖析。通过这种方式，能够加深学生对旅游营销方法和过程的认识与理解，一定程度上促使学生在课程中主导地位的形成，增加他们的职业感。当学生真正融于这种互动模式后，他们便能够自觉发挥主动能动性，在学习过程中，学生的实践能力也会逐渐培养成。

旅游管理专业强调实践能力的培养，为其执业能力打基础，要进一步加大实践性课程的课时和教学力度，通过实践教学提高学生的执业能力。实践性课程的课堂就是要求学生能够实际动手或者融入真正的旅游企业中，例如“旅游行业认知实践”等课程；而理论性课程的课堂则要加大学生对问题的讨论，例如“旅游经济学”等课程，从而提高学生用职业的眼光分析问题、解决问题的能力。

4 结束语

大学的使命在于培养具有较高实践能力的人才，而不是只懂理论的读书匠。旅游管理专业服务于国家和地方旅游管理部门，并输送专业人才。因此，较高的实践能力是保障旅游管理行业持续发展的关键。因此，高校教师应紧密立足于旅游管理专业“理论＋实践”的专业特点，逐步完善，甚至改变传统的课程教学模式。在实践教学条件允许的情况下，建立各种平台，充分调动学生主动性，调节课堂气氛，积极采用课堂教学的情景模拟、案例分析等多种教学方法，将课本知识灵活化和前沿化，使学生能够独立思考、理论应用于实际，强化课堂教学效果，全面培养学生的实践能力。

参考文献

[1] 李明，杨勤燕，张学清，等. 在课堂内外培养大学生创新能力的思考[J]. 大理学院学报，2005，4(3)：91-95.

[2] 慈恩. 大学课堂教学中学生创新能力的培养[J]. 西南农业大学学报（社会科学版），2009，7(6)：158-160.

论基于信息系统开展的“酒店管理信息系统”课程改革①

李京颐② 陈文力③ 刘志华④

摘　要：以问题为导向的教学方法(problem－based learning，PBL)已成为国际上比较流行的教学方法。如何利用信息技术提高 PBL 教学的效率，保障 PBL 教学的质量，成为推广这种教学方法的基本问题。本文在深入调查研究的基础上，以“酒店管理信息系统”这门课程为例，通过对模块课课程质量控制机制的探讨，提出了模块课管理信息系统所应具备的主要功能，同时确定了系统的基本框架，为开发 PBL 教学管理信息系统奠定了基础。

关键词：PBL 教学、质量控制、管理信息系统、自主学习

1　引　言

“酒店管理信息系统”课程是一门基于现代网络信息技术研究酒店服务与管理的课程。与传统的酒店管理相比，“酒店管理信息系统”课程具有两个非常重要的特点：①融合了现代信息技术；②具有很强的实践性。由于存在这两个特点，单纯采用传统的照本宣科、满堂灌输的教学方式已经很难取得良好的教学效果。因此，根据本门课程的基本特点及高等教育发展的总体趋势，采用问题导向式的教学方法对其进行改革就显得非常必要。

2　PBL 教学方法概述

问题导向教学法(Problem-Based Learning，PBL)也被称为模块教学法，是一种由问题导向，以学生为中心，由学生自主学习为主的教学方法[1]。建构主义认为，知识主要是学习者在一定社会文化背景下，借助其他人的帮助，利用必要的学习资料，通过意义的建构方式而获得。“情境”、“协作”、“会话”和“意义建构”是学生有效掌握知识的四个因素。根据这一理念，PBL 教学的主旨确定为发挥学生学习的主观能动性，发展学生创造性思维的能力，由此导致了如下一系列变革：在教学实施中，打破了学科界限，围绕学习的问题编制综合课程，教学主体也从以教师为中心转而以学生为中心；教学过程也从传统的讲授—考核转变为提出问题—自学解疑—重点讲授—归纳总结；教学目的从追求学习的结果转向注重学习的过程；教学模式从教师的“一言堂”转变为教师和学生共同的“群言堂”。可以认为，相对于传统教学来讲，PBL 教学

① 本文系北京联合大学教育教学研究与改革项目“‘酒店管理信息系统’课程实践教学改革研究”成果。

② 李京颐，北京联合大学旅游学院旅游管理系，副教授。
③ 陈文力，北京联合大学旅游学院旅游管理系，教授。
④ 刘志华，北京联合大学旅游学院旅游管理系，讲师。

具有革命意义。PBL教学的主旨确定为发挥学生学习的主观能动性,发展学生创造性思维的能力,通过模块课的学习,学生可以提高资料检索、社会调查、问题分析、人际沟通、相互合作、语言表达以及组织和领导等多方面的能力[2-3]。

3 酒店管理模块课程改革存在的问题

虽然模块课的教学效果非常明显,但是用它对"酒店管理信息系统"课程进行改革时却存在着较大的困难。主要体现在三个方面:

3.1 考核方法复杂,教师劳动强度大

为了能够全面合理地考核学生的学习状态,模块课教学一般都采用涉及多环节、多方面和多层次的考核方式。比如联合大学旅游学院在实施模块课教学中,考核的办法是:一个模块课程的总成绩由2部分构成:平时成绩(它又分问卷成绩和教师评价成绩)和课程论文成绩,平时成绩占60%,课程论文成绩占40%。平时成绩中的问卷成绩占平时成绩的80%(问卷是学生和教师同时打分,学生的统计结果占其中的70%,教师问卷占其中30%),教师的评价占平时成绩的20%。平时成绩又是由每周统计汇总得到的。复杂的考核方法不仅增加了教学管理的难度,也增加了教师劳动的强度。尤其是在小组汇报评价时,汇总评价更加困难。由于小组汇报以及成绩汇总是由学生和教师共同进行的,汇报成绩的评定通过发放问卷有学生和教师一同采用手工填写,费时费力,管理起来非常困难。导致汇报课经常要延长至少1课时左右,有的汇报课甚至要延长4课时之多,使得教师和学生都感到身心疲劳。此外,由于汇报课问卷设计的比较复杂,所以统计工作量很大,往往需要较长的时间才能完成数据的统计工作,这就使得模块课的可操作性大大降低。

3.2 分组问题

分组学习是"酒店管理信息系统"课程进行PBL教学的基本模式,但如何防止组合僵化和个性搭配不均衡成为教学改革的一个难题。一般情况下,分组可以有两种基本方式:学生自由结合和教师指定。不论哪种方法,都不能很好地排除人为因素的干扰。虽然通过类似抓阄的方式可以对此进行改善,但这种方式比较费时,尤其在需要多次分组的时候,如何实现个性差异的均衡组合等就会成为棘手的问题。分组学习还为某些学生进行投机提供了可能。在分组学习的情况下,由于学生往往可以借助他人成果来完成自己的工作,所以养成了学生普遍存在的依赖心理。尤其是由小组共同完成一项任务并根据完成情况登记相同成绩的时候,搭便车就成为一种带有倾向性的选择。这种由于分组学习所产生的搭便车行为,既影响学生的个人学习,也影响组织的合作关系。如果不能对此进行有效的控制,将会导致学生相互依赖和教学质量的下降。

3.3 自主学习与师生互动问题

模块教学提倡学生自主学习。这一模式也导致师生关系的变化[4]。但自主学习对于自学能力较差或主动性不足的学生来讲可能会效果不佳,出现学习退化现象。为了提高自主学习的效率,一种可以选择的方式就是加强师生互动。但师生互动也会产生成本,尤其需要耗费大

量的时间。在时间有限而学生数量较多的情况下,广泛的互动往往无法实现。如何延伸师生互动的时间和空间,降低互动成本,是推进模块化教学改革,最大限度地实现个性化教学需要解决的问题。

以上问题的存在,推动了人们对 PBL 教学进行信息化管理的研究,如王军明、王革、韩丹、胡晓源等[5-8]。但这方面的研究目前更多地还是集中于如何借助网络信息技术来实施 PBL 教学,提高实际教学的效果,较少涉及 PBL 教学管理信息系统的开发,表明我国模块化教学的信息化发展还处于一个比较低级的层次。根据对 PBL 教学实际情况的调查和研究,我们认为开发一套 PBL 教学管理信息系统比简单地利用网络技术来实施教学更具有意义。利用管理信息系统辅助"酒店管理信息系统"课程的教学改革,可以对 PBL 教学进行全面的信息化管理,可以从根本上解决"酒店管理信息系统"课程 PBL 教学改革所存在的主要问题,提高教学改革的实际效果。因此,随着教学改革的深入发展,开发一套教学管理信息系统就成了"酒店管理信息系统"课程深入教学改革的一项重要任务。

4 课程管理信息系统架构及基本功能

4.1 系统概述

从教学的实际情况看,PBL 教学管理信息系统需要解决以下主要问题:

(1) 课堂教学质量的控制

包括以随机抽签的方式划分学习小组和确定人机,对学生的考勤、学习、汇报的过程等进行控制,同时需要注意解决搭便车等问题。

(2) 模块课教学考核

涉及自动评分系统、对评分的方法和标准进行阶段性评估,不断进行考核功能的改进等。

(3) 自主学习管理

涉及自学管理、教师和学生的互动。另外,模块化教学强调挖掘学生个人的潜力,因此如何实现系统的个性化管理非常重要。

根据以上基本要求,我们开发了一套具有学生考勤自动化、汇报课管理有序化、论文评分网络化等特点的模块课教学管理信息系统。该系统采用 B/S 结构,服务器端负责模块课的管理、统计和数据储存,客户端实现实际的教学过程。客户端分为教师机和学生机两类,通过服务器实现教学互动。在上模块课时,教师和学生利用该系统共同完成授课和汇报课,学生和教师通过系统评分,分数实现实时处理,即评即得。教师通过系统可以主导上课的过程,同时不排除学生的积极参与。系统可以自动对教学过程实现全程监控。模块课管理信息系统经过两年的试运行,受到了学生和教师的好评。

4.2 基本功能

模块课管理信息系统是建立在现代网络信息技术基础之上,满足模块课教学需要,能够全面整合教学资源,提升模块课教学质量,可以及时处理相关数据,并且能够为模块课教学提供统一规范的信息管理平台。从实际教学需要看,模块课管理信息系统至少应该包括以下几方面的基本功能:

（1）系统管理

系统管理属于基础性管理。系统管理员可以对教学进行系统的基础性设置，包括人员姓名、登陆口令以及系统配置等。同时，可以对学生在模块课学习中的成绩等数据进行维护。

（2）课堂教学

课堂教学依然是模块课的重要内容，所以管理系统需要对普通授课和汇报授课两种模式进行有效的管理。在普通授课过程中，重点解决课堂考勤等问题，在汇报课程中，需要解决汇报管理、学生评价、教师评价以及评价的综合等问题。

（3）自主学习管理

系统需要为教师制定、撰写、提交和管理学生的学习计划以及课件等教学资料提供必要的手段。利用系统，教师还可以进行作业管理，能对学生的作业进行及时的审阅和批复。此外，系统还需要为教师和学生进行互动提供平台，以便解决学生在自主学习中所遇得到问题，同时方便个性化教学的展开。

系统用户主要有三类：系统管理员、教师和学生。系统管理员需要具备基本的电脑操作水平，熟悉模块课的业务知识，对系统目标用户有一定的了解；教师与学生一般具备基本的计算机操作水平，对模块课的业务流程有一定的了解。因此对于他们来讲系统的使用和维护相对简单。

4.3 系统架构

根据对模块课程实际教学情况的调查和研究，将管理系统归纳出如下内容：

4.3.1 课堂教学系统

模块课的课堂教学系统由学习小组划分、学生考勤管理两部分组成。功能模型如图 1 所示。

一般情况下学习分组是按教学班进行。教学班是由一个或两个以上的自然班组合而成。由于分组规则涉及代码逻辑，因此分组规则必须预先确定。在实际教学中，分组规则可以根据平时的经验进行总结并不断改进。为了保持一定的灵活性，在系统自动分组后，可以通过人工拖拽方法对自动分组的结果进行调整，以应对不能预料的情况，使实际分组更加合理。

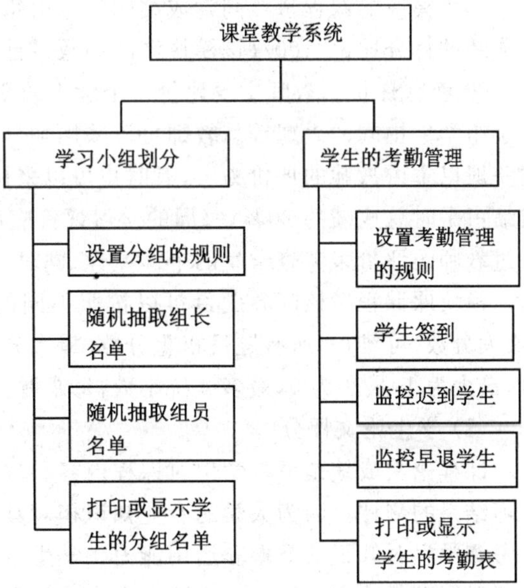

图 1 课堂教学功能示意图

4.3.2 模块课考核系统

模块课考核系统是由汇报课评分和学生论文评分两部分组成，其功能模型如图 2 所示。

模块课的总成绩是由该模块的历次汇报成绩、教师对参与汇报课学生的表现进行评价的成绩以及学生的课程论文成绩按照一定的权重加总构成。

(1) 汇报课评分

汇报课一般由学生按照小组排序进行汇报，每一个小组汇报完以后，由其他学习小组的学生和教师进行提问，汇报小组学生负责解答，最后由学生和教师共同对汇报小组进行评分。

① 问卷评分成绩。是由学生汇报课的课程考核问卷评价所构成，它是为了考核学生学习过程中完成学业情况而设计的。评分的课程考核问卷(学生和教师使用相同的问卷)目前分为7道选择问题，除汇报的学习小组以外，全体学生和参与的教师均参加问卷的填写，分别统计。学生的统计结果构成一次作业成绩的70%；教师的统计结果构成一次作业的30%(如果教师只有1人，教师个人的问卷选择构成教师成绩；如果多个教师参与教学，则各位教师的统计结果构成教师的成绩)。小组汇报有时间限制，目的是考核学生的讲演表达能力和对自己观点的概括能力(一定时间内对讲演内容的重点的把握)，系统可以设置超时扣分规则。

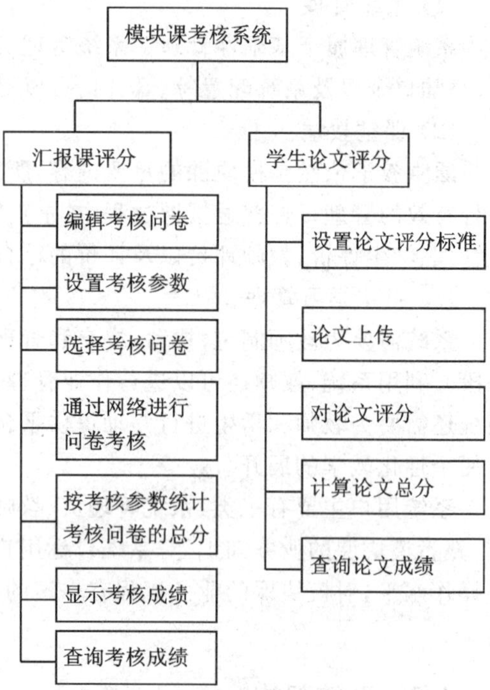

图2　模块课考核系统模型图

一个模块的课程考核问卷成绩的汇总由每周汇报课成绩加总得出。每周汇报课成绩各占总成绩的百分比由"100/(该模块课的周数)"计算得出，汇总后的总成绩的满分应该为100分。

② 教师评价。教师主要评价每个学生的个体表现，包括汇报小组学生的表现和回答非汇报小组学生提问的表现等。教师可以采用加分或减分的形式对学生进行评价。教师的评价成绩一般以主讲教师的评价为主，有时也可以采用教师集体讨论的方式给出成绩。教师评价的成绩占平时总成绩的20%，每周的学习评价应该汇总后再给出。这部分成绩设计的目的在于通过教师的评价来考查学生的个体差异，同时鼓励学生的个性化学习。

模块课课程考核问卷题目可以按照不同的模块课内容进行设置。每个题目的权重分数(最大分数)可维护，所有题目权重分数(最大分数)合计为100分；每个题目的选择项具有系数值，最大为1，最小为0，最多2位小数；每个题目的得分＝权重分数×选择项系数。

(2) 学生论文评分

课程论文成绩是考核学生对课程内容和教师要求掌握的知识的综合评价。它也是一个对学习结果的测评。因为大学的专业知识相对具有开放性和探索性，所以，课程论文的考核重点是考查学生对知识的掌握和运用能力。学生可以通过网络上传和下载论文，教师可以远程通过互联网下载论文并评分。当论文由多个教师评分时，论文的得分按各教师评分乘以权重得到。不及格的学生可以再次提交论文，但最多只能再提交一次。论文评分通过论文评分模板来完成，论文模板主要有两种：一种是利用四选一的问卷形式(具体问题可以自行设计)，另一种是根据不同的论文评价项目，手工输入实际得分，自动计算总分。论文评分样例如表1所列。

表 1 论文评分样例

序 号	项 目	应得分	实际得分
1	论文规范(格式、图表、文档)	10	7
2	综合运用所学专业知识的能力	35	26
3	所完成的工作量、工作态度	20	17
4	基本理论、基本概念	15	10
5	论文质量	10	7
6	创新意识	10	7
合 计		100	74

每个模块课可以设置不同的评分子项,每个子项包含:所属课程、最大分值、最小分值(默认 0)等信息。每个模块课也可以设置不同的论文等级,每个等级包含:等级代码、最大分值、最小分值(包含)等信息。

对于某个论文,所有教师评分完毕,根据分数自动评定论文等级,默认标准是:A 类,90 分以上;B 类,80～89 分;C 类,70～60 分;D 类,60 分以下。论文等级自动评定分数段可维护。

论文评分以后,学生可以通过网络查询各模块课的论文得分情况。

4.3.3 自主学习管理

自主学习主要包括:教师为学生自学制定计划、提交课件、进行作业评价等;学生则可以查看学习计划、跟随课件进行自学、提交作业、查看成绩等;为了引导个性化学习,系统还提供师生互动平台。

4.3.4 系统管理与维护

系统管理与维护由组织机构维护、权限管理、模块课维护、系统操作日志、系统维护等五部分组成。功能结构如图 3 所示。

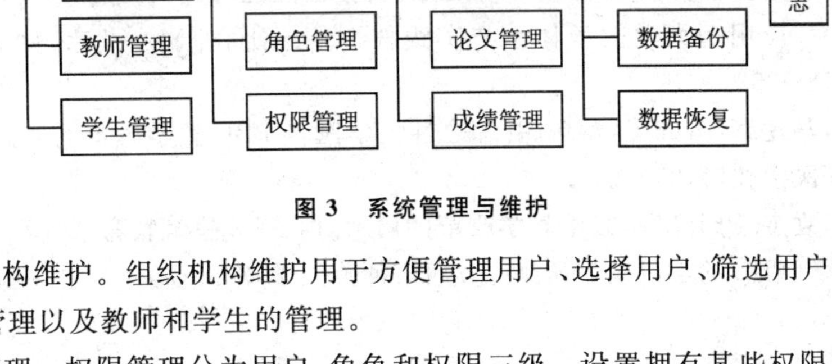

图 3 系统管理与维护

① 组织机构维护。组织机构维护用于方便管理用户、选择用户、筛选用户等,主要功能包括对院、系的管理以及教师和学生的管理。

② 权限管理。权限管理分为用户、角色和权限三级。设置拥有某些权限的角色,再设置用户担任某个角色(例如担任教师角色),该用户就拥有相应的权限。

③ 模块课维护。系统管理员对模块课的信息进行维护，包括新增、查找、编辑、删除、提交模块课、规则设置、考核权重、教学班设置、课程维护、论文教师权重设置、论文试题选择、学生成绩汇总等功能；此外，系统管理员还可以对进行中的模块课的学生期中、期末成绩进行维护。

教学班是系统管理的重要对象。教学班由一个或多个自然班组成。指定教学班所包含的自然班后，其中包含的学生自然列出。

④ 系统操作日志。系统自动记录操作日志，用户登录日志后可以方便地查看操作日志。

⑤ 系统维护。系统维护包括数据备份、数据恢复以及数据字典的维护。

参考文献

[1] 崔炳权，何震宇，王庆华，李红枝. PBL 教学法的研究综述和评价[J]. 中国高等医学教育，2009(7).

[2] 温世浩. PBL 和非 PBL 毕业生的综合能力比较[J]. 复旦教育论坛，2006(3).

[3] 梁燕，汪青，钱睿哲，鲁映青. 从学生的视角看 PBL 教学实践的效果和努力方向[J]. 复旦教育论坛，2009(7).

[4] 胡晓源，王琼. 网络环境下 PBL 的设计与应用分析[J]. 南昌教育学院学报，2010(12).

[5] 王军明，毛柏青，张虹，项楠，胡军，蒋玲. 基于网络模拟医院平台的 PBL 临床教学体系的建设与实践[J]. 中国高等医学教育，2009(7).

[6] 王革，冀洪海，胥欣. PBL 课堂教学改革初探[J]. 口腔医学研究，2007(10).

[7] 韩丹，张晶. PBL 网络课程教学内容的设计[J]. 电脑编程技巧与维护，2009(6).

[8] 牛丽红，南克勉，王增田，宋立新. 解读 PBL 中的师生角色[J]. 中国高等医学教育，2006(7).

[9] 张永林. 一种改进的评价教学质量与效果的方法初探[J]. 长江大学学报(社会科学版)，2004(10).

[10] 陈婷. 个别化自主学习模式的网络课程设计与实践[J]. 惠州学院学报(自然科学版)，2006(6).

[11] 刘青松，闵令千，段瑞本. 谈谈自主学习教学模式的运用[J]. 教育探索，2002(3).

[12] 霍红颖，湛邵斌. 基于自主学习和协作学习的高职网络课程教学模式探讨[J]. 职业技术，2010(9).

[13] 高林. 应用型本科教育导论[M]. 北京：科学出版社，2006：159.

[14] 孙建京. 应用型大学教学体系与实践教学基地研究[M]. 北京：中国电力出版社，2007：185-252.

[15] 厉岩，马建辉，雷红英，蔡瑞鹏. 综合性大学医科 PBL 教学改革的实践与探索[J]. 中国高等医学教育，2009(4).

[16] 刘红，袁杰. PBL 对研究生教学改革的启示[J]. 高等建筑教育，2007(8).

[17] 何文孝. PBL 的学习模型研究[J]. 西南师范大学，2005(4).

旅游院校数据库课程案例实验教学法的研究与设计

安　颖*

摘　要：本文在明确文科院校数据库教学目标的基础上，提出案例实验教学法，并详细论述了如何围绕案例组织教学内容和设置实验环节的过程。通过采用案例实验教学法将抽象的数据库原理运用到实践中，建立起系统开发的整体概念。从而促使数据库课程更具实践性和应用性，并最终实现学生综合素质的全面提升。

关键词：数据库、案例、实验教学

1　引　言

数据库技术作为计算机最为广泛的应用之一，其应用的广度和深度已经向高校数据库课程教学提出了更高的要求。因此提高数据库课程的教学质量，对学生后续计算机相关课程的学习，培养学生的综合信息技术素养，乃至未来就业，都十分重要[1]。

目前，文科高校数据库教学中还存在着一些问题[2]。

1.1　从学生角度来分析

对于文科院校的学生，虽然中学时代已接触过计算机，但大部分同学计算机动手操作能力仍然相对较弱；另外，文科院校的学生存在着一定的思想误区，认为该课程与自己专业无关，因而对于该门课程的学习没有太多的兴趣和激情，不愿在这门课程上多花费时间。

1.2　从教师角度来分析

在传统的教学活动过程中，教师往往按照概念—举例—上机练习的按部就班的方式来组织教学。这种教学模式会使学生对课程的学习目的不太明确，不知道学完后能用它来做些什么。虽然学生把课程内容学会并不难，却并不十分清楚每一节课的内容是整个管理信息系统的一个组成部分，在头脑中很难建立起“系统开发”的整体概念。最终也就导致学生重理论、轻实践，动手能力普遍较差的现象。

1.3　从考核方式来分析

传统的考核方式通常是期末上机考试成绩加上学生平时的出勤和作业成绩。这样，平时学生来上课就是为了点名，而作业也是敷衍地复制一份，学生为考试过关而学，不注重自身能力的提高；教师为完成教学任务而教，没有重视学生综合能力的培养。

---

* 安颖，北京联合大学旅游学院通识教育中心，讲师。

因此，如何让学生能够理论联系实践，通过学习增强学生的动手能力、分析和处理问题的能力；如何在有效的时间里提高学生的知识水平，培养学生的学习能力，使学生的学习效果达到最优，是教学活动所应该考虑的。笔者在数据库课程的教学中采用了案例实验教学法，用案例引导教学，用实验强化教学。此外，课程考核除了期末上机考试成绩加上学生平时的出勤和作业成绩外，还增加了综合作业设计部分，由学生自己选题，设计一个完整的数据库应用系统。通过这几个部分的结合可以客观、综合、全面地考查一个学生数据库的掌握程度。在教学实践中取得了良好的效果[3]。

2 调整教学内容，通过实操理解概念

因为我校是文科类院校，学生学习的主要目的是具备数据库的基本应用能力，即：创建和设计表、表关系、查询、窗体、报表、数据访问页等最常见的应用，而数据库中抽象的理论模型、关系代数、数据库的设计范式对非计算机专业的学生来说，理解起来非常困难。如果仅凭教师的讲解，效果很差。我们在教学过程中改变了原来的教学顺序，先安排学生学习表、查询、窗体、报表等直观、可操作的知识，使学生先接触这些易见学习效果的内容，学期过半后，再返回学习数据库理论部分。这样，学生先有对数据库的感性认识，再学习抽象的理论知识，教学效果就会明显好转[4]。

3 精选案例，用案例引导教学

首先，教师在授课前，应该结合教学内容实际，精心设计、挑选一个与专业相关的、学生熟悉的行业，且功能相对完整的小项目（如：学生成绩管理系统），收集并整理相关教学资源，并提供给学生熟悉的行业且基本能够完成、与教学项目相近的小项目（如：图书管理系统、旅游目的地管理系统等），供学生选择，并引导学生进行项目选题。在项目选取上要注意，项目难度不宜过大，且在功能设计技巧上和界面设计上不宜过于完美；否则易于让学生感到“望而怯步”，丧失自信和学习的兴趣。我的做法一般是从学生“师兄师姐”的作品中选取功能较完整、做得比较好的项目作为讲解项目，切合广大学生实际水平，有利于调动学生学习的积极性和自信心，同时也增添了几分“挑战”的色彩。在长期的教学工作中，我注重对每一届的学生的“作品”以及教学资源进行分类整理，形成学习资源库，为以后教学“选取项目”提供参考依据。通过这些案例的讲解增加了学生对本课程重要性的认识，提高了学生学习的兴趣和热情，而兴趣和热情是任何知识学习最好的老师。

在每一次讲课中，我注重按照数据库开发的步骤，循序渐进地不断对案例提出更多的要求。因为数据库的基础是数据，所以数据库的首要操作就是建表和数据维护；有了数据后，就要从中查找出所需数据，从而引出数据库的查询操作；而对于数据的打印输出就要涉及报表操作；为了方便用户维护数据就要学会窗体操作……通过这一过程让学生逐步建立起一个完整的数据库设计理念，使学生全面了解一个具体的数据库应用系统的开发方法。

其次，通过改造案例来拓宽知识点。例如：将查询中由一个表提取字段拓展为从多个表提取字段；将参数查询（如：查找某个年龄段的员工）向参数与操作查询相结合的拓展（如：将某个年龄段的员工追加到一个新表中）等等。通过扩展知识点逐步培养学生举一反三、触类旁通的

学习能力。

4 精心设计，用实验强化教学

文科院校的数据库课程，强调实际能力的培养，偏重数据库应用。而应用能力的培养，与实验教学密不可分，也就是让学生通过实验来巩固和验证所学。实验的过程还可以发现知识结构的欠缺，进一步引发学习动机。因此教学过程中除了要重视案例的讲解，也要注重实验环节的设计。这两者是相辅相成、缺一不可的[5]。在教学过程中可以设置两类实验：上机练习和综合练习设计。

4.1 上机练习

上机练习以验证性、操作性实验为主，让学生理解数据库的基本概念和基本操作。每一次上机练习都与课堂教学内容相互衔接。指导学生依据老师讲解的“案例”，将所选的项目分解成相应的任务，使其与所讲解的“案例”密切相关，通过“模仿”、利用教学资源等学习方式完成任务。同时引导学生按照课堂上案例步步深入，每完成一个任务，就将该任务“组装”进来，最终“组装”成一个完整的数据库应用系统。

由于学生中存在动手能力、接受能力、学习主动性差异等问题，因此，教师在上机过程中，要巡回指导，查看学生任务完成情况。对于操作熟练、进度较快、有创新的学生给予适当的考评奖励，对于“偷懒”的学生也要记录下来。严格考评可以督促学生学习，同时也能发现学生对该次实验内容知识点掌握的情况，发现学习中的普遍性问题和新思路、新方法，实时解决普遍性问题或者请有独特新思路的同学演示自己的方法，对比各种方法的优缺点，鼓励大家再提出新观点，进一步调动同学们的积极性和参与程度，保障后续的实践课顺利进行，同时上机练习成绩也要作为期末考核成绩中的重要组成部分。

4.2 综合练习设计

在数据库教学中，一般要求学生能根据一个实际需求完成一个数据库系统的设计与实现。这是一个综合大作业，它可以分成若干个小的模块或任务，随着学习进程分步骤完成。

在第一次上课时，从“师兄师姐”的作品中选取功能较完整、做得比较好的作品演示给学生。然后告诉学生，他们经过一学期的学习，最后也能设计出相应的管理系统，树立他们的自信心。同时提醒学生上课时要随时思考老师所讲的教学内容与自己要设计的综合系统有哪些关联。这样学生带着问题去听课，学习的主动性自然就提高了。至于设计什么样的管理系统就由学生自己来决定了。当然作业的具体设计要求和考核标准要由教师详细给出。同时综合设计成绩也会作为最后考核成绩的重要组成部分。

当学生完成了系统设计任务后，教师可以挑选出几个优秀作品进行展示。首先由学生本人来说明实现过程，然后让大家一起来评论其优缺点并提出改进措施。这是最能体现学生智慧与学习成效的时刻。最后，由教师总评，着重阐明可学习和借鉴之处，并指出需要完善的地方。这样的分析与评价，在刺激学生积极性与增强自信心的同时，也让学生懂得学无止境的道理，学会谦虚谨慎，使学生的素质得到全面的提升。

5 结束语

数据库是一门实践性很强的课程。这就要求教师要敢于突破传统的教学方法和思维方式，既要让学生学好抽象的数据库原理知识，又要重视系统设计的思想，提高实际操作技能。

在数据库课程的案例实验教学过程中，首先，通过对典型案例的分解、分析、使学生体验理论知识在实际应用中的作用，形成解决问题的思路和方法，达到触类旁通的效果。其次，通过对实验教学环节的设计有助于促进数据库课程理论联系实际，掌握实际操作技能，使学生将抽象的数据库原理运用到实践中，从而促使数据库课程更具实践性和应用性。

从实践效果来看，案例实验教学模式更符合教学规律。通过此教学法，获得了良好的教学效果：

第一，学生通过这种教学方法，可以很好地将知识和具体应用结合起来，在项目开发设计过程中培养了学生的“知识应用能力”和“创新能力”。从学生最后完成项目情况和上交的作品来看，学生基本上掌握了所有知识点和技能点，达到“知识应用能力”的培养目标。

第二，由于项目分解的每个任务，在功能上具有一定的完整性，同时任务之间存在着一定的层层推进关系，能够让学生在步步深入的过程中，领略到每步成功的喜悦，大大提高了制作的兴趣和学习动力。

总之，案例实验教学模式使学生通过不断地发现问题—分析问题—解决问题的过程，真正达到了该课程的能力要求，而随之架构起来的学习能力更是“教”不出来的能力。当然，基于案例实验的教学模式对教师的教学业务能力、专业实践能力、课堂项目组织能力提出了更高的要求。这也是“教学相长”必然的要求。

参考文献

[1] 王应解.在本科教学中引入项目开发的探索与实践[J].高等教育研究，2007，24(3).
[2] 张振莲.数据库系统课程教学改革的探索[J].中国成人教育，2007，6(73).
[3] 徐英俊.教学设计[M].北京：教育科学出版社，2001.
[4] 吴达胜，刘丽娟，孙圣力.数据库原理与技术的理论与实践教学的整体优化研究[J].计算机时代，2005.
[5] 翟中.数据库教学方法改革的探索与实践[J].黑龙江高教研究，2006.
[6] 王祥仲.任务驱动教学法在计算机教学中的应用[J].福建电脑，2005(3).

互动式教学模式运用策略探析
——以“21世纪大学英语”课程为例

莫 苛*

摘 要：在当今的大学英语课堂上，英语教学已经从以教师为中心转向以学生为中心，从以知识传授为重点转向以学生的参与为重点。在这个转变过程中，“互动教学”的学习模式越来越引起教师的青睐。本文尝试在《21世纪大学英语》授课过程中，为避免使课文的讲解枯燥乏味，灵活和巧妙地运用“互动”这种模式，分别在课文讲解之初、在讲解课文理解的过程中，以及课文讲解结束后，都加入互动教学的模式、小组合作、小组讨论、师生问答式互动、学生间合作学习等，用上述这些方法促使学习者主动地学习课文知识，使得学生更加充分和牢固地掌握课文知识。

关键词：英语课堂、教学模式、互动式、小组讨论、小组合作

1 引 言

传统的大学英语课堂上，教学被认为是教师传递知识的过程，教师与学生之间，学生与学生之间很少有用英语交流的机会。在当今的大学英语课堂上，仍然有众多的教师和学生认同这种教学法，默认与此相关的一切教学内容和方式，在教学内容上，教师被认为是主要的知识来源，学生只是被动的接受者。在这样的学习环境中，教学课堂往往让人觉得枯燥，乏味，知识不容易被学生接受和吸收。

过去二十年来，英语教学已经从以教师为中心转向以学生为中心，从以知识传授为重点转向以学生的参与和知识发展为重点。在这个转变过程中，人们开始关注“互动教学”的学习模式。因此，充分发挥和运用“互动教学”的模式，采取新颖的教学手段，已成为大学教师的首要任务。大学生已经脱离了高考依赖式的学习阶段，向着自主学习方式迈进，教师可以因势利导，让这种学习方式渗透到各个学习层面和环境当中。尤其在大学英语教学课堂上，可以充分发挥和运用“互动”这种模式，在教师讲解大学英语课文时，加以灵活和巧妙地运用。

在大学英语课堂上，教学的重点是要让学生对每个单元课文的语言点、语法点、单词、文化背景、语篇结构和写作特点进行全面而深入的了解和学习，并且同时还应将所学知识熟练运用，用口语复述或以写作的方式产出。这样才能对每一课所学的知识有所总结和思考。本文拟探讨用互动教学学习模式进行大学英语课堂授课，在课文讲解的开始阶段，用小组讨论的方式熟悉新课文，学习课文新单词采取小组合作学习的方式，理解课文内容时采取师生互动、问与答的方式。课文讲解结束后，用口语复述的方式再次巩固所学知识，每次讨论或互动都由教师进行总结、分析；结合课文的单词、句式及课文的内容，使学生加深对课文的理解以及熟悉程

* 莫苛，北京联合大学旅游学院国际旅游系，讲师。

度，并能通过口语表达出来。主动的参与方式会使不太吸引人的课文变得生动起来，而原本难讲的课文也会变得容易让人接受，还可以获得最佳教学效果且课堂气氛活跃，使知识的吸收有着更充分、更最完善的效果。

2 互动式教学模式的内涵及特点

2.1 什么是教学模式

"教学模式"一词最初由美国学者 Bruce Joyce 和 Marsha Weil 在 *Model of Teaching*(1972)中提出的。教学模式是系统地探讨教学目的，是依据教学思想和教学规律而形成的，是在教学过程中必须遵循的比较稳固的教学程序及其方法的策略体系。

教学模式是教学思想与教学规律的反映，它指出了教学的目标，规范了师生双边活动，确保了教学程序的实施，指出了应遵循的原则，因而，它是师生教学活动的指南。教学模式包括很多具体内容，如教学实践、教学程序、教学方法、教学手段、教学组织形式等。教学模式将它们融为一体，把抽象的理论转化为具体的操作程序，它可以使教师明确教学的侧重点和先后的顺序，以及如何操作，教师可以根据教学的实际需要进行选择和运用各种教学模式。

2.2 互动式教学

互动是指一切存在物质之间的相互作用与影响，它是指在一定社会背景与具体情况下，人与人之间发生的各种形式、各种性质、各种程度的相互作用和影响。它既可以指人与人之间相互作用和相互影响的方式和过程，也可以指一定情境中的人们通过信息交换和行为交换所导致的相互之间心理上和行为上的改变。"互动教学"，是一种能增进课堂教学效果，充分调动师生双方积极性的教学方式，还能培养学习情感态度、促进学生主体性发展。互动教学的突出特征就是"参与性"，它通过强调教师与学生的双向交流，充分调动双方的积极性和能动性，从而活跃课堂气氛，实现教与学两方面的最佳效益。课堂教学互动是指师生互相交流，共同探讨，互相促进的一种教学组织形式。

2.3 互动式教学模式的特点

课堂互动教学模式具有如下特点：

① 互动是存在于课堂上，在师生之间、生生之间发生的一种人际互动。互动的主体是教师和学生，在互动中，无论是师生的身份还是互动的目的、内容和互动发生的途径、情境等，都体现出了明显的教育性特点，并且师生双方在互动中是同等重要、互为主体的。

② 互动是一种交互作用和相互影响的过程。互动不是教师对学生或学生对学生的单向、线性的影响，而是师生间、学生间的双向交互的影响。同时师生间和学生间的这种交互作用和影响又不是一次性的或间断的，而是循环的连续过程。师生正是在这样一个连续的动态过程中不断相互作用和互相影响从而获得自身发展的。因此，课堂互动教学模式体现出明显的交互性、连续性的特点。

③ 互动包括师生彼此间的一切相互作用。其形式可以是多种多样的，就教师而言，有教师与个别学生、小组学生或全体学生三种不同形式的交往；就学生而言，有与教师个别的交往，

也有与学生个体、学生小组、学生全体的交互作用。另外,交互作用的内容也是丰富多样的,就教师而言,如对学生知识的教育、情感的交流、行为的指导和社交能力的培养等;就学生而言,可以是学习态度、价值观、能力等的相互影响。因此,课堂互动教学模式包括了多种形式、多种内容的互动。

根据以上特点,本文拟探讨非专业英语的课堂授课中展开互动式教学模式,课文内容与讨论相结合。无论是课文开始的导入部分,还是单词的讲解、课文内容的理解,以及课文的练习部分都可以安排小组讨论,先开展学生之间的互动,然后,让小组长互相交换讨论结果,最后上报教师,教师和学生互动。教师再根据讨论结果总结全文中心词汇,以及拓展思路和视野,记录和分析讨论结果。旨在让学生能自由驾驭某一方面的话题,最后让持有与大多数思想观点有所不同的同学上台发言,以领略新颖而不同的思想内容。

3 互动教学模式在课堂教学中的运用策略

3.1 用小组讨论的方式熟悉新课文

小组是指两人或多人相互作用、相互影响致力于完成一个共同的目标而组成的小集体。讨论是指两人或多人相互交换意见或进行辩论,从事或严肃、或嬉戏的互惠活动。小组讨论作为合作学习的一种方式,提供给学生相互作用、加入课堂学习的机会,使所有的学生都有机会表达自己的思想观点,锻炼和证实自己的能力;听取同伴的想法,纠正他人的错误,丰富自己的知识,集思广益,开阔视野,从而形成新思路、新方案。向同伴解释学习材料,说出自己的理解,听说双方均能从中受益。

当进入一个课文的新单元时,可以运用小组讨论的方式熟悉和了解新课文,也称作课文导入。这种方式的特点是时间长,互动较深入,既有学生之间的互动,也有师生之间的互动。

以《21世纪大学英语》第一册第一单元为例,题目:*Secrets of A Students*《学习的秘密》。

(1) 设置相关问题

a. Have you ever been thinking of becoming a top student?
你有没有想过当最棒的学生?

b. How can you become a top student? Is there any secrets?
你如何成为最棒的学生? 有没有什么秘密?

c. Do you have any special study techniques which have been very successful for you?
你有没有什么特别的技巧使你曾经很成功过?

(2) 开展学生讨论

Learner-involving activities, students are divided in group 4～6, a reporter is selected for each group.

现在将学生分为4～6个学习小组,进行讨论,每组选择一个记录员。

Step 1: Take out a piece of paper and write down what you have in your mind about how to study effectively.

第一步,拿出一张纸,写下有关如何有效学习的策略。

Step 2: Share your notes with your partners and ask questions like "Do you have any secrets that you can study well?"

第二步，与小组成员分享问题，如：你有什么秘密使得你学习很好吗？

Step 3: Student's representatives make a conclusion on your group's discussion.

第三步，小组记录员总结发言。

Step 4: The reporter presents the main idea to the teacher.

第四步，小组记录员将结论上报教师。

Step 5: The teacher write them down in front of the students to compare their notes and broaden Ss' vision on studying.

第五步，教师当众在黑板或银屏上写下所有讨论结果的主要观点，扩大学生的视野。

下面是第一单元 *Secrets of A Students*，讨论的结果例证取自非英语专业大学一年级旅游管理班，教师可以根据此结果分析、讲解，力争让学生多记单词，留下深刻印象。因为是自己参与的，学生容易记住，教师的目的是让学生在这一主题下所有的单词都能熟练运用并谈出观点。教师最后在屏幕或黑板上列出讨论的方案和结果、结论，不要草草收场，甚至扔掉结论，要逐条列出加以分析、反复强调，并让大家多欣赏自己总结的成果，以做到在某个话题和领域上自由驾驭。

Group 1: short break, stretch, English Songs, movies, communicate with foreigners

Group 2: listen to teacher carefully. revision, stick to

Group 3: confidence, knowledge, skill, determine to do it, trust, shy

Group 4: self-study, books, dictionary, culture

Group 5: consult dictionary, translate by yourself

Group 6: interest, control yourself, effort

Skim, preview, review, study regularly, plan your time, Good place to study, without distractions

通过这种小组讨论和教师总结的方式，学生顺利地初步了解和熟悉了课文的背景和所要探讨的知识领域，对课文有了初步印象。

3.2 讲解课文单词，采取合作学习的方式

小组中学生间的互动、合作学习不仅有利于所有学生的参与，而且能充分展示各自的个性，有助于培养相互合作的精神，在互探、互学、互帮、互促的过程中，将个人的发现转化为共同的财富。

第一种：也是较常用的一种，同桌为一个合作学习小组。其优点是随机进行，轻巧便于操作。

教师在串讲和熟悉课文单词时，采用让学生互动的方法，同桌两人一组念单词，然后逐一总结、归类；学生自学并且互动，然后上报教师，师生互动。把词根类似的归类，同义词归类，再将同一词汇的变形和变性归类。最后按照准确发音读出来。

还是以《21世纪大学英语》第一册为例，第一单元 *Secrets of A Students*《学习的秘密》，同桌互助学习，在课文里找出如下分类后的词组，

high-achieving a. 得分高的

underachieving a. 未能充分发挥学习潜力的，学习成绩不良的

assign vt. 委派，指派

assignment n. 指定的作业，任务

ignore vt. 不顾，不理，忽视

ignorance n. 无知，愚昧

ignorant a. 无知的，愚昧的，很无礼的，十分不懂规矩的

irrelevant adj. not having any real connection with or relation to something else. 不相关的，不相干的

通过合作学习单词，学生对课文中的单词，句式，词性，语法等方面有了进一步的了解，比起生硬地背诵和朗读单词，互助方式学单词更加积极、有效。

3.3 在"交流—互动"的教学中，学生的互动是以教师的启动为基础的

教师在讲授新课前对学生作适当的引导，在讲授较难理解的课文前，先向学生介绍一下有关背景知识并提出教学要求，为学生的理解打下良好的基础。教师主要做好引导工作，扫清学习新知识的障碍，为学习新课提供丰富的感性材料。

讲解课文内容和理解课文时，采用学生之间开展讨论，教师可以间或提问和参与讨论，师生之间的讨论可以记录下来，鼓励学生提供有关的词汇或新观点，这样可以增强学生的表现欲和促进在课文中寻词。

以《21世纪大学英语》第一册为例，第一单元 *Secrets of A Students*《学习的秘密》，课文内容的理解可以根据课文内容提问，让学生在课文中找出答案。

① What is the key to success in college according to the authors?
作者认为大学学习成功的关键是什么？(10 minutes)

② How do some students get to the top of the class?
学生如何达到成功？(10 minutes)

③ What do the authors mean by concentrating?
作者认为思想集中是什么意思？(10 minutes)

④ Why is it important to organize your materials?
为什么把学习材料规整好非常重要？(10 minutes)

⑤ Why does Amanda's study schedule include breaks every two hours?
为什么 Amanda 的学习计划中包含两个小时的休整时间？(10 minutes)

⑥ How to read effectively according to Amanda?
在 Amanda 看来，如何才能高效学习？(10 minutes)

⑦ How does Amanda take her notes in class?
Amanda 如何在课上记笔记？(10 minutes)

⑧ Why is asking questions important?
为什么课上提问题很重要？(10 minutes)

⑨ What are the benefits of studying together?
共同学习有何益处？(10 minutes)

教师给每一道问题预留10分钟的寻找时间，让学生在课文中找寻答案，一旦找到答案后，可以给大家宣读答案，并谈谈自己的看法，然后教师公布正确答案。所有问题从课文开头贯穿到课文结尾，囊括所有课文内容。通过回答这些问题，以及师生的互动，可以确保对课文内容

有整体把握。课文理解结束后，在课文理解的基础上，教师可以对课文的写作特点、手法、课文的结构进行逐段分析，对课文的难句也要精心讲解。

课文全部讲解结束后，为加强对课文内容的理解和熟悉，可以再次采用口语复述的办法加深对课文的记忆。实际上，采用师生互动的方法强化和巩固知识点、语言点、单词等是非常有必要的，而且还要让学生做一次口语叙述，内容要紧紧结合这个单元的主题。

任务要明确，布置关键词，内容全部来自即将讲解的课文。然后教师可以用英语讲一个激发话题的例子，要求简单，容易上口，继而带动学生用关键词谈出自己的理解和看法。此种方法作为对新课文的引入，具有深入浅出、自然清新、容易聚合大众注意力的特点。尤其在大专班的实践证明，它不仅可以带动学习积极的学生参与，同样也可以使学习不太积极的学生饶有兴趣地加入进来。关键在于，教师要做到激励学生畅所欲言，用词达意。比如：

① 以《21 世纪大学实用英语》（非专业英语大专班）课文第四课 *The Treasure in the Orchard*（《园林中的遗产》）为例，内容是有关遗产的。提问：What would a dying man leave to his children? (10 minutes)（父母过世后一般会给孩子留下什么样的遗产）这时将课文中学习过的 heritage，treasure，rubies，property，promise，pearl 等单词展示给大家并帮助学生记忆。

② 再比如课文 *Exercise: What Can It Do for You*?（锻炼身体，对你有什么好处吗？）是有关锻炼身体的，则课文学习可以利用单词：physical fitness，nutrition，immune function，cardiovascular，oxygen，calorie 聊一下健康、减肥方面的话题。比如，你认为最好的锻炼方式是什么，吃什么食品最减肥，等等。运用这种课后互动的方式，帮助学生在学习课文之后主动将相关的单词逐步了解其语义并记住，在课文语境中学习和巩固知识，达到主动学习的目的。

具体而言，互动教学有以下三个特点：

① 改变了学生被动听讲的局面，学生参与教学活动的机率增大。互动教学能促使学生发挥主体性，使他们通过自己的积极思考领会所学知识，在参与中完成学习任务。

② 改变了教师传统的工作方式，即由"知识传授"转向"启发引导"。教师的工作重心由注重知识的传授转到调动学生课堂学习积极性和促进学生知识能力掌握这两方面上来。

③ 使"教"与"学"两方面的活动有机地统一起来。

在课堂上的各种交互活动中，教师与学生相互呼应，师生间的距离得以缩小，从而有利于教学双方最佳状态的发挥。

最后让持有与大家不同观点的学生上讲台发言，为大家开扩视野。

4 结束语

总之，将互动的学习模式纳入大学英语课文讲解是一种行之有效的方法。小组讨论可以就主题内容、组织结构、语法、语篇连贯、文字表达、语言修辞等问题进行协商、讨论。在小组讨论的过程中，对主题内容的挖掘、词汇句式的选择、语篇结构的分析、读者意识的培养以及西方思维模式的建立都有积极的影响。将互动式教学引入教学后，大家发现，学习英语虽然不是一件容易的事情，但却可以通过一种积极的方式来完成，在进步中感受到讨论带来的快乐和成就。老师的成就感和愉悦感也从学生不断提高的语言水平中得到满足。

参考文献

[1] Gloria J, et al. Effective Group Discussion: Theory and Practice[M]. Omaha: University of nebraska, 2001.
[2] 段凌峰.小学英语课堂互动教学模式的研究[D].长春:东北师范大学,2007.
[3] 郭爽.大学英语互动式教学的探究[D].长春:东北师范大学,2007.
[4] 林爱玉.小组讨论在大学综合英语课堂的使用[D].福州:福建师范大学,2006.
[5] 徐茂红.小组讨论在大学英语写作教学中的运用[D].武汉:华中师范大学,2007.
[6] 王金阳.小组讨论方式在大学英语教学中的运用[J].沈阳教育学院学报,2011,13(3).
[7] 李娟.影响大学英语课堂小组讨论的因素分析[J].河南职工医学院学报,2009,122(3).

大学课堂吸引力提升策略探析

——以旅游学院博雅实验班“旅游地理学”课程为例

孙业红*

摘　要： 大学课堂是否能够起到传递知识和启迪智慧的作用对于能否正确发挥高等教育的功能具有重要作用。大学课堂与中小学课堂有很大的区别。大学教育不能仅注重知识的讲授的趣味，更重要的在于培养大学生正确的世界观、人生观和价值观，培养其独立思考的精神和能力，培养其自主学习和创新的能力。文章讨论了大学课堂的特点、大学课堂吸引力的影响因素以及大学课堂吸引力提高的途径，同时以旅游学院博雅实验班为案例，讨论了基于认知主义和建构主义理念的教学模式对于提高教学吸引力的影响。

关键词： 大学课堂、吸引力、博雅实验班、建构主义

最近一部名为《教育能改变吗?》的电视纪录片引起了大家的广泛关注，在《大学危机》一集中展示了公众对于中国大学教育问题日益严重的失望情绪，从而也引发了大家对大学教育模式、大学培养目标、大学课程设置、大学精神等问题的广泛讨论和思考。片中关于大学生逃课的问题进行了深刻的反思，很多学生直言大学课堂没有意思，老师读教材枯燥无味，甚至很多学生认为逃课已经成为一种时尚，不逃课的大学生活是不完整的。大学严重的逃课现象已经成为影响大学教育的重要方面，不仅影响了老师的积极性，同时也造成了学生们对大学课堂失去兴趣的严重负面影响。因此，提高大学课堂的吸引力，降低学生逃课率对于提高大学教育的质量具有重要作用。本文将对如何提高大学课堂吸引力的问题进行探讨。

1　大学课堂的特点

大学课堂是大学教育的直接入口，也是学生和老师接触的主要形式，因此，大学课堂是否能够起到传递知识和启迪智慧的作用对于能否正确发挥高等教育的功能具有重要作用。大学课堂与中小学课堂有很大的区别。大学是“传播人类积累的文化和科学经验的主要工具”[1]，英文中的大学一词为University，是由Universe(宇宙)这个词的前身派生而来的，可见“大学”是一个与整个宇宙和世界有关的词。《礼记》中的《大学》也是关于“修身、齐家、治国、平天下的理学代表作”，同样体现了“大学”的宏大精神。因此，大学课堂应该是基于这种宏大精神基础之上。由于教育的本质在于对人的培养和对人社会化的培养[2,3]，大学的课堂教育应该也是建立在这个基础之上的。

因此，大学课堂不能仅注重知识及其讲授的趣味，更重要的，其特点在于要培养大学生正确的世界观、人生观和价值观，培养其独立思考的精神和能力，培养其自主学习和创新的能力。

* 孙业红，北京联合大学旅游学院旅游发展研究院，副教授。

正确的世界观、价值观和人生观是做人的根本，只有这"三观"正确才能成为一个完整且对社会有贡献的人；否则知识越多越危险，尤其是在科技发达和利益诱惑巨大的社会中。这一点尤其重要。独立思考的精神和创新能力是社会发展的动力，大学教育必须具有启发性，激发学生的思考精神和原创动力，而不能培养只会背书不懂思考的"书呆子"。目前，这也是大学教育中很缺乏的，这正是混淆了大学课堂与中小学课堂区别造成的后果。哈佛大学前校长布罗纳也曾对每年来哈佛的新生说："听着，你们到这里，不是来发财的。你们到这儿来，为的是思考，并学会思考。"这也是国外很多大学的培养目标。

2 影响大学课堂吸引力的主要因素

很多学者对大学课堂教学进行了相关研究，研究的焦点集中在大学课堂的有效性[4,5]、大学课堂的创造性[6]、大学课堂的模式[5,7]等。在认知主义和建构主义理论支持下，以学为主的学习模式和教育模式受到了很多学者的推崇[8,9]，但事实上在实际课堂运用中却显得非常罕见，传统教学模式仍然占据统治且难以撼动的地位。然而，要提高大学课堂的吸引力，必须要对传统的教学模式进行改革，以认知主义和建构主义理论为基础构建学习情境，进行协商和会话，提高学生自主学习的能力。

影响大学课堂吸引力的因素有很多，其中主要包括以下几个部分：

2.1 高素质的大学教师

已故清华大学校长梅贻琦1931年在清华的就职演讲中说："一个大学之所以为大学，全在于有没有好教授。孟子说：所谓故国者，非谓有乔木之谓也，有世臣之谓也。我现在可以仿照说：所谓大学者，非谓有大楼之谓也，有大师之谓也。"张维迎在其著作《大学的逻辑》中指出：现代大学的理念是为人类创造知识、传授知识、传承人类文明、推动社会进步，实现这一理念最重要的条件是，大学的教师队伍是由真正对研究和教学有特殊偏好、最具创造力、最能做出原创性研究成果的学者组成，并享有充分的学术自由[10]。高素质的教师不仅具有开阔的思维，而且具有很强的科研能力，可以随时把科研成果放入讲课内容，让学生了解学术前沿和提高其对知识获取途径的认识。高素质的老师不传授知识，而是传授思维方式和学习方法，让学生具备自主学习的能力。事实上，很多学生喜欢一个老师的课都是被其个人魅力所吸引，这种魅力是由内而外散发出的学识和气质。

2.2 正确的教育培养目标

大学的主要目标是培养学生正确的价值观、人生观和世界观，掌握学习和思考的能力，掌握获取知识和信息的能力，掌握创新思维的能力，而不是简单的知识传授。目前，中国的大学教育普遍存在将知识和技能传授作为主要工作的误区，采用教师讲授、学生被动接受的方式，提供唯一答案，不能起到启发学生智慧和创造能力的作用。国外大学教育和中国相比就有完全不同的做法。例如，美国的大学教育强调教重要，学也重要，甚至学比教更重要；学生是学习的真正主人，被动强迫式的学习是不会有好结果的；特别重视课堂上和课堂后的结合，特别强调民主、平等的教学和师生关系；特别强调思维教学、能力教学，而不仅仅是知识教学。因此，需要通过很多方式来进行教育，如通过讨论、研讨会、课外考查与实践、多样化教材与大量阅读、课后见面讨论等方式来促进学生的学习等[11]。这种教学方式对于提高学生的自主学习能力和思考创新能力具有非常重要的作用。大学课堂中需要时刻体现这种教学理念，激发学生的兴趣，从而提高其学习的兴趣。

2.3 理论联系实际

大学教育强调的“理论联系实际”不是指培养学生的技能和动手能力，那是职业教育的培养目标。所谓大学教育的“理论联系实际”是指将市场和现实生活与教育紧密结合起来，例如美国斯坦福大学在 Iphone5 刚上市就开了一门“如何为其设计 APP 客户端”的课程，深受学生们的欢迎。这种教育传递出一种信息，即知识在现实中是不断更新的，而不是传授课本上现成过时的知识。这样才能真正激发出学生学习的热情，同时也提高了其跟随新事物进行新应对的能力。

2.4 课堂传授形式

这点强调的是教师在传授知识和启迪智慧的过程中所采用的各种教学形式，如语言的表现、肢体动作的表现、教学媒体的表现等。这些属于辅助性的条件，然而也会影响学生的学习情绪。如果一名教师满怀激情的讲课，学生会受到其感染，如果采用很新颖的讲授形式，会激发学生更多的想象力。野外的实地讲授会带学生进入学习的情境，使其主动构建出学习的环境。这些条件都会影响到大学课堂的吸引力。

3 提高大学课堂吸引力的措施

因此，要想提高大学课堂的吸引力，须注意以下几个方面。

3.1 提高授课理念的现代化水平

精彩的大学课堂必须有现代的教学理念和授课理念，明确授课的目标不是简单的传授知识，而是培养能力和价值观。在这种授课理念的指导下才能正确地进行教学设计，选择合适的教学材料，运用正确的教学方法，实现预定的教学目标。

3.2 加强课堂和知识组织的逻辑性

大学的课堂必须传授系统的知识和逻辑框架，而不是简单的知识碎片。大学的授课需要建立在系统论的基础之上，采用建构主义的理论，构建学习的情景和逻辑。

3.3 提高知识的连贯性和整体性

大学课堂知识讲授不能只局限于课本和教材，需要根据现实社会中发生的事件以及结合国际同类的研究进行讲解。知识中需要体现出连贯性和整体性，而非简单的就事论事。同时，知识要放置到理论框架中进行分析和检验，培养学生对理论的理解和推进能力。

3.4 增加课堂的灵活性

大学课堂必须体现灵活性，根据教学目标和所授知识的不同决定授课的风格，多采用讨论、研讨和辩论的方式，通过对某一案例或理论的探讨激发学生对知识的理解和创造力。通过课下阅读的方式培养学生获取知识和信息的能力。

3.5 增强语言的多样性

大学课堂中使用的语言应根据课堂内容的设置采取不同的方式，有些使用讲述性语言，有些使用启发性语言，有些需要使用肢体语言，有些需要结合内容进行英语等进行讲解，提高学生对知识的理解能力。

3.6 授课形式的多样化

采用多样化的授课形式，采用交互式讨论、野外调查汇报、多媒体配合等多种授课形式，提高学生学习的兴趣。在授课时多设置思考的问题，同时结合国内外学术研究的前沿，开阔学生的思路，提高学生思考的能力。

4 博雅班授课案例

旅游学院博雅实验班是旅游学院经过考试挑选形成的优秀学生群体，因此在培养方面配备了较好的师资条件和学习环境，在课程设置方面也与普通班有所区别，其目的是更好地提高博雅实验班同学的综合素质。这种实验班属于分层培养的一种实验模式，虽存在一定争议，但对于博雅班同学的发展也有很多好处。由于笔者讲授旅游学院博雅实验班的旅游地理学双语课程，因此以此为例说明提高大学课堂吸引力的一些方法及其产生的效果。

授课对象：博雅班本科生

授课课程：旅游地理学双语课程

授课目标：讲授旅游地理学的基础知识，培养学生的地学思考意识，提高其思考和创新能力，为以后从事相关领域的工作奠定基础。

学生对象分析：三年级本科生，具备一定的旅游基础知识，没有地理学基础知识，语言能力较好，但英文授课具有一定困难。

授课理念：基于认知主义和建构主义的理念，充分发挥学生的积极主动性，教师主要起引导作用。

授课方法：通过讨论、多媒体展示、情境构建等交互方式进行教育，提高其语言和知识的理解能力，同时拓展其思路。

提高课堂吸引力的经验分析：

第一，课程全英文讲解，但使用口语化诙谐语言，以短句和问句为主，结合肢体语言和表情语言，吸引学生的注意力，若发现有迷茫状学生则换其他表达方式继续重复。

虽采用英文讲解，但学生听课认真，能够跟上教师思路，同时积极用英语思维方式构建知识体系，没有出现因跟不上而放弃听课的学生。

第二，结合现实生活中具体旅游案例和学生本身的兴趣点进行交互讲解。如，讲授《旅游流》一章，通过 ppt 多媒体动画形成旅游目的地、旅游客源地、旅游通道以及相关影响因素的系统；通过和学生一起讨论从北京到罗马的整个旅游过程，构建学生对旅游系统的整体理解；通过具体的旅游事件分析各种影响因素的重要性。过程中提出启发性问题，如："旅游是一种人的基本权利吗?""旅游对社会的可持续发展有何影响?"等社会学思辨性问题,激发学生对社会问题和较高层面的权利、价值等哲学问题的思考。

思辨性问题的提出让学生跳出课本进行积极思考,现实的案例和讨论充分调动了其思考的积极性,和老师建立了平等的关系,积极发表自己的观点。教师对学生回答和讨论进行部分引导,保证讨论在主题范围内。关于一些科学哲学问题的讨论的引导可以极大促进学生正确世界观、价值观和人生观的构建。

第三,讨论的过程中不设定答案,抛出问题让学生自己寻求答案,培养其获取知识的能力和分辨有用知识和信息的重要性。通过让学生自己讲授所学知识,培养其对知识的理解能力,同时培养其正确的知识观,即知识是人智慧的不断积累。这种积累建立在大家智慧的基础上,也是不断更新变化的,使其认识到只要努力思考,自己的智慧也可以构建出更好的理论框架。这才是掌握知识的真正意义。

通过讨论和开放式问题,提高了学生的思考能力。学生在听课和讨论过程中表现积极,结合学生家乡的案例探讨旅游地理学的核心观点"地域性",激发了学生对家乡的热爱和"地方感"的建立。因此,当涉及到自己的家乡等问题时,学生们的思维显得更加活跃,讨论内容也更为具体和充实。

5 结论

综合分析来看,大学课堂吸引力的提高涉及很多因素,但最重要的是高素质的教师、正确的教学理念和培养目标以及将理论与现实相结合,知行合一的教育模式。博雅实验班的案例表明,采用建构主义的教学理念增强学生自主学习的能力对于学生有很大的吸引力,课堂以讨论而非讲授为主可以让学生真正参与到课堂教学中,实现"教"与"学"的良性互动;提高其课堂注意力和获取知识的欲求,同时也在学习的过程中建构正确的世界观、人生观和价值观。

参考文献

[1] 国际21世纪教育委员会. 教育——财富蕴藏其中[M]. 联合国教科文组织总部中文科,译. 北京:教育科学出版社,1996.
[2] 潘懋元. 高等教育学(上)[M]. 福州:福建教育出版社,1984.
[3] 王冀生. 宏观高等教育学[M]. 北京:高等教育出版社,2000.
[4] 袁曦. 大学课堂教学有效性初探[J]. 学习月刊,2011(1):116-117.
[5] 罗守贵. 大学课堂教学的任务与模式[J]. 常熟高专学报,2000(1):97-100.
[6] 张旭. 在大学课堂教学中开展创造性教学初探[J]. 读与写杂志,2008,5(3):56.
[7] 李志义. 大学课堂教学:是"喂食"还是"吊胃口"[J]. 中国大学教学,2008(11): 4-5.
[8] 邹萍. 认知学习理论对大学课堂教学的启示[J]. 文化学刊,2011(1): 29-32.
[9] 张怡斌. 建构主义学习理论在开放式大学课堂教学中的应用[J]. 高等教育,2011(8): 33-34.
[10] 张维迎. 大学的逻辑[M]. 北京:北京大学出版社,2004.
[11] 吴绍春. 从11门课程看美国大学的教学方法和理念[J]. 西安欧亚学院学报,2008,6(3):15-18.

“景区管理信息系统”课程实验教学的改革探索

赵 欢*

摘 要：景区管理信息系统课程中实验教学设计的好坏直接影响到学生对景区信息化管理的理解与应用，本文主要介绍了景区管理信息系统课程中实验教学的改革思路，通过实例介绍了该课程实验中各种实验的设计方法，力求在实验教学中实现旅游专业理论知识、信息化管理、应用技能、创新能力的有机融合。

关键词：实验教学、景区管理、景区管理信息系统

1 引 言

学生能力的培养依赖于人才培养方案中的各个环节，其中实践教学体系与理论教学体系共同构成了能力培养的两条主线。实验教学是人才培养的重要教学环节，是培养学生实验技能和动手能力的主要方式，对提高学生分析问题和解决问题的能力，培养学生理论联系实际的学风、严谨求知的科学态度和从事科学实验的基本素质，尤其对提高学生的综合素质、培养学生的创新精神与实践能力具有特殊作用。

加强实验教学建设，要不断地在教学实践中更新实验教学理念与开拓改革思路，把教学实践与高校培养高级应用型人才的特色结合起来，实现理论教学与实验教学的有机融合、专业知识与应用技能的有机融合，使学生在实验教学活动中得到“专业化”和“职业化”培养。

如何通过有限的课时，强化专业理论的理解与应用、培养学生应用能力和创新研究能力等综合素质，是实验教学环节着重考虑的问题。本文以景区管理信息系统课程中的实验教学为例，根据教学内容，从系统性和整体性的角度出发设计景区管理信息系统课程的实验教学，将本课程的实验教学目标与学生的总体能力目标有机地结合起来，探索一条适合旅游管理专业学生能力发展的实验教学新思路。

2 设计具有专业特色的典型实验内容

在实验教学中，实验课程内容的设计是实验教学质量的基础，因此要进行教学改革，课程内容首当其冲。在景区管理信息系统教学中，首先给学生讲解景区信息管理所涉及的理论知识，然后通过实验教学，让学生在景区管理信息系统中对景区信息及信息管理的过程进行体验、验证、应用。其次，有针对性地设计一些具有景区企业特色、一定代表性、一定先进性的实验内容，把验证性、演示性实验和综合性、设计性实验结合起来。例如在景区信息管理中，涉及大量的信息管理内容，从中选取主要的且典型的景区信息作为实验教学中的主要教学内容，

* 赵欢，北京联合大学旅游学院旅游管理系，讲师。

如:景区资源资产管理、景区服务管理、景区票务管理、景区网络营销管理、景区客服管理及景区网站电子商务管理。这些内容都是旅游管理专业学生必须掌握的内容,通过这种精心设计,把这些专业内容再与其他课程的知识进行相互融合,以达到锻炼学生综合应用能力、创新能力的教学目的。

3 分层设计教学实验,提高学生的综合能力

3.1 验证性实验

验证性实验即通过实验使理论得到证实,实验的目的是对教学中某一已知原理、结论进行过程性的求证,以增加接收者的感性认知,进而提高对某一特定概念及知识的理解并提高其掌握知识的能力。在景区管理信息系统课程的实验教学中,由于学时有限,尽量压缩验证性实验,只在较为关键的知识点处,设计验证性实验。例如,在讲解景区管理信息系统的计算模式时,涉及两种模式:C/S 模式和 B/S 模式,如果只用语言及图例讲清这两种计算模式的区别,对于旅游管理专业偏文科的学生,确实不容易理解。为了让学生深刻理解、感受到这两种模式的区别,我们有意在学生机上不安装 C/S 模式的景区售票客户端软件,专门设计了一个验证性实验,让学生自己手动安装景区售票客户端并与景区管理信息系统对接,然后利用安装好的售票客户端软件开展售票管理活动。通过此验证性实验,学生对 C/S 模式与 B/S 模式的区别一目了然而且印象深刻。

3.2 综合性实验

综合性实验是指经过一个阶段的学习后,在学生具有一定的基本知识和基本技能的基础上,运用一门课程或多门课程的知识对学生实验技能和方法进行综合训练的一种复合型实验。复合型实验一般在一门课程的一个循环之后开设,也可以在几门课程之后安排一次有一定规模的时间较长的实验。综合实验为那些基础扎实、动手能力强、具有探索精神的学生提供了广阔的空间,可充分调动广大学生的创造性和积极性。例如,在讲解景区营销管理时,我设计了一个融合三门课程知识的综合性实验,首先让学生利用旅游景区项目管理课程的知识,策划一个景区服务项目;其次利用多媒体应用技术课程学到的图像处理技术、视频处理技术设计并制作此景区服务的门票及网站营销视频;最后利用景区管理信息系统课程的知识,将自己设计的景区服务门票及营销视频通过计算机网络发布到景区网站上进行销售。学生通过此实验既巩固了三门课程的知识,又提高了融合知识的能力以及将专业管理理论应用于实践的能力。

3.3 设计性实验

设计性实验指给定实验的目的、要求和条件,由学生自行设计实验方案并加以实现的实验,它不但要求学生综合多门学科的知识和各种实验原理来设计实验方案,而且要求学生能充分运用已学到的知识去发现问题、解决问题。设计性实验一般在学生经过常规和综合性实验训练,经历了一个由浅入深的过程之后开设。开设时由指导教师给出题目和方案以及实验目的、要求和实验条件,由学生自己拟定步骤,自己绘制业务流程图等。对于更进一步深层次的设计性实验,则是在指导教师出题后,全部由学生组织实验,甚至可以让学生自己选题、自己设计,在教师的指导下进行,以最大限度发挥学生的主动性。

例如，在景区管理信息系统课程基本完成后，我们设计了一个设计性实验，目的是为了让学生将整个课程的知识点链接起来，形成知识体系，同时也融入其他课程的知识。我要求学生四人一组，分别以景区总经理、部门经理、一般管理人员、售票员及旅客等角色参与到景区信息管理中，并利用景区管理信息系统实现信息管理的全过程。要求如下：

① 以景区一般管理人员的角色策划一项能为景区创收的景区服务，并自拟公文逐级上报本部门经理、合作部门经理、景区总经理。

② 要求策划的景区服务包含知识点：景区资产的采购、入库、出库、领用管理；景区服务门票的设计、制作及发布；景区服务营销视频的制作及发布；景区内 4 个景点的旅游线路的设计及发布。

③ 以旅客角色在景区网站购买景区服务电子票。

④ 以售票员角色利用景区售票终端软件将旅客的电子票兑换成实体票。

⑤ 以旅客角色在景区网站对景区服务进行投诉；景区客服部经理处理投诉事件，给出处理意见，并反馈到景区网站上。

这种设计性实验对于提高学生学习的主动性，增强学生对基本理论、基本方法与基本实验技能的灵活运用能力，培养学生解决实际问题的能力和激发创新意识具有重要的意义和作用。

4 建设自主开放性的实验教学环境

开放式实验教学管理方式体现了高等教育中应该以学生为中心的理念，对提高他们的责任感、自信心，进而激发创造力有很好的作用。为了给学生提供自主学习、创新的条件和平台，实验室应实行实验时间、实验内容和实验设备三开放。学生可以通过预定来安排实验时间，教师则根据学生预定的时间在现场进行指导。实验内容可以是学生学习的疑问与兴趣、教师的研究课题、社会服务与需求、学科热门问题或与专业技术相结合的创新项目活动等，重点是强调学生学习的主动性、好奇心和探索性。

5 改革考核方式，建立多元化的实验评定体系

实验考核既是对教学效果的有效检验，也是对教学内容的有力强化，更是对学生综合能力进行肯定的重要手段。景区管理信息系统课程的成绩由理论教学成绩和实验教学成绩两部分组成。理论教学的考核主要通过论文形式完成；实验教学的考核采用多元化的实验成绩评定体系。在实验教学的考核中，对于验证性实验，注重学生实验操作技能的考核；对于综合性实验及设计性实验，注重实验设计、实验成果的考核。

验证性实验成绩＝操作过程 30％＋计算结果 20％＋实验工作量 10％＋实验完成质量 20％＋实验报告质量 20％

综合设计性实验成绩＝实验综合设计 35％＋操作过程 15％＋实验完成情况 25％＋实验工作量 5％＋实验报告质量 20％

采用多元化的实验成绩评定体系，激发了学生对实验教学的兴趣，充分体现了实验教学的灵活性、创造性和富有个性化的特点，基本上杜绝了相互抄袭的现象，最终成绩反映了学生的真实能力。

6 结束语

通过几轮的实验教学实践，学生普遍认为，景区管理信息系统课程的综合性设计性实验使他们加深了对景区管理信息化的理解，充分调动了学生学习的积极性和主动性，培养了他们多种知识的融合能力及综合应用能力，锻炼了他们沟通与团队协作的能力，激发了他们对科学研究的热情与探索精神，同时也促使我们教师积累更丰富、更全面的教学经验，进一步提高教学质量和教学水平。

参考文献

[1] 王建祥，牧振伟，苏枋. 工程力学实验教学设计与实践[J]. 实验技术与管理，2012(3)：160-162.

[2] 崔敏. 改革实验教学方式，培养工程实践能力[J]. 实验技术与管理，2001，18(3)：118-120.

[3] 杨晓燕，钱伟兴，陈宁. 培养创新性人才的实验教学体系与模式探究[J]. 实验室研究与探索，2009，28(11)：156-158.

[4] 谭曙明. 实施创新教育，培养创新人才[J]. 高等工程教育研究，2000(4)：72-74.

[5] 赵维武. 本科生实践创新能力培养的研究[J]. 实验技术与管理，2006，23(1)：83-85.

[6] 欧阳玉祝，李佑稷，石爱华. 深化实验教学改革，构建多层次实验教学体系[J]. 实验室研究与探索，2009，28(10)：111-113.

[7] 熊晓君. 实施开放式、研究性实验教学[J]. 上海理工大学学报(社会科学版)，2005，27(3)：40-41.

[8] 王建祥，苏枋，葛倚汀. 工程力学实验教学的改革与探索[J]. 实验技术与管理，2010，27(1)：130-133.

[9] 鲁保富，郑春龙. 构建培养创新能力的实验教学体系[J]. 实验室研究与探索，2005，24(4)：5-11.

[10] 麻一明，邹进贵，徐亚明，等. 实验教学中的创新探索[J]. 实验技术与管理，2007，24(12)：25-26.

[11] 易昆南，于菲菲. 在综合性、设计性实验中培养学生的创新能力[J]. 实验技术与管理，2007，24(8)：8-9.

[12] 宋效先，王伟平，王晓燕. 开展设计性实验培养学生创新能力[J]. 中国成人教育，2005(7)：80-81.

[13] 苏枋，吕冠伟，等. 西部地方高校实验教学质量控制的有效途径探讨[J]. 实验室研究与探索，2009，28(7)：152-155.

关于“旅游汉语”课程的总体构想

隋　爽*

摘　要:“旅游汉语”作为对外汉语的一个有机组成部分,正在成为第二语言教学领域中的一大热点。加速培养旅游汉语人才已成为对外汉语教学工作中非常紧要且非常有意义的一项任务。本文从“旅游汉语”课程的设置、教学的方法及教材的角度进行思考,对“旅游汉语”的课程建设提出自己的看法。

关键词:旅游汉语、课程设置、教学方法、教材

1　引　言

近年来,随着我国经济的全面发展和国际交往的不断深入,中国在国际旅游市场中的地位显著上升。许多外国人或出于对中国文化的向往,或出于未来职业发展需求的考虑,把中国作为他们学习、旅行的目的地。同时,也有越来越多的中国公民出境旅行。前联合国秘书长安南曾说过,21世纪人们除了母语外,至少要再掌握两种语言,从这个意义上说,旅游成了“加速汉语言文字国际化进程的催化剂”,这给人类语言文字的广泛交流带来了前所未有的兴旺景象,也为我们的对外汉语教学事业带来了勃勃生机。旅游业作为一种服务产业,正呈现出一种高速增长的态势,世界上运用汉语从事旅游服务工作的外籍人士迅猛增长,甚至出现了汉语导游人才紧缺的现象。为了顺应这一发展形势,抓住机遇,与时俱进地推动汉语走向世界,中国汉语水平考试委员会办公室组织,由上海师范大学成功研制出的中国汉语水平考试[HSK(旅游)]已于2005年6月通过了鉴定。作为以考查旅游从业人员在工作中使用汉语的能力为主旨的职业汉语水平考试,HSK(旅游)也在一定程度上推动了旅游汉语教学的发展。事实证明,旅游汉语教学虽刚刚起步,却是大有可为的,正在成为汉语作为第二语言教学领域中的一大热点。加速培养旅游汉语人才已成为对外汉语教学工作中非常紧要且非常有意义的一项任务。

2　关于“旅游汉语”

2.1　对“旅游”、“旅游汉语”的定性

何为旅游?国际上普遍认同的“旅游”概念是:为了休闲、娱乐、探亲访友或者商务目的进行的旅行活动。

20世纪60年代,美国语言学家拉波夫(William Labov)提出社会语言学理论,旅游活动可

* 隋爽,北京联合大学旅游学院国际交流合作处,讲师。

属于语言活动的一个分支领域。谷建军(1997)认为:旅游中的语言活动是语言表达中的一种变异现象。

那么,什么是旅游汉语呢?有学者认为“旅游汉语”应该是密切结合一个外国旅游者(留学生)到中国以后,在旅游过程中,特别是在食、住、行、游、购、娱6个旅游环节中,经常要碰到的、典型的语言和文化现象的总和(石慧敏,2001)。笔者认为,这种旅游汉语是针对在目的语环境中学习目的语而言的,其只适用于中国境内。旅游汉语还应包含在中国以外的其他国家进行旅游活动时所使用的汉语部分。

本文将“旅游汉语”定义为为从事在中国进行旅游活动或在其他国家用汉语作为中介语进行旅游活动的外国人士和外国留学生设置的专业汉语。“旅游汉语”涉及的内容是目前在华或将来在华从事旅游活动的外国人士应该了解的知识,以及在其他国家进行与华人有关的旅游活动时所使用的相关知识,其语言来自相关的旅游生活,呈现旅游活动的语体特点。

“旅游汉语”可作为本科生学历教育的一门课程,也可作为非学历教育如短期语言班的课程进行开展,但其本质为第二语言教学的一部分。它是以汉语作为技能训练手段,以旅游知识作为授课内容的专业汉语教学。

2.2 “旅游汉语”的教学对象

“旅游汉语”的学习者大致可以分为三种类型:一是相关行业工作人员。这类人士学习目的明确,功利性明显,对“旅游汉语”课程有明确的指向性。他们求知面广,大部分从事与旅游有关的工作,且专业性强。对华旅游行业及境外游项目的发展为他们提供了大量的就业空间和升迁机会,学习“旅游汉语”能帮助他们顺利进入新的就业领域或是开拓现有目标市场,故他们更珍视这个难得的机会。尽管他们也同样认为学习汉语是个极大的挑战,但是就业的吸引力给了他们更大的动力。学习“旅游汉语”能够为他们提供更多的就业升迁的机会,这些学习者从自身的发展考虑,对“旅游汉语”的学习需求迫切,学习积极性和热情持续性也更为明显和持久。二是未来欲从事旅游相关工作的学生。这类学生希望通过“旅游汉语”的学习,掌握相关的知识技能,即学习汉语语言和学习旅游知识为未来就业创造条件。这类学习者中有很大一部分是分散在全世界各地的华人华侨,特别是东南亚华语圈的华侨华人学生。他们来自东南亚各旅游国,本身旅游业及其相关产业就是这些国家的支柱产业,加之这些华人华侨对中国文化有着独特的情感,使得他们愿意学习中国的语言和文化,希望通过这些来寻找自己的根。三是对旅游文化有特别热情的兴趣型学生。他们热爱中国文化,喜欢游历,时间和经济都较为充裕;学习兴趣浓厚,无太强的目的性,求知面较宽广。

2.3 “旅游汉语”学习者的语言程度

从旅游学院这几年招收“旅游管理”专业学生的情况来看,把“旅游汉语”教材学习者的语言定位为中级比较妥当。即指具备一定的汉语基础,在正规学院接受过汉语培训,至少掌握《汉语水平词汇与汉字等级大纲》中的甲级字和《汉语水平等级标准与语法等级大纲》中的甲级语法。用HSK成绩来衡量,一般要达到新HSK三级水平以上。也就是说,从事“旅游汉语”学习应该有一定的汉语基础,否则无论是“学”还是“教”都非常困难。

2.4 “旅游汉语”的教学目的

通过“旅游汉语”的教学，一能让学习者学到地道的汉语，掌握语言技能，做到在各种旅游活动中听得懂，说得出，看得懂，写得出；二能培养他们适应中国旅游大环境，了解中国旅游法规，在中国能够正常地从事各种旅游活动；三能活学活用，在中国以外的其他国家进行旅游活动时，基本的汉语都能满足。

2.5 “旅游汉语”的语言特色

旅游汉语具有口语的自然、亲切又兼有书面语的典雅及规范的语体风格。言语在实际的交际活动中是复杂多变的，任何人都不会一成不变地用一种方式进行交流。因为“旅游汉语”属于专业汉语的一种，一般句型不应追求难、新、长，而应以准确、清晰、简明为主要目标。

在“旅游汉语”授课的过程中，要培养学习者用浅显易懂的语言描述旅游内容，用简单明了的专业用语进行交流，也训练其用语言解决各种实际问题的能力。在教学中，要体现实用、可操作的特点；要注重生词的复现率；不仅重要词语、语法点复现，旅游知识点也要复现。另外，当今时代发展日新月异，语言更新活跃。新词新语也不断地出现在和旅游有关的活动中，要更多选用反映时代气息的词汇，既实用，也能提高学习者的兴趣。

3 “旅游汉语”的教学

“旅游汉语”教学作为第二语言教学的一部分，它以汉语技能训练为手段，以旅游知识为专业教学内容。因此，“旅游汉语”教学必须遵循对外汉语的规律和特点，手段也应依据习得理论。学习者的语言水平较低和旅游活动的知识需要较高之间的较大差距，是教学中首要解决的“老大难”，因此“旅游汉语”授课时一定要注意旅游知识内容的实用性与语言讲解的浅显化，遵循循序渐进的原则。

由于文化的差异、风俗习惯的不同，“旅游汉语”教学必须与文化背景紧密结合。作为一种跨文化交际的载体，“旅游汉语”中渗透了大量的中国文化因素。中国文化对外国人来说是一种异质文化，外国游客以及国外旅游业从业人员以“旅游汉语”为媒介进行的交际活动是一种跨文化交际活动。导致跨文化交流出现障碍的原因除了语言之外，还有来自认知等方面的障碍。学习者在学习旅游汉语的过程中，不可避免地会遇到各种各样的文化因素，这些体现社会风貌、民俗风情、民族心理的文化因素成为正确理解、掌握、运用旅游汉语的重要内容之一，如果解决不好，就会产生交际障碍。国外旅游业从业人员也只有学习并掌握了这些文化因素，才能了解中国游客的深层需求，才能在旅游交际中随机应变地以各种恰当得体的语言来使交流获得最大的成效。

每个旅游知识点都具有实际意义，解决一个实际问题，在课堂中设置旅游活动的模拟情景是十分必要的。我们的“旅游汉语”教学要培养和发展学习者融入社会交往、旅游职场和个人生活领域的能力，并重点培养其适应工作的能力。发展其学习策略和交际策略，并帮助他们应用于新任务中。旅游专用词语很多，又有一些特殊句式，需要通过大量的操练使学习者掌握。学习的目的是为了实际需要，在教学过程中鼓励学习者的主动参与，既很有必要，也很有实效。通过实际介绍、话题讨论、角色进入等实践性较强的形式，能够提高“旅游汉语”的教学效果。

“旅游汉语”涉及的专业不求深，只求广，应做到深入浅出，通俗易懂。教学过程中必然会使用相关的专业词语和句式，所运用的词汇应该在留学生所学的范围之内，要注意所说的每一句话，如果使用以前未出现过的词语，则应该随时解释；如果涉及中国特有文化现象，必须加以说明。

4 “旅游汉语”的教材

4.1 “旅游汉语”教材的分类

我国旅游汉语教学是20世纪90年代才发展起来的，短短几十年时间，“旅游汉语”已初步形成体系。虽然专门的旅游汉语教材在国内图书市场上并不多见，但涉及旅游汉语的教材也有几十本。根据旅游汉语教材编写内容来看，我国旅游汉语教学现有教材大致可以分为以下两类。

第一类，以留学生游学过程作为教材内容编写主线，其内容涵盖在旅游途中发生的各种生活场景，如：订机票，询问旅游线路，定酒店，定餐，旅游景点介绍等，有北京语言大学出版社出版的《旅游汉语》、北京大学出版社出版的《旅游汉语速成》和《实用综合旅游汉语》及外研社出版的《旅游汉语》等。这类书籍存在的问题是内容所涉及的旅游内容在课文中体现的较少，而且还停留在日常生活会话阶段，并不具备旅游专业语言知识的学习，旅游专业用语涉及也不多。教学目的定位也仅要求学习者掌握旅游途中或游学过程中所遇到的句子和词汇，帮助外国留学生解决语言沟通的障碍，让游学更圆满。

第二类，专门为立志要从事汉语导游行业的学习者使用的以旅游景点介绍为主的旅游汉语教材。这类教材属旅游汉语教材中的高级课程，为已学过基础汉语且掌握2500个词汇以上对中国历史文化、传统习俗感兴趣的学习者编写，程度较高，因此普及性较差，出版数量较少。此类书籍有《埃及之旅》(国家汉办主编)、《中国全景旅游汉语·九州行》(语文出版社)等。

4.2 “旅游汉语”教材现状及存在的问题

第一，从教材数量上看，我国现有“旅游汉语”教材数量和社会需求量相比远远不能满足旅游汉语教学日益壮大的学习者、从业者队伍的实际需求。

第二，“旅游汉语”教材非但少且不够系统。我国目前“旅游汉语”教材内容设计多为一课一个新的内容，从旅游其行业服务项目关联性看，“旅游汉语”教学内容的整体系统性不强。

第三，教材涉及旅游知识较少。现有的“旅游汉语”教材内容多数仅以旅游作为成书线索，并没有将旅游知识融入到教材当中，学习者学到的还停留在日常会话的程度，很难达到从教学中学到旅游知识或利用所学知识从事旅游行业的水平。

从以上现状我们不难分析出，我国现有“旅游汉语”教材数量少且内容编写程度过浅。“旅游汉语”不等于旅游加汉语，在没有和普通汉语形成鲜明对比的情况下难以突显“旅游汉语”的专业性，需要更多的编写者关注这一问题，编写更适合“旅游汉语”教学且有使用价值的“旅游汉语”书籍。

5 “旅游汉语”教学现状及存在的问题

5.1 任课教师没有让“旅游汉语”教学的优越性得到充分体现

“旅游汉语”教学的优越性主要表现在旅游本身的吸引力让学生更容易对教学内容产生兴趣。旅游是个轻松的话题，每个学生或多或少都有过旅游经历，根据自身的旅游经历的联想，学生对学习内容的兴趣激发起内在的学习动力，有了这种动力可以有效使学生的疲劳期延后。“旅游汉语”教学还具有实用的交际性，但从我国目前“旅游汉语”教学现状来看，“旅游汉语”的这一优越性并没有得到发挥，甚至“旅游汉语”课堂教学仅局限于教材内容的学习，学习与实践得不到统一。

5.2 教学内容多限于课堂，和实践联系不够密切

“旅游汉语”教学是一门实践和知识相结合的实用性学科，在教学中更应该突显实用性这一学科特色。“旅游汉语”教学的旅游背景为学生的学习提供了大量的真实语言环境，有足够的条件让学生体验到语言在一个专业领域的运用，但是这个有利条件在课堂教学中还没有被充分利用。课堂教学内容的焦点停留在教材上的语言知识，学习过程没有和实际运用结合到一起。

5.3 “旅游汉语”教师素质达不到基本要求

教师不只是知识的传授者，还是课堂教学的引领者。在教学中的每个环节都要体现其引导职能，因此对“旅游汉语”教师的能力和素质的要求相对较高。“旅游汉语”的教师既要懂得旅游相关知识，又是对外汉语教师，是“双师型”教师。从我国现有教师素质来看，其中很多教师并不符合旅游教学和汉语教学的双向需求，往往是只具备其中一条。“旅游汉语”的专门用途汉语是为从事旅游行业提供教学的，需要的是“双师型”教学工作者，技能和知识并重是对授课教师的基本要求，而我国目前教师素质还达不到这一标准。

6 结束语

我国“旅游汉语”教学起步较晚，“旅游汉语”的发展远跟不上我国旅游行业的发展，其社会关注度程度也远远不够。“旅游汉语”的学术地位已有明显提升，但其还是一门新兴的学科。近几年，随着世界的发展，我国已跟随国际发展情况对“旅游汉语”教学现状做出调整，但关注度还是不足以促进“旅游汉语”教学的大幅提升，目前开设此门课程的院校还是屈指可数。现有的有关旅游汉语和旅游汉语相关教学的研究成果甚少，也远不能满足旅游汉语教学发展的需求。因此我们更应该在此领域加大研究的力度，向适合市场需求的方向大踏步前进。

参考文献

[1] 陈松岑. 社会语言学导论[M]. 北京：北京大学出版社，1985.
[2] 刘珣. 对外汉语教育学引论[M]. 北京：北京语言大学出版社，2000.
[3] 李泉. 对外汉语教材研究[M]. 北京：商务印书馆，2006.

[4] 张黎.经贸汉语课程研究[M].北京:商务印书馆,2007.
[5] 赵金铭.对外汉语教学概论[M].北京:商务印书馆,2008.
[6] 谷建军.论旅游与语言的关系[J].旅游学刊,1997(4).
[7] 石慧敏."旅游汉语"教学——对外汉语教学的一个重要课题[J].暨南大学华文学院学报,2001(4).
[8] 袁建民.关于"商务汉语"课程、教学和教材的设想[J].云南师范大学学报,2004(2).
[9] 刘静萱.基于ESP理论研究旅游汉语教材问题[D].辽宁:辽宁师范大学,2011.
[10] 张旖旎.任务型教学法在旅游汉语教学中的应用[D].辽宁:辽宁师范大学,2012.
[11] 沈荭.关于旅游汉语教学的若干思考//第八届国际汉语教学讨论会论文选[C].2005.

浅谈旅游公示语的英译及其对策

宋长来*

摘　要：本文考查英译旅游公示语的界定，参考国外旅游公示语的实践与规则，最后进行比较研究。我们的公示语英译主要需考虑中外文化差异和外国游客心理期望，使英语公示语简洁有效。作者要根据语用指示语和言语行为，翻译目的论等理论，讨论相关原因，并提出对策；期望为我们翻译教学及旅游主管部门提供一定借鉴。

关键词：旅游公示语、比较、对策、教学

在旅游业界定为中国支柱性产业的背景下，笔者参与了《中国旅游“十二五”规划》的英译，了解到旅游翻译实践的各种问题。在旅游观光时，我们也经常目睹汉式英语公示语，深刻认识到探讨解决这些问题的必要性。

1　旅游公示语的界定

为了提高英译旅游公示语的质量，我们要界定公示语。王颖、吕和发(2007)给公示语的定义是：“公示语——公开和面对公众的告示、指示、显示、警示、标示与其社会……休戚相关的文字及图形信息……凡公示给公众，旅游者、海外宾客、驻华外籍人士、在外旅游经商中国公民等，涉及食、宿、行、游、购行为与需求的基本文字信息内容都在公示语研究范围之内。”因此旅游景区简介、导游手册、路标等都属于公示语。《韦氏国际大词典》第三版给公示语的定义是：“A lettered board or other public display placed on or before a building, room, shop or office to advertise business there transacted or the name of person or firm.”因此英汉两种语言对公示语的界定基本一致，即公示语就是给公众提供有关信息的语言文字。

北竹、单爱民(2002)指出，“公示语的应用范围非常广泛，但凡涉及食、宿、行、游、娱、购的处所都可见公示语”(陈君，2011：2)。该定义更接近旅游公示语，因为它涉及到旅游景点。

我们把旅游公示语界定为：为游客提供旅游信息的语言文字；经常用于旅游场所、旅游指导材料、纸制和音响资料。提高旅游公示语英译质量可拉动旅游，加快北京成为世界城市的步伐。

除传统观光游外，北京还有休闲游、度假游、乡村游以及刚兴起的会展业等。本文研究景区、旅馆、餐饮、旅游购物中心和旅途等场所旅游公示语的英译问题。

其实英国在20世纪90年代就有人对旅游公示语的翻译提出看法：

In the UK, tourist translation appears to be only at its beginning. (Similarly, multilingual interpretation, live and recorded is inadequate on British airport.) More multilingual guides…should be available country houses, places of entertainment, tourist shops… (New-

* 宋长来，北京联合大学旅游学院国际旅游系，教授。

mark：2006：20)

法国对此提出了具体要求：

Paris cannot be London or New York, it must be Paris; our hero must be Pierre, not Peter; he must drink an aperitif, not a cocktail…(Robert M. Adams, 1973:12)

因此可以看出，各国都比较重视旅游公示语的翻译工作。

2 旅游公示语翻译中的诸多问题

为提高旅游公示语的英译质量，我们应该研究存在的问题。由于中国综合实力的增强，来华的过境游客迅猛增长，遗憾的是，我们的英译公示语却差强人意。下面我们主要以北京地区为例，分析存在的问题。

2.1 语言不规范

很多地点公示语用汉语拼音代替英语，其预设是来景点旅游的外国游客都是汉语通；且大小写前后不一致。例如：

① Caution! Mind your head.(正确译文:Caution! Mind Your Mind)

NOTICE NO SMOKING.(正确译文:NOTICE: NO SMOKING/NO SMOKE)

2.2 汉语和英语混杂

相当多的公示语上面是汉字，下面是汉语拼音(有的是汉语拼音加英语)。例如：

② ZHIGONG HOSPITAL(正确译文:WORKERS' HOSPITAL)

安德曼(2006：60－1)指出：信息翻译应像翻译书籍那样自然可信，而不要像旅馆走廊或旅游手册的翻译那样滑稽可笑……

的确，我们的公示语翻译得确实充满讽刺意味，拙劣可笑，比如北京的北四环翻译成：

③ No. 4^{th}Ring Rd East(正确译文:N. Ring 4 或 N. The 4th Ring Rd East)

2.3 公示语语法错误多，歧义百出

例如我在一家星旅馆看到：

④ Slide the floor(正确译文:The Wet Floor)

⑤ Evacuate Way (正确译文:Emergency Exit)

其实在北京，这样的充满错误的旅游公示语并不少见。

2.4 汉式英语较多

事实上，糟糕的翻译与源语以及目标语的写作质量有关。Newmark(2006:22－3)认为，糟糕的写作在任何语言中都是糟糕的，但糟糕的写作翻译成外国语言，其情况则更糟糕。他还举例说明旅馆手册的翻译是如此令人烦恼或吃惊：

⑥ We have created a comfortable atmosphere so that you and the further 512 guests may have as pleasant a sojourn as possible.(修改为:We hope that you will find our hotel comfortable, and that your stay will be agreeable. We can accommodate 512 guests and our public rooms are at your disposal for a wide variety of functions.)

我们认为，糟糕的翻译可能是因为糟糕的汉语写作，也可能是因为糟糕的英语写作。

2.5 错误的英语公示语

有些公示语不是写作问题，而是错误的翻译。

切斯特曼(Chesterman，A.)(2006:118)给出了错误旅游公示语的三个典型例证：

⑦ If you wish breakfast，lift the telephone and our waitress will arrive. This will be enough to bring up your food

⑧ We sorry to advise you that by a electric disperfect in the generator master of the elevator we have the necessity that don't give service at our distinguishable guests

⑨ Tea in a bag，just like mother

尽管切斯特曼声称这是网络旅游公示语，但笔者发现，人工翻译的旅游英语公示语也有类似问题。具体如：无句号，用词不当(hope 应为 wish…)；⑧中 a electric 应为 an electric；⑦中搭配问题，lift 应为 make；⑧中 distinguishable guests 应为 distinguished guests；⑧是句法问题，we sorry 应为 we are sorry；至于⑨，犹如雾里看花。

3 旅游公示语的翻译对策

下面从五个方面讨论如何提高旅游公示语的翻译。

3.1 语用指示语

指示语(deixis/indexical)为语用学重要内容，本意为指点(pointing)/指示(indicating)(何自然：31)。

列文森指出(1983：62)，指示语划分为人称指示语、地点指示语和时间指示语。他又根据Lyons (1977)和 Fillmore (1975)增加话语(discourse)或语篇(text)指示语和社会指示语(social deixis)。列文森强调非标记出发点(unmarked anchorage points)构成了指示中心，并假定它们遵守这些原则：①中心人是说话者；②中心时间为说话者发出话语的时间；③中心地点为说话者发出话语的地点；④话语中心为说话者目前发出话语的中心点；⑤社会中心为说话者的社会地位和级别，其地位或级别是相对于听话人或所指而言的。(Levinson，1983:64)

指示语应该遵从以上原则，尽管指示语涉及各种信息，所以我们认为跟公示语关系比较密切的是地点指示语和社会指示语。

社会指示语(social deixis)是指涉及社会区分的编码，这种区分跟参与者角色，尤其是说话者和听话者与某所指物间的社会关系有关。在北京，称谓词"您"经常滥用。我们发现黄宏的小品反映了这个现象。

⑩ 北京欢迎您/北京欢迎你/北京欢迎尔

"北京欢迎您"中"您"表示客气，礼貌。这是亚运会公示语。"北京欢迎你"却没那么客气，但可以接受。"北京欢迎尔"在现代汉语中肯定不能接受。这反映了诸多问题。一是公示语制作质量问题；二是监管问题；三是任何一级机构都有权散发公示语；四是各个旅游景点、旅馆的公示语都自己制作，为降低成本，甚至找中学生来翻译。当然，一日游的黑导游能随意创造旅游公示语。因此旅游公示语经常惹笑话。记得在菜单看到：

⑪ Sexually inexperienced chicken（童子鸡）

若出现在农家院小吃，或在乡村旅游中，这尚可理解，但若出现在酒店/餐饮英语教材，或在亚运会或奥运会等国际赛事等场合，那就影响游客、参赛者等的情绪了。

3.2 翻译目的论

该理论源于德国功能派翻译理论，我们主要讨论该学派诺德(Nord. C)的思想。她建议：

第一，诠释：翻译解释源语的语篇关注信息发出者的意图，也关注译文是否与目标情景相容。

第二，语篇功能：目标语篇应该能完成其在目标情景中的各项功能。这些功能与信息发出者的意图相容。

第三，文化距离：翻译的语篇世界应该根据目标语篇预期的功能进行选择。

第四，语篇效果：语码成分应如此选择，目标语篇效果跟预期目标语篇功能相对应。(2009：92—3，作者译)

虽然诺德对文学翻译建议，但我们发现这对旅游公示语也适用。首先对象为外国游客，西方文化，英语，情景是使游客看懂这些英语公示语，景点介绍等，使他们了解旅游景点信息。其次译文应完成各种目标语篇功能，提示功能，建议功能等。另外涉及文化信仰问题，译文选择应该避免文化冲突，尊重文化习惯等，有效介绍异国风情，促进国际文化交流。最后翻译语篇效果跟预期语篇功效一致。换言之，奥斯汀的言后之果与译文语篇功能要吻合。

我们发现旅游公示语："欢迎您再来！"有多种欠妥的英语译文：

⑫ "欢迎您再来"(You're Welcome/You're Welcome again/Welcome)

根据以上建议，这些译文都没有完成目标语篇效果，亦未完成目标语篇功能，较好的旅游指示语应该是：You Are Always Welcome.

3.3 言语行为论

根据语用言语行为理论，公示语主要完成 naming，describing，informing 等言语行为，但这种翻译要遵守规则。纽马克指出：

Names of streets and squares are not usually translated—with the exception, ironically, of Red Square, Wenceslas Square (Prague), Constitution Square, … (Newmark, 2001/2010: 73)

另外，根据常玉田教授提出(2008：92)："1)一地一个名；2)地名用拼音；3)通名要分开；4)'街'要说两遍……"例如：

⑬ 海淀区厂洼东街(Changwa Dongjie Street, Haidian District)

为了完成告知的言语行为，适当的重复是必要的。

3.4 加强政府干预

我们呼吁主管部门加强监管，对公示语的翻译加以约束，出台相关规范条例，提高公示语的交际效果。安德曼(2006：62)建议，政府应对旅游咨询、社会服务与健康通告等翻译加强管理。因此公示语的翻译是个普遍问题，中国作为最大的发展中国家，更应该注意，为尽早成为发达国家而努力。

4 结束语

旅游公示语英译问题首先受主管部门影响。尽管北京在努力建设成为世界城市，但英译等软实力的开发却得不到重视。其次为外语教育与修养问题。尽管媒体报道英语等为红牌专业，毕业生就业困难，笔者认为主要是因为英语专业跳跃性扩招，本为中专、职高等升级为高职专后，几乎到处开英语专业，但教材却是公共外语教材，也没有 CET 4 考点，学生甚至到外校高价参加考试。再次是翻译职业道德问题。许多人都认为自己能从事简单翻译，闹出国际笑话的就是常见公示语英译。我们希望主管部门、教学单位与翻译执业者共同努力，提高英译翻译质量，为中国真正参与全球化进程做出自己的贡献。

参考文献

[1] Chen GuoMing, William J. Starosta. Foundations of Intercultural Communication [M]. Shanghai: Shanghai Foreign Language Education Press, 2009.

[2] Fillmore C J. Towards a theory of deixis// The PCCLLU Papaers (Department of Linguistics, University of Hawaii)[C]. 1971.

[3] Fillmore C J. Santa Cruz Lectures on Deixis, 1971[M]. Mimeo: Indian University Linguistics Club, 1975.

[4] Levinson Stephen C P. Pragmatics [M]. Cambridge: Cambridge University Press, 1983.

[5] Lyons J. Semantics. Vols 1 &2. Cambridge: Cambridge University Press, 1977.

[6] Newmark P. About Translation[M]. Beijing: Foreign Language Teaching and Research Press, 2006.

[7] Newmark P. Approaches to Translations[M]. Shanghai: Shanghai Foreign Language Education Press, 2001/2010.

[8] Adams R M, Proteus His Lies, His Truth [M]. New York: W. E. Norton, 1973.

[9] Rich. A. Interracial communication[M]. New York: Harper and Row, 1974.

[10] Rogers Carl R. On Becoming a Person: A Therapist's View of Psychotherapy[M]. Boston, MA.: Houghton Miffin Company, 1961.

[11] (英)Anderman G. 今日翻译：趋向与视角[M]. 北京：外语教学与研究出版社，2006.

[12] 常玉田. 商务英语基础写作[M]. 北京：对外经济贸易大学出版社，2008.

[13] 陈君. 目的论观照下的公示语翻译失误探悉析[D]. 北京：北京师范大学，2011.

[14] 何自然，冉永乐. 语用学概论(修订本)[M]. 长沙：湖南教育出版社，2002: 30.

[15] Newmark P. About Translation[M]. 北京：外语教学与研究出版社，2006:20,22.

[16] Nord C. 目的性行为：析功能翻译理论(影印本)[M]. 上海：上海外语教育出版社，2009.

[17] 王颖，吕和发. 公示语汉英翻译[M]. 北京：中国对外翻译出版公司，2007:13-14.

[18] 北竹，单爱民. 谈英语公示语的语言特点与汉英翻译[J]. 北京第二外国语学院学报，2002(5):76-7.

旅游管理学科教学策略
——浅谈运用逻辑思维的方法提高英语四级阅读题的解题能力

莫 苛*

摘 要：近年来，由于用人单位把大学英语四级考试的成绩作为招聘的硬性门槛，在旅游学院，辅导旅游管理专业的学生通过四级考试越来越成为教学中的重要任务。而四级考试中仅阅读理解这一单项就占了35%，因此，如何使学生的阅读能力更上一个台阶，增强学生的四级阅读题的解题能力就自然成为了大学英语教师不可推卸的责任。本文旨在总结前人的各种阅读策略，并在此基础上把逻辑思维的基础知识运用于四级阅读题的解题环节上，比如：推理和论证、联系事物间的因果关系、批判性思维等。笔者认为，熟练运用这些理论可以提高解题技巧，加强解析难题的能力。真正弄清阅读文章中作者的思想脉络，和观点倾向是把握阅读题的关键。

关键词：逻辑思维、四级阅读、阅读策略、推理、因果联系、批判性思维

1 引 言

在改革开放的今天，经济日益腾飞，外语更成为各用人单位重要的指标和依据。在各个应届毕业生求职的硬条件里，大学英语四级是相当重要的一项，许多企业将其当做招聘的硬性门槛。因此，在当今的社会形势下，如何使学生提高英语水平，并能通过四级考试是大学英语教师必须承担的艰巨的教学任务。在各个外语院校更是如此，比如我校的旅游学院，就要求大学英语二年级的学生必须通过英语四级考试，成绩总分达不到四级考试标准的学生将不能毕业。而旅游管理专业学生的英语基础普遍薄弱，英语词汇量小，英语语感差，课下接触英语语言机会少，并且比之英语专业的学生，学生对英语重视程度不够。这样就更是把通过四级考试的繁重工作职责列入到教学的日程上来。如何让学生通过四级考试呢？通过笔者分析，应做到两点：第一，提高学生平时的阅读能力；第二，掌握解题技巧，提高学生的解题能力。平时多做习题，加强训练，理论联系实际。

2 阅读的主要理论和观点

2.1 阅读的定义

阅读是一个多元化的，有选择性运用多种技巧的过程（1992，Eallace）。阅读也是一个认知和元认知的过程。阅读最基本的目的是认知，比如：语言、注意力、记忆及其在阅读中的作

* 莫苛，北京联合大学旅游学院国际旅游系，讲师。

用。但是阅读还包括元认知，也就是说包括意识控制或调节阅读过程的能力。这种控制统称为元认知。因此，元认知过程和认知过程关系密切，通过二者的结合，可有效改善阅读行为能力。

2.2 阅读的心理语言学模式

在1980年，出现了两张不同的阅读模式。一种是"自下而上"（"bottom-up"strategy）的模式，这种理论侧重对字母、单词、词组、句子，段落的详细理解；另一种是"自上而下"的模式（"top-down or global"strategy），即读者利用已有的经验、知识结构对阅读文本的内容进行预测、选择和确定。然而，阅读的复杂性决定了不可能只是一种模式进行到底，人们往往运用两种方式进行信息加工处理。

2.3 阅读的图式理论模式

任何语言材料，无论口头的还是书面的，本身并无意义，语篇只是在读者如何利用他们已有的知识结构追溯或构建意义的过程中起指示作用（Rumelhart，1980：33－58）。根据这一理论，阅读理解首先是接收到信息，然后在记忆中寻找能够说明这些信息的图式，当足以说明这些信息的图式被找到后，就产生了理解。

对于阅读理论的追溯使得教师更清楚地了解阅读的概念，从而更有针对性地进行教学。

3 阅读能力的培养

阅读能力的培养平时就要着手进行，这包括多个方面，其中主要的有：

3.1 巩固学生的英语语言基础

要求学生熟练掌握大纲要求的词汇量（基本要求为4 000个词）及习惯用法，要求学生掌握英语的语法。语法在阅读理解中起着至关重要的作用，能够在教学过程中扩大学生的语言知识，巩固语言基础。

3.2 精读与泛读相结合

精读要求学生把教材中的课文读仔细，弄清楚每个句子的含义，其目的是增加对语言的熟悉程度，提高阅读能力。泛读要求学生广泛阅读各类文章，快速浏览，理解文章的大意。精读和泛读是互相补充、相互促进的，精读与泛读相结合就能更好地巩固语言基础，提高英语阅读能力。

3.3 课外英语阅读

课外阅读应以学生的兴趣为出发点，比如，让学生放手去搜索自己感兴趣的各种小说、世界名著、名人传记、旅游杂志、科普文章、体育赛事等，只有调动了学生的课外阅读积极性，才能使课外阅读真正成为课堂阅读的一种辅助方式。

3.4 英语文化背景知识的学习

只有真正深入了解一个社会的文化背景，才能使学生对西方社会的思想文化有一个广博的认识，才能理解阅读文章里的知识点和难点。

除了这几点以外，培养阅读技巧也是很重要的，它是教师培养学生阅读能力的重要成因。

4 提高学生解题能力的策略

4.1 四级考试阅读题型特点及分析

首先要对四级考试的题型进行分析，总分中占比例多的应该重点考虑和突破。自从2007年大学英语实施新题型，阅读理解的分值比例调至35%，时间为40分钟，分为两个部分。仔细阅读理解，时间为25分钟，占25%，含两部分文章，10道多项选择题，篇章词汇理解是一篇短文，15选10的选词填空，占5%。快速阅读理解占10%，时间为15分钟，包括句子填空和多项选择。本文主要集中对仔细阅读和快速阅读的多项选择题的解法进行探索和给予建议。

大学英语四级考试中的阅读题passage one和passage two，即57题至66题，以及快速阅读当中的1～7题，都是多项选择题。此类是传统题型，学生一直努力下功夫试图攻破这种题型，这也是四级考试改革后基本没有出现大的变化的一种题型。在解题之前，应仔细观察，不仅整篇阅读文章是一个从前提到得出结论的推理过程，而且每一个阅读段落中，都带有小的三段论和逻辑推理的过程。

4.2 各种常用的阅读技巧和策略

近几年，英语教学方面的专家、学者、教师们为了提高学生的阅读能力，仁者见仁，智者见智，已经研究出各种有效的办法，总结起来，有如下几种提高阅读能力的策略：

4.2.1 意群读

为了使阅读流畅，阅读速度提高，根据句子的结构和词义上的联系划分意群，组读能够使阅读中的零碎单词迅速组成简短的语义块。

4.2.2 词义读

在阅读过程中，通过构词法和上下文猜测词意，而不是遇到生词马上停下来查字典。

4.2.3 句法读

对于学生来说，应该熟悉英语句子结构，学会用英语句式的思维模式，语言习惯也是人们思维的习惯，英语句子比较长，结构比较复杂，准确地辨明句子的主干作为学习的重点。

4.2.4 文章章法读

无论是怎样的篇章结构，我们都可以抓住文章的中心思想。①整篇文章的主题思想常常是首段或尾段，而且还要找出主题句和中心段落；②文章的内部联系和叙事顺序常常要通过连接词和时间标志词来体现。

4.2.5 扩充背景知识

在掌握语言知识结构和技巧的同时，还应多了解一些英语国家的政治、经济、社交习惯、风土人情等知识，因为阅读理解不仅仅是纯语言活动，还是一系列思维、判断、认知和理论彼此关联的综合过程，背景知识起着至关重要的作用。这些背景知识都能有效排除歧义，有助于正确推理和判断。

以上这几种策略能够帮助学生提高阅读能力，提升阅读速度，有效解决四级阅读题的难点。可以说，词汇量是基础，句法是关键，阅读速度是保证，这些都是阅读能力提高的重要因素，但是，除此之外，重要的一点是，还要拥有思维能力，思维的培养对语言学习是至关重要的，而逻辑思维的能力更是解题过程中重要的因素，阅读理解实质上是要求真正弄懂文章内容，即作者观点、态度，理解上下文的逻辑关系。这意味着考查学生观察语言、假设判断、分析归纳、推理验证的逻辑思维能力。只有具备科学的、带有逻辑性的解题思路，才能有效应对四级阅读题的考试。除了上述这些解题技巧以外，还有另外一个解题策略，即运用逻辑思维的方法提高四级阅读题的解题能力。

4.3 运用逻辑思维的方法解读大学英语四级阅读题

逻辑思维是一种确定，而不是模棱两可的思维。它是连贯的、前后一致的思维，是有条理、有根据的，而不是自相矛盾的思维，也是人们在认识过程中借助于概念、判断、推理反映现实的过程。在逻辑思维中，要用到概念、判断、推理等思维形式和比较、分析、综合、抽象、概括等方法，而掌握并运用这些思维形式和方法的程度，也就是逻辑思维的能力。逻辑思维是包罗万象的庞大理论，本文只汲取对考试有帮助的部分，即涉及逻辑学中基本的几个观点、推理和论证，探求事物间的因果联系，以及批判性思维的运用。

4.3.1 运用推理和论证的方法

推理是从一个或者一些已知的命题中得出新命题的思维过程或思维形式。其中已知的命题是前提，得出的新命题是结论。这是逻辑学中最基本的一个概念。一般来说，推理的前提陈述在前，结论的陈述在后，但也不尽然，有些推理完全可能把结论陈述在前，有时第一句话就是该推理的结论。

根据这个规律，就一般的四级阅读段落而言，文章开始就会把结论呈现出来，或者在最后一段写出。如果不遵循这个规律，就会把结论放在某一段的第一句话，即首句，topic sentence 里面，甚至可能没有明确的结论，要在字里行间里提炼和总结，得出作者的思想倾向。一般而言，可以根据一些语言标记去识别推理的前提和结论。例如，跟在“因为”、“由于”、“假如”、“如果”、“鉴于”、“由……可以推出”、“正如……所表明的”等词语之后的句子是前提，而跟在“因此”、“所以”、“那么”、“于是”、“由此可见”、“这表明”、“这证明”等词语之后是结论。由于构成推理的各句子之间存在意义关联，有时候人们甚至可以省略这些语言标记，而专门靠句子之间的意义关联去区分前提和结论。

论证通常由论题、论点、论据和论证方式构成，是用某些理由去支持或反驳某个观点的过程或语言形式。论点本身可以成为论题，但论题还可以是论辩双方所讨论的对象，论点即论证者所主张并且在论证过程中要加以证明的观点。论据是某种公认的一般性原则，是论证者用来支持或反驳某个论点的理由。论证要使用推理，一个简单的论证就是一个推理。

这些逻辑学的基本概念完全可以运用在四级阅读题当中。阅读题主要分为主旨题、细节题、推论题、语义题和观点题，让学生划分段落寻找每篇阅读题题干中是否具备上述的因素，一旦习惯于找出这些因素之后，就不会轻易被各种选项干扰。强化文章的主脉络，非常便于破解各类四级阅读题设置的干扰项，抓住题目设问的主要目的，从而做出正确的选择。

比如以下小段：

Many crimes in America are committed by people using guns. Most of these people have a record of criminal offenses. By law these criminals are not allowed to purchase or own guns. Do they care? No. They do not obey laws and find other ways to get guns.

问题：According to the author, gun control laws ________

A. could not help to catch the outlaws

B. are the essentials to reduce murder rates

C. could prevent criminals from getting guns

D. could only control the people abiding laws

选项D是正确的，根据是段落的最后一句话："那些罪犯不会遵守法律规定，他们会用其他手段得到枪支"。"罪犯不会遵守法律"这个前提是真实的，也是必要条件，由这个前提而推断出这个结论，"控制枪支的法规只会限制住遵守法律的人"。这个已知的前提推出的结论，是有相关性的，是一个逻辑上有效的推理形式，具有语义上的关联，它的关键性词语 committed by people using guns, criminals are not allowed to purchase or own guns，都对论证起着关键性作用。由此可以看到，此题从已知的命题推出新命题，论点和论据清楚，论证方式有效，理由充分，词语意义明确，证据确凿，有逻辑的论证过程和论证的必要性。因此，前提是真实的，结论是有效的。

4.3.2 探求事物间的因果联系

一般来说，事物都有因果关系。因果关系的特点是：它拥有普遍性、共存性、先后性和复杂性。因果关系具有普遍性，并且原因总是伴随着结果，它们总是恒常相伴，任何现象都有产生的原因，也有它所导致的结果；因果关系具有共存性，原因和结果共同变化，在时空上相互接近；因果关系具有先后性，先因后果；因果关系具复杂性，有时是多因一果，有时是一因一果。因果关系的上述特点为学生在做题时寻找因果关系提供了向导和依据，比如一个典型的因果设题：

Tragedy, sudden and terrible, has again struck an American school: fifteen lives were lost and a city and a nation left with scars that cannot be removed. Because guns and explosives were used to cause the mayhem(残害人体器官罪), the immediate outcry (疾呼) is for gun control laws.

问题：What brought about the outcry for gun control laws in America?

A. High murder rates and acute social tension.

B. The sports of hunting small game animals and birds.

C. The tragedy caused by guns which happened in a school.

D. The purpose of forbidding sportsmen from owning shotguns.

校园悲剧，15 人丧生，这些是由枪支和弹药引起的，这些陈述的事实是原因，引发的后果是：人们呼吁出台枪支管制法(outcry for gun control laws)，与答案C相对应，因此C是正确的选项。此题有因有果，而且是先因后果，多因一果，是典型的因果关系型问题。原因一是校园悲剧发生，二是枪支和弹药使得暴力事件发生，三是这种暴力致使人伤亡的事件发生。结果是：枪支管理应执行。因果关系的复杂性让我们在此文章中看到多因一果的现象；因果关系的先后性让我们先找到了事件的原因，然后看到了它导致的结果。在寻找一个现象的原因时，就应该到它的现象中去寻找，而不是在它的后续现象中去寻找。当然我们还可以用排除法来判断此题:A 是根据这段文字进行的错误推断,要排除;B 和 D 是不相干的现象和假设,因此也要排除。排除归纳法实际上就是根据因果关系的这样一些特点而设计的,排除了一些不相干的现象或假设,最后得到比较可靠的结论。

4.3.3 批判性思维

批判性思维的基本理论:在理性和逻辑面前,任何人或思想都没有对质疑、批判的豁免权,任何观点或思想都可以并且应该受到质疑和批判;任何观点或思想都应该通过理性的论证来为自身辩护。批判性思维要培养学生这样的品质:不盲从,不迷信,遇事问为什么,清楚地、有条理地思考。

批判性思维要求对已有论证做出评价,比如:问题和结论是什么?理由是什么?哪些词句的意义模糊?描述性假设是什么?证据是什么?论证中的论题和关键性概念是否清楚?另外,还要注意前提和结论之间是否具有语义关联。通常,进行理论或逻辑论证时,前提和结论之间总是存在某种共同的意义内容,使得我们可以由前提想到推出结论。结论和前提在内容、意义上有相关性才是一个形式有效的推理。

在四级阅读题中,经常有类似这样的问题:

____ is not mentioned in this passage, ______ is not the author's idea in this passage.

这样的题型,除了运用排除法解题之外,很适合运用批判性思维的方式进行思考和选题。

比如:

I was in my early 70s when I started my study of medicine-not for a degree, but to enable me better to experiment with a medicine we'd invented in our laboratories. Two years ago I took up hydrogen—electric welding, and I became a pretty good welder. I was trying to find a means of eliminating the sputter. I relate this in no spirit of boastfulness. I just want youngsters to know that they are never "too old" to learn.

问题:________ is NOT the author's experience in his 70s.

A. Learning how to weld

B. Trying to reduce the sputter

C. Getting a medical degree

D. Experimenting with a medicine

从这道题里可以看出,C 是正确选项。因为作者是去学习医学了,但是并非为了学位,只是为了更好地做医药学实验,所以,C 与题意不符,应该挑选出来。

批判性思维强调任何观点或思想都可以,并且应该受到质疑和批判,C 选项是不符合题意的,把它挑选出来。在这里我们可以对各个选项进行质疑,虽然 20 世纪 70 年代和读医学都符合问题的已知条件,但是除了问题和结论的质疑之外,还要问问理由是什么,是为了学位去学的医学吗?如果是,证据是什么?假设是为了学位,为什么后面解释为更好地做医药学实验?原文中 not for a degree 证明作者无心念学位,这可以看做论题中出现的关键性词语。它建立了前提和结论之间的语义关联,因此用批判质疑的方法可以很容易选择正确答案 C。

4.3.4 在逻辑思维的基础上,真正弄清作者的思想脉络和观点倾向是把握阅读题的关键

学习基础逻辑学,运用逻辑思维的方法进行解题的过程中,我们更加清楚地看到,找出每一篇阅读文章的论点、论据,对文章进行归纳和总结并且找出中心思想是非常关键的。推理是从一个已知的观点推出一个新的观点,一旦分析出全文的中心思想就不难发现,对于每篇文章作者都是有思想倾向的。作者赋予文章以他自己推论出的观点，把握住作者的真正观点是什么，也就把握住了全文的核心，才能做出正确选择。如果没有弄清楚作者的思想倾向是什么，或者还掺有自己的思想，使得论题和结论忽东忽西，有矛盾和悖论存在，做出的选择和作者的思想不一致，就肯定不是正确的选择。

要做到按照作者的思路进行思索和选择，就要在每一个阅读段落中都找到中心思想，也就是"主旨大意"。中心思想是可以通过全文的阅读得到的，它隐藏在文章当中，在每道题的选项中也时有暗示，通过逻辑推理的方法是可以得出文章的中心思想的。当真正明白了作者想表达的中心思想后，按照作者的思路进行归纳并进行选择，是完全可以做出正确选择的。原则是：所有选项中，与作者表达的中心意思一致的就是正确的；如果不一致，也就是和作者表达意思不一致、矛盾，或不完全一致，似是而非，则是错误的，也就是逆向的选择，就会是错误的。

比如：设问是暗线分析问题。

The pace of modern industrial life forbids this kind of glorious and magnificent idling. But, worse than that, it imposes upon us a different conception of time as measured by the clock and eventually turns the human being into a clock himself. Nevertheless, such efficiency is what makes life so hard and full of excitement. A man who has to be punctually at a certain place at five o'clock has the whole afternoon from one to five ruined for him already. Every American adult is arranging his time on the pattern of the schoolboy-three o'clock for this, five o'clock for that, six-thirty for change of dress, six-fifty for entering the taxi, and seven o'clock for arriving at the destination. It just makes life not worth living.

问题：What is implied but not stated by the author is that ________

A. every American is arranging his time in the pattern of a schoolboy.

B. every American is reluctant to be efficient.

C. everyone should have some time to spend as he pleases.

D. being punctual is an undesirable habit which should not be formed.

问题是"作者暗示着，但又没有明确指出的思想观点是什么"。在这样的问题中，需要读者具备高度的分析和归纳能力，因为此题没有在文章中明确指出但又要求读者找出答案。正确选项是C。这段文章的中心思想是说时间使用的高效性，每个时间段都被安排得满满的，让人无法喘息。A选项是文章中明确写出和提到的，美国人从中学开始就已经深陷在这种紧张的时间模式里了；B选项也是文章中具体提出的，美国人并不愿意接受如此紧张的生活方式；D选项是符合原文的陈述，因为从文章最后一句话可以看出，如此之忙的时间表使生活都不值得了，因此作者是有观点倾向的。他暗指的是这种紧张的时间表是不可取的，与D选项的陈述一致。这里只有C选项和整体陈述意思完全一致但又没有明确详细写出。C选项说的是，"每个人都应该有时间做自己愿意的事"，这正是作者的潜台词，没有明确说，但是暗含了。

作者想表达的意思是高效的时间利用不能给人们带来快乐，是人们不愿接受的；生命应该有比这更高的意义。如果我们抓住了作者的思想脉络，所有的选择题都按照这个思路去选，就牢牢抓住了问题的本质，也就不可能出错。反之，如果似是而非，没有弄清作者真正的思想倾向就进行选择，只能是在错误的道路上愈走愈远。

5 结 论

旅游管理学科的发展需要教师倾注更多的心血，要真正根据学生的特点，结合时代的要求，认真总结教学经验，提炼出新颖的以及更为精准的教学策略。多年来，英语阅读课是不少教师最难教授的一门课，主要是有相当多的学生阅读成绩不够理想，普遍认为阅读题太难，尤其大学二年级的学生又面临必须通过英语四级考试。这就意味着教师不单是教授普通的阅读课，同时还要提高学生英语四级阅读题的解题能力和技巧。阅读能力的提高取决于各种因素，词汇量是基础，句法是关键，时间的快速是保证。除了这些必备条件外，重要的一点是，还要拥有解题思路和技巧。只有具备科学的、带有逻辑性的解题思路，才能应对四级阅读题的考试；只有当大学英语教师抓住阅读题的思路和解题的技巧，引导学生接触到问题的核心时，才能帮助学生真正弄通四级阅读题的核心和关键，才能在学生大二这个关键的时刻发挥指导作用，帮助学生在阅读能力上有所长进。因此，多积累方法，多读各种文章，厚积而薄发，运用各种办法和学习的途径，就可带领学生顺利地通过四级考试。

随着时代的进步，专家和学者们这些年不断研究出新的解题技巧，本文仅仅就如何利用逻辑思维的方法，解析各种四级阅读题型，提供一点点思路，希望能为大学二年级面临英语四级考试的考生，以及对需要阅读教法及策略的教师有所帮助。仅供参考。书读百遍，其义自出；持之以恒，日积月累，天天向上；千里之行始于足下，脚踏实地，积少成多。

参考文献

[1] 陈波. 逻辑学是什么[M]. 北京：北京大学出版社，2002.

[2] 杨波. 大学生英语阅读中存在的问题及其对策研究[D]. 济南：山东师范大学.

[3] 阮芳. 如何提高大学英语阅读能力[J]. 华章，2011(12).

[4] 范雄飞，黄玉兰. 大学英语阅读教学新径——技巧性阅读探索[J]. 科学教育论坛，2005(15).

[5] 蒋咏梅. 浅谈英语思维为主线的大学英语阅读教学[J]. 吉林广播电视大学学报，2011(12).

[6] 刘彦. 大学英语阅读教学与阅读技巧训练[J]. 考试周刊，2011(41).